명문대 합격으로 가는 지름길!

학생부종합전형
나도
준비할 수
있다!

명문대 합격으로 가는 지름길!

학생부종합전형

나도 준비할 수 있다!

박영국 · 박영식 · 김민화 · 이시연 · 최상민 공저

푸른영토

학생부종합전형의 확대를 통해
다가오는 4차 산업혁명을 기회로 만들자

작년 이 무렵 'SKY로 통하는 학생부종합전형'을 출간한 이후, 정말 예상하지 못했던 많은 변화가 생겼다. 책이 출간된 이후 여러 방송사 및 언론 기관에서 본원(미래비전컨설팅)을 방문해서 취재를 하고 방송 및 신문 등 언론에 보도되는 사례가 그 이전에 비해 매우 많이 증가했다.

이렇게 언론을 통해 미래비전이 학생과 학부모들에게 널리 알려지게 되면서, 인터넷이나 전화를 통한 상담 문의가 쇄도하게 되었다. 이러한 학생과 학부모들이 학생부종합전형에 관한 궁금증을 해소하고, 고객의 니즈에 부응하기 위하여 본원에서는 2017년 한해 총200회 이상의 특강을 통해 총 3천 명 이상의 학생과 학부모에게 '학생부종합전형의 합격 전략'에 대한 강의와 상담을 진행하였다.

지난 한 해 동안 많은 학생과 학부모들을 만나면서, 정말 충격적인 많은 사실을 느꼈다. 이미 수시가 80%, 정시가 20% 시대에 접어들었음에도 불구하고, 상당히 많은 학교에서는 정시 중심의 수능 문제풀이 중심의 교육을 고수하고 있다는 사실이다.

사실, 현재 학부모와 교사들 중의 93학번 이전의 교사들은 학력고사로, 94학번 이후의 교사는 대부분 수능을 통해서 대학에 입학했기 때문에, 현재 대세가 되고 있는 수시와 학생부종합전형에 대해 많은 학부모와 교사들의 인식에서 기존과 같이 수능 문제 풀이 중심의 교육이 익숙하기도 하며 가장 간편한 전형인 것은 사실이다.

반면에, 학생부종합전형은 교사와 학부모 입장에서 학창시절부터 전혀 경험에 보지 못한 새로운 형태의 전형 방법이기 때문에, 2014년에 도입된 지 4년여가 지난 지금도, 학생부종합전형에 대해 부담을 느끼는 경우가 많다는 사실이다.

그러나 분명한 것은 시대의 흐름에 대한 이해이다. 4차 산업혁명으로 불리는 미래사회의 파도는 이미 우리의 삶 속에서 시작되고 있으며, 앞으로 5년 후, 10년 후에 일어날 변화는 과거 50년, 100년 동안의 일어났던 변화보다 더 크고 더 깊게 교육, 정치, 경제, 사회, 문화 전반에 걸쳐 우리의 삶을 근본적이면서 획기적으로 변화시킬 것이다.

이러한 상황에서 가장 중요한 포인트는 선택의 문제가 아니다. 바로 변화에 대한 적응의 문제이다. 이미 4차 산업혁명이라는 변화의 쓰나미는 우리를 향해 밀려오고 있으며, 그러한 큰 파도가 우리의 삶을 변화시킬 것이라는 것에 대해서는 누구도 부정하지 않는다. 그럼에도 불구하고, 그저 현재에 익숙해진 삶의 패턴만을 고수하려 한다면, 다가오는 미래사회는 우리에게 더 이상 기회가 아닌 재앙이 될 것이다.

지난 수십 년 동안 우리나라를 지배해온 주입식, 획일화된 학력고사와 수능 중심의 교육에서 다가오는 미래사회를 준비하는 창의융합형 인재를 양성하기 위해 도입된 전형이 바로 학생부종합전형이다. 지금 자녀의 세대는 부모의 세대와 같이 3차 산업혁명시대에서 필요했던 단순한 지식정보만으로 살아갈 수 없다. 4차 산업혁명 시대에 필요한 것은 바로, 창의성, 자기주도성, 전공적합성과 같이 기존의 지식을 활용하여 새로운 가치를 만들어 낼 줄 아는 능력이며, 이러한 인재만이 변화된 사회를 주도할 수 있고, 또한 살아남을 수 있다.

이제 우리 교육은 중대한 갈림길에 있다. 기존과 같이 획일화된 주입식 교육방법을 고수하면서 다가오는 미래사회의 쓰나미를 재앙으로 받아들일 것인가, 아니면 미국, 영국, 스웨덴 같은 선진국이 진행하고 있는 것처럼 창의융합형 인재를 양성하는 교육을 통해서 4차산업혁명을 기회로 만들 것인가. 이 선택은 바로 이 책을 읽는 독자의 몫이 될 것이다.

부디, 우리나라의 대학, 초중고교, 교육당국, 학생과 학부모 모든 구성원이 2014년 이후로 현재까지 진행된 학생부종합전형의 지속적인 확대를 통해 미래사회를 준비하는 창의융합형 인재를 양성하여 우리나라가 다가오는 4차 산업혁명을 선진 대한민국으로 발돋움 할 수 있는 기회로 삼게 되길 교육 관계자의 한사람으로써 진심으로 바란다.

2018년 5월
대치동 (주)미래비전컨설팅 대표 박영국 원장

4차 산업혁명 시대를 준비한
학생부종합전형

'개천에서 용난다'라는 말이 있습니다. 과거에는 혼자서 열심히 공부만 하면 성공할 기회가 많았지만 요즘은 이 말이 잘 적용되지 않을 것 같습니다.

오늘날은 사회적 환경이 복잡해지고 신속하게 변화함에 따라 입시제도도 수시로 바뀌고 있습니다. 수험생 혼자만의 노력으로 감당하기에는 어려움이 많아졌습니다. 효율적인 방법을 위해 학부모, 학교, 진학전문가가 함께 노력해야 할 때입니다.

우리의 눈앞에는 인공지능과 로봇공학 등이 주도하는 제4차 산업혁명이 전개되고 있습니다. 이에 발맞추어 새 정부는 현재 중3학년부터 수능과 내신 성적을 모두 절대평가 방식으로 바꾸었습니다. 대입 전형 유형도 내신, 학생부종합, 수능 전형으로 단순화시켰습니다. 학생부종합전형 선발 인원도 증가시킬 전망입니다.

　이 책은 지금의 입시는 물론 변화된 사회와 입시체제에서 성공하기 위해 전문가들의 경험과 통찰이 잘 녹아들은 지침서입니다. 학생 본인은 물론 학부모, 학교 내외의 입시전문가들에게도 크게 도움이 되는 내용들로 구성되어 있습니다.

　첫째, 이 책은 점수 위주의 일류대 합격만을 위한 지침서가 아닙니다. 시대상과 입시트렌드 및 진로·진학 등을 사회철학적으로 연관시켜 학생들에게 비전을 제시하고 있습니다.

　둘째, 학생부전형에서 가점이 될 수 있는 팩트(facts) 즉 학교생활기록부 관리 방법, 교과 및 비교과 관리 방법 등을 구체적으로 제시하고 있습니다.

　셋째, 무조건 공부를 열심히 하라는 것이 아니라 학력경시대회, 소논문 작성 등을 통해 공부의 본래 목적인 지적 호기심도 자극하고 있습니다.

　이렇게 훌륭한 〈학생부종합전형—나도 준비할 수 있다!〉를 참고하여 모든 수험생들이 원하는 대학과 학과에 합격하기를 기원합니다.

권순한

전 현대고 교장, 전 한림대 의대 입학사정관

학생부종합전형,
지피지기면 백전백승!

　우리나라의 현행 대학입시는 크게 수시와 정시로 나뉩니다. 수시에는 학생부위주전형과 논술위주전형 그리고 실기(특기)위주전형이 있습니다. 학생부위주전형에는 교과를 전형요소로 하는 학생부교과전형과 비교과·교과·면접 등을 전형요소로 평가하는 학생부종합전형이 있습니다.

　2018학년도에는 수시전형이 73.7%, 정시전형이 26.3%으로 수시가 대세입니다. 수시전형 가운데서는 학생부교과전형이 40%, 학생부종합전형이 23.7%입니다. 서울에 있는 상위 15개 대학의 학생부종합전형 비율이 61%가 넘는 것을 보면 학생부종합전형이 강세라고 할 수 있습니다. 학생부종합전형을 조금 더 살펴볼까요?

　우리나라의 대학교육협의회는 학생부종합전형을 이렇게 정의하고 있습니다. 고등학교 교육과정, 대입전형 전문가인 입학사정관이 학교생활기록부를 중심으로 교과발달 사항, 비교과활동 사항, 자기소개서, 면접 등을 통해 종합적으로 평가하는 전형을 말합니다. 대학 및 모집단위 특성에 맞게 학생을 종합적으로 평가하므로 평가관의 마음을 잘 알아야 합니다. 입학사정관은 고등학교의 자료를 읽고 해석하는 데 질적평가와 맥락적 평가의 관점을 가진 가치판단의 전문가들이거든요.

자신의 꿈을 찾아가는 학생 여러분, 그렇다면 학생부종합전형을 어떻게 준비해야 할까요? 지피지기면 백전백승이라 했으니 먼저 학생부종합전형의 개념과 원리를 알아야 하겠지요. 그리고는 실천해나가야 할 것입니다. 이 책은 4차 산업혁명시대를 살아가는 우리 학생들과 학부모가 알아야 할 입시트렌드, 진로, 생활기록부, 자기소개서, 비교과활동, 교내대회, 코딩, 소프트웨어 특기자전형 등을 설명하고 있습니다. 복잡하고 다양한 내용을 사례를 들어가며 전해주기 때문에 이해하기가 쉽습니다.

대입을 준비하는 학생과 학부모에게 좋은 길잡이가 될 책입니다. 특히 이과, 문과 등 각 분야별 대입 전문가들이 자신들의 컨설팅 경험과 사례를 세밀하게 전달하였습니다. 〈학생부종합전형—나도 준비할 수 있다!〉를 통해 집필한 저자들의 마음을 잘 읽을 수 있을 것입니다.

대학입시의 귀한 경험을 공유하여 자신이 원하는 대학으로의 진학이 성취되기를 간절히 바랍니다.

정남환 교수
교육학 박사, 초대 전국 입학담당관협의회장, 입학사정관

1편을 잇는 또 하나의
입시교육 바이블 탄생!

저는 네이버 대표 입시 커뮤니티 [학생부종합전형 이야기(이하 학종이)] 매니저입니다. 평범한 아이 엄마인 제가 입시를 공부하면서 학종이 멘토 선생님들을 뵙고 정보를 나누면서 학생부종합에 대한 다양한 이야기를 나누고 배울 수 있었습니다. 저와 같은 생각과 고민을 가지신 학부모님들이 많을 것이라는 판단에 카페를 개설했고, 현재 네이버에서 입시교육을 대표하는 카페로 성장하고 있습니다.

학종이 카페는 현재 전국의 학부모님들께서 교육과 입시라는 주제로 활동 중이시며, 앞으로도 더 많은 분들께서 학생부종합전형을 준비하시기 위해 활동하실 것이라고 생각합니다.

멘토 분들께서 〈SKY로 통하는 학생부종합전형〉를 출판하신 뒤 책을 접하신 많은 학부모분들께서 책을 통해 학생부종합전형과 대입에 대한 패러다임의 변화와 그에 걸맞은 준비를 하시 수 있다고 말씀하시는 것을 보고 들었습니다. 현재의 입시는 저를 포함한 학부모님들의 학창 시절과는 판이하게 다르다는 것을 알고 계시는 것이 가장 중요하며, 책을 읽으시는 지금이 바로 그 준비의 시작이라고 말씀 드리고 싶습니다. 〈SKY로 통하는 학생부종합전형〉의 성공을 바탕으로 2편 또한 입시와 4차 산업혁명을 함께 어우르고 있기 때문에 큰 그림부터 세부적인 생활기록부 관리 방법까지도 확인하실 수 있습니다.

현재 수능의 중요도는 점점 낮아지고 있으며, 앞으로는 수능 절대평가 등으로 더욱 변별력을 상실할 것입니다. 이 책과 함께 현재 입시의 방향과 미래에 대해 고민하시고 공부하셔서 자녀분의 더 나은 미래설계를 위해 무엇을 하실 수 있는지 확인하세요.

꼭 자녀분과 함께 읽어보시기를 권합니다. 이 책은 입시를 앞둔 자녀분을 위한 최적의 솔루션이 될 것이라 자부합니다.

네이버 대표 입시카페
「학생부종합전형이야기」 매니저

CONTENTS 차 례

01 입시 트렌드의 변화

02 진로가 첫번째

03

4차 산업혁명 시대가 요구하는 인재상

04

명문대 합격하는 학생기록부 관리 전략

05
교과공부 할 시간도 없는데
비교과, 교내대회라니!

06
아낌없이 채우는
자기소개서

07 소논문에 이르는 길

08

학생들이 궁금해 하는 영상계열 입시 준비

09

소프트웨어 특기자전형 소개

CONTENTS

CHAPTER 1.

입시 트렌드의 변화

비교과의 강점이 있다면, 4등급도 학종 지원이 가능!

과거 20여 년 동안 우리나라 입시를 지배해온 수능 정시체제는 2018 학년도부터 주요 명문대를 기준으로 15% 내외로 선발하고, 학생부종합 전형으로 전체 정원의 70% 이상을 선발하고 있다.

이러한 상황에서 정말 아쉬운 것은 대부분의 학생과 학부모들은 내신에만 올인하는 모습이다. 위에서 보는 것과 같이, 학생부종합전형은 교과 내신과 비교과활동을 종합하여 정량적이 아닌 정성적인 평가를 한다. 단순히 내신 성적만을 가지고 학생이 갈 수 있는 대학을 결정하는 것은 매우 위험하다고 할 수 있다.

과거 주요 대학교에 합격한 많은 학생들의 사례를 보면 다음 표와 같다. 2014~2016년도에 주요 명문대에 합격한 1400명의 내신 성적을 살펴

	대학	평균	최고	최저
1	서울대	1.64	1.00	5.00
2	KAIST	1.62	1.00	3.00
3	POSTECH	1.44	1.00	2.90
4	연세대	1.95	1.00	5.70
5	고려대	1.66	1.00	6.51
6	서강대	1.80	1.00	6.00
7	성균관대	2.13	1.00	6.20
8	한양대	2.04	1.00	5.17
	전체	1.82	1.00	6.51

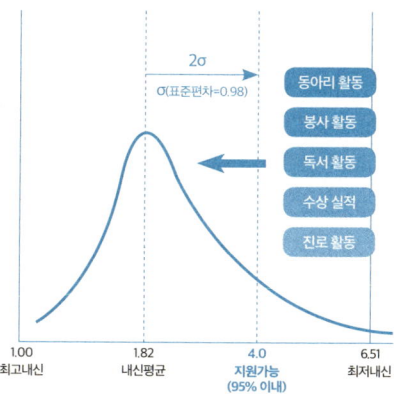

<2014~2016 서울 주요대학교 합격자 1400명 내신 성적 분포>

자료 : 미래비전

보면, 최고 성적은 1.00전 과목이 모두 1등급부터 6.51등급까지 분포한다. 물론 7~8등급으로도 합격한 학생이 있을 수 있지만 1400명에서는 포함되어 있지 않다. 주요 명문대에 합격한 학생들의 평균 내신 성적은 1.82등급이며, 표준편차는 0.98이다. 통계적 유의성을 보면 평균 + 2 × 표준편차 = 4.0이 나온다. 즉, 내신 성적이 4등급 이내면 전체 합격자의 95% 구간 내에 포함된다고 할 수 있다.

물론 내신 성적이 4등급이라고 무조건 명문대에 합격한다고 보장할수는 없다. 4등급 이내인 학생이라고 할 경우, 비교과활동의 내용과 전공 적합성 등을 판단하여 수시원서 6개 중에서 최소 1~2개 정도는 상위권 대학에 전략적으로 지원할 수 있을 것이다.

학생부종합전형을 준비하는 학생과 학부모들은, 이제 내신에만 올인하는 것보다는 내신과 비교과의 균형 있는 배분이 필요한 시점이다. 교과내신과 비교과활동에 대한 시간 배분으로는 내신 80% : 비교과 20%를 최소한 이상으로 시간을 확보하여 균형 있고 체계적으로 준비하는 것이 필요하다.

2019학년도 수시 – 학생부종합으로 서울대100%, 고려대 5% 선발

우리나라의 최고 대학인 서울대학교는 수시 정원 2,660명 전원을 100% 학생부종합으로 선발하고 있다. 사실상 서울대 같은 최고의 학부 입장에서는 학생부교과 전형, 논술 전형, 실기 전형보다는 학생부종합 전형을 전폭적으로 신뢰하고 있다고 볼 수 있다.

이러한 영향은 다른 서울 주요 대학교로 확산되어 가고 있다. 고려대의 경우 2019학년 수시 전체 정원 3,472명 중에 75%인 2,612명을 학생부종합전형으로 선발하고 있다. 그 외에도 서강대의 경우에는 전체 수시 정원의 69%, 경희대 67%의 학생을 모두 학생부종합전형으로 선발하고 있다.

학생부종합전형의 비중이 확대되는 데에는 여러 가지 이유가 있을 수

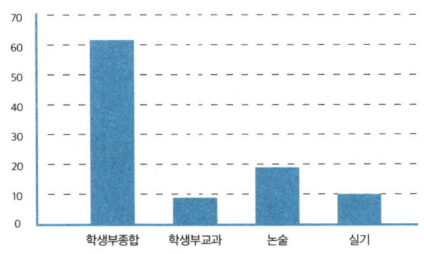

서울 주요 대학의 61%가 학생부종합전형 선발!

대학명	학생부종합	학생부교과	논술	실기	수시합계	학종 비율
서울대	2,660	-	-	-	2,660	100%
연세대	1,008	-	683	923	2,614	39%
고려대	2,612	400	-	460	3,472	75%
서강대	882	-	348	41	1,271	69%
성균관대	1,740	-	957	157	2,854	61%
한양대	1,251	322	399	219	2,191	57%
이화여대	904	480	545	429	2,358	38%
중앙대	1,458	380	836	67	2,741	53%
경희대	2,485	-	820	377	3,688	67%
한국외대	879	550	560	125	2,114	42%
서울시립대	672	297	168	-	1,137	59%
합계	16,551	2,429	5,316	2,798	27,100	61%

있으나, 무엇보다 교육부에서는 고교교육정상화에 기여하는 대입전형
을 적용하고 있는 대학에 대해 대학평가 시 가산점을 부여하고 있기 때
문이라는 이유도 있다. 그렇지 않다 하더라도 대학 입장에서는 학생부
종합전형을 통해 보다 우수한 인재를 선발할 수 있기 때문이라는 이유
가 더 클 것이다. 실제로 한국대학교육협의회에서 보고한 '학생부전형의
성과와 고료 현장의 변화'라는 자료를 보면, 학생부종합전형으로 입학한

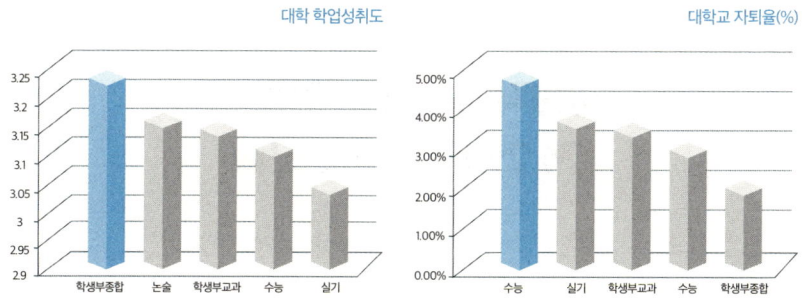

학생부종합전형 출신 - 대학 학업성취도 1위, 자퇴율 최저

대학 학업성취도 / 대학교 자퇴율(%)

<한국대학교육협의회 '학생부전형의 성과와 고교 현장의 변화' 자료>
(54개 대학 2015~2016년도 신입생 242,790명 조사결과)

학생들의 학업성취도는 가장 좋고, 자퇴율이 가장 적었다. 반면 수능으로 입학한 학생들의 학업성취도는 실기를 제외하고 최하위이며, 자퇴율은 가장 높은 결과가 나왔다.

　수능은 평가의 방법이 단순하다는 것 외에는 더 이상 미래사회에 필요한 창의성, 협동성, 자기주도성과 같은 전인적인 창의융합형 인재를 육성하는 데에 거의 아무런 효과도, 기여도 할 수 없는 전형임이 확인되었다. 교육부에서 결정되는 입시의 큰 방향성에 따라, 각 대학에서는 자율적으로 학생부종합전형을 확대함으로써 4차 산업혁명을 선도하는 글로벌 한국에 걸맞은 인재를 육성해야 할 것이다.

2019학년도 대입 인원 중
76.2%를 수시로 모집

수능은 처음 도입된 1994년 이후로 20년이 넘도록 대입의 왕좌의 위치를 굳건히 지켜왔다. 그런데, 2002년부터 수시 제도가 본격적으로 활성화되어 가면서 매년마다 정시의 비중이 감소하고 수시의 비중이 높아져가고 있다. 그래서 결국 2019학년도를 기준으로 볼 때 수시의 비중은 전체의 77%, 정시는 23%가 되었다. 수시가 정시를 완전히 역전을 하게 된 것이다.

그동안 고등학교에서는 오직 수능을 중심으로 한 정시만 준비해왔다. 일선 학교에서는 사실상 학생부종합전형으로 준비되는 수시를 준비하기에 많은 어려움이 있었다. 수능은 말 그대로 기존 학교 교사들이 자신의 담당 교과목 중심 국·영·수·사·과 등으로 준비를 해 온 것만으로 충분했다.

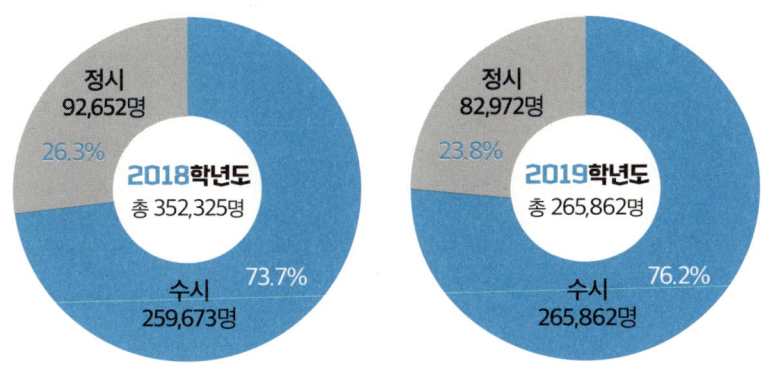

정시
92,652명
26.3%
2018학년도
총 352,325명
73.7%
수시
259,673명

정시
82,972명
23.8%
2019학년도
총 265,862명
76.2%
수시
265,862명

<2018-2019학년도 대입 모집 인원>   자료 : 한국대학교육협의회

그러나 이제 수시의 준비 양상은 전혀 달라졌다.

수시, 특히 학생부종합전형에서 가장 중요한 평가요소 중 하나는 바로 전공적합성이다. 이제 인공지능과 로봇 그리고 ICT 융합으로 대표되는 4차 산업혁명의 시대에 있어서 학문 간의 영역, 산업 간의 영역은 점점 무너져가고 학문 간, 산업 간 융합을 통해 새로운 전공과 산업들이 하루가 다르게 만들어지고 있다. 이러한 상황에서 기존 수능 문제풀이 방식은 대입뿐만 아니라, 취업에 있어서도 미래시대에 역행하는 인재 선발 방식으로 지적되고 있다.

이제 자신의 전공을 기반으로 ICT, 인공지능, 로봇, 컨텐츠 등 새롭게 부각되는 산업과 연관된 다양한 교내 활동을 통해 나만의 학생부종합전형을 준비해나가야 한다. 동아리활동, 봉사활동, 진로활동, 독서활동 그 어떤 것도 소홀이 하거나 버릴 것은 없다. 모두 다 전공적합성과 자기주도성이라는 두 가지 큰 축을 향해 준비해야 한다. 지금부터가 시작이다. 교과에만 올인하는 것보다는 교과와 비교과의 균형 있는 준비가 필요할 때다.

2002~2020 연도별
수시-정시 선발 비율의 변화

　2002학년도부터 2019학년도까지의 연도별 수시-정시의 선발 비율의 변화와 향후 2020학년도의 선발 비율의 변화까지 같이 예측해보도록 하겠다.

　표를 보면, 1994년도에 처음으로 도입된 수능은 2002년도에 정시의 비중이 71%, 수시의 비중이 29%의 비율을 차지하였다. 그러면서, 점차 대학에서는 수능 점수만으로 선발하는 획일화된 방식에서 벗어나, 대학별로 창의적이고 자율적인 방식으로 선발하는 수시의 비중이 점점 증가하게 되었다. 비로소 2006년도에는 수시와 정시의 비율의 거의 50%:50%로 동일한 비율로 선발을 하게 되었다.
　정시의 지속적인 감소와 수시의 지속적인 증가에 힘입어, 결국 2017

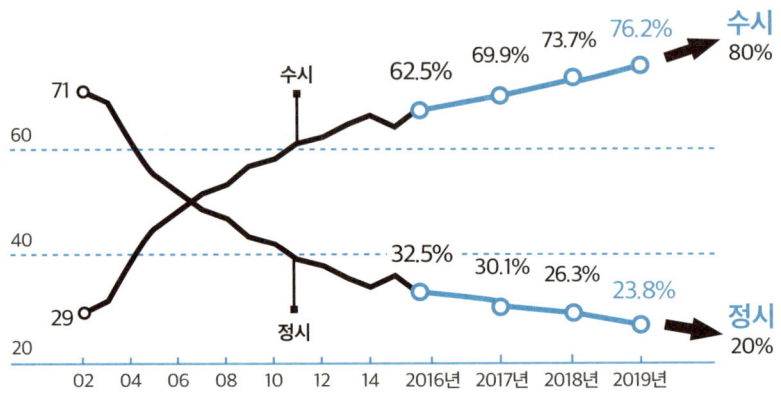

<2002~2019학년도 연도별 수시-정시 선발 비율의 변화>

학년도에는 수시 70%, 정시 30%의 시대를 열게 되었다. 2002년도와 비교한다면 완전히 반대의 상황이 된 것이다.

그렇게 되면서, 결국 올해 2019학년도에는 수시로 76.2%, 정시로 23.8%를 선발하게 되었다.

이러한 추세가 지속된다고 할 때, 2020학년도에는 수시로 80% 이상을, 정시로 20% 이하를 선발하는 것으로 전문가들은 예측하고 있다.

이렇게 된다면, 수시 80%의 시대, 정시 20% 시대가 되었다고 할 수 있다. 정시라고 하는 'RED 오션'에서의 치열한 경쟁보다는 수시, 특히 학생부종합전형이라고 하는 'BLUE 오션'에서 여러 학생의 새로운 꿈과 비전을 이루어 가길 바란다.

논술의 함정에 주의하라

논술의 함정에 주의하라? 과연 무슨 말일까?

먼저, 과거 인문계와 자연계 각각 논술 지원자의 합격률을 공개하면 다음과 같다.

먼저 인문계 논술 합격률을 보면,

내신 1등급 학생의 경우 12%, 내신 2등급 학생의 경우 5%이지만······.

내신 3~4등급 학생의 경우 1.9%, 내신 4등급 미만 학생의 경우는 0.5% 수준이다.

그럼, 자연계는 어떨까? 자연계는 인문계보다 합격/불합격의 양상이 더 극명해지는 것을 알 수 있다.

1등급 학생의 경우 26%, 2등급은 14%이지만, 3~4등급 학생의 경우

논술 지원자 합격률 [인문]

등급	응시자	합격자	합격률
1.0~1.5	290	35	12.07%
1.51~2.0	702	45	6.41%
2.01~2.5	1124	56	4.98%
2.51~3.0	1197	60	5.01%
3.01~3.5	1384	44	3.18%
3.51~4.0	1233	24	1.95%
4.01~4.5	876	12	1.37%
4.51~5.0	706	3	0.42%
5.0~	756	7	0.93%
평균	8268	286	3.46%

논술 지원자 합격률 [자연]

등급	응시자	합격자	합격률
1.0~1.5	147	39	26.53%
1.51~2.0	500	72	14.40%
2.01~2.5	694	102	14.70%
2.51~3.0	944	62	6.57%
3.01~3.5	828	45	5.43%
3.51~4.0	750	9	1.20%
4.01~4.5	705	0	0.00%
4.51~5.0	386	0	0.00%
5.0~	471	0	0.00%
평균	5425	329	6.06%

1.2%이며, 4등급 미만의 학생의 경우에는 합격률이 0%라는 충격적인 결과가 나왔다. 게다가 고려대의 경우 2019학년도부터는 논술을 폐지했으며, 이러한 여파는 지속적으로 다른 학교들에게도 논술 폐지 혹은 축소의 영향을 주고 있다.

이제 논술의 시대는 점점 기울어 갔다. 수시 원서 6개 모두 논술로 쓰고 모두 탈락한 학생들도 많다. 지피지기면 100전 100승이라고 했다. 먼저 현재 논술의 합격률이 어떤지, 그리고 나의 내신 성적은 어떤지 철저히 분석한다. 그리고 나에게 가장 적합한 전형이 무엇인지 전략적으로 선택하고, 그 선택에 집중해야 한다.

명문대 합격 비법 – 속도보다 중요한 것은 방향이다

필자가 활동하는 대치동을 비롯해서 서울권, 경기도, 전국 단위로 입시에 관련한 많은 정보들이 홍수처럼 넘쳐난다. 사실 어떤 정보가 우리 아이에게 적합한 정보인지 헷갈리는 경우가 많다.

입시의 전략적 방향성을 진로와 연관해서 하나의 그림으로 간단히 표현했다. 바로 진로를 기반으로 한 나만의 차별화된 입시 전략 수립이다.

수시 전형은 크게 4가지로 구분할 수 있다. 학생부교과, 학생부종합, 특기자, 그리고 논술전형이다.

1. 학생부교과전형

학생부교과전형은 말 그대로 학생부에서 교과내신 성적으로 학생을 선발하는 전형이다. 교과 내신에 자신이 있는 학생들은 학생부교과전형이라는 카드를 활용할 수 있다. 그런데 서울권 주요 대학들의 학생부 교과성적 평균을 보면 주로 내신 성적은 1점대 초~중반이다. 사실상 특목·자사고 학생들은 내신 경쟁이 상당히 치열하기 때문에 학생부교과전형으로 지원할 수 있는 학생이 비율이 매우 낮다. 일반고에서는 사실상 전교 최상위권을 하는 친구들 정도만 지원이 가능한 전형이기 때문에, 내신 성적에 비해서 비교과활동이나 수능 성적이 부족한 학생들이 전략적으로 활용할 수 있다.

2. 학생부종합전형

현재 수시 전형 중 서울 주요대학에서 가장 많이 선발하는 전형이 학생부종합전형이다. 2019학년도에서는 수시 전체 정원에서 서울대는 100%, 고려대는 75% 이상의 학생을 학생부종합전형으로 선발하고 있다. 학생부종합전형은 학교 내에서 활동한 사항에 대해서만 학생기록부에 기재가 된다. 대학 또한 그것에 맞추어서 교과범위와 학교에서 하는 창의적 체험활동(자율, 동아리, 봉사, 진로) 범위 내에서 했던 활동이 기재가 가능하다. 과거 입학사정관제처럼 수학·과학 올림피아드, 토익, 토플 등 대외 수상실적이나 어학성적은 기재가 되지 않는다. 중요한 것은 얼마나 화려한 스펙을 가졌느냐가 아니라 동아리, 봉사, 진로, 독서 활동과 같이 학교 내에서 이루어지는 활동을 얼마나 창의적이고 주도적으로 심화·확산시켜 갔느냐가 가장 중요한 평가 요소이다. 현재 자신의 내신 성적과 함께 비교과활동을 꾸준히 준비해온 학생이라면 학생부종합전형을 적극 추천한다!

3. 특기자전형

크게 어학특기자, 수학과학특기자, 체육특기자 등으로 다양한 전공별 특기자전형이 있다. 학생부 이외에 본인이 재능이 있다고 판단되는 분야에 대한 외부 수상실적, 논문, 특허 등 다양한 요소가 학생부 외에 추가서류로 제출이 되어 평가에 반영된다.

학교별 모집 요강을 잘 분석하고 전략적으로 준비하는 학생들이면 지원을 권장한다. 특별히 발명, 특허가 있는 학생들은 KAIST나 GIST의 활동 우수자 (발명, 특허, 창업) 전형을 추천한다. 특기자전형은 학생부종합전형에 비해 비교과에 대한 반영 정도가 높기 때문에, 내신 성적에 비해 비교과에 대한 차별화된 강점이 있는 학생이라면 특기자전형을 적극 권장한다!

4. 논술전형

지금까지 수능과 함께 20여년 이상 전통적인 대입 전형의 주축으로 선발한 전형이지만 변별력 등의 문제로 인해 이번 2019학년부터는 고려대를 비롯한 많은 대학에서 전형 폐지 또는 축소로 전환해왔다.

논술은 내신 등급별 합격률이 많은 차이가 난다. 내신 3등급 이하의 학생들의 합격률은 평균 1% 수준이다. 논술은 내신 성적이 3등급 이내이고, 최소한 1년 이상 논술을 꾸준히 준비해온 학생들이라면, 수시원서 6개 중에서 1~2개 정도 수준에서 논술 전형을 전략적으로 준비하는 것을 권장한다.

수리 논술의 경우에는 수능 모의고사 주관식 문항을 심화시킨 형태의 문제로 생각하고 목표 대학별 과거 논술 기출 문제를 중심으로 풀면서 공부해 간다면 합격 가능성을 높일 수 있다. 다만 인문 논술의 경우 평가의 기준이 상당히 정성적인 측면에서 이루어지기 때문에, 수리 논술에 비해 정량적 측면에서의 평가 정확도는 보장할 수 없다는 단점이 있다.

위의 4가지 수시 전형 중에서 우리 학생에게 적합한 전형이 무엇인지 잘 분석하고, 준비해서 준비하는 대입 전형에서 좋은 결과가 있길 응원한다.

CHAPTER 2.

진로가 첫번째

진로가 합격 당락의
절반을 좌우한다

두 명의 학생의 사례가 있다. 실제 컨설팅 상담과 교육을 통해 접하게 되는 사례로, 전공적합성에 따라 합불 여부가 결정된 가장 대표적인 케이스를 설명하겠다.

김선화(가명)는 강남의 일반고에서 내신 성적이 1.8등급으로 매우 우수한 성적을 가진 학생이고, 박나영(가명)은 지역 일반고에서 내신 2.3등급인 학생이다.

김선화 학생 본인은 정치인이 되고 싶었으나, 부모님의 반대로 진로 희망사항을 교사로 작성되었지만, 학생기록부 내용은 학생회 임원 활동을 비롯해서 본인이 원하는 정치인을 중심으로 작성되었다.

그 결과, 김선화 학생은 우수한 내신 성적임에도 불구하고 진로희망사항과

진로에 따른 전공적합성의 중요성

항목	김선화(가명)	박나영(가명)	비고
고등학교	강남 일반고	지역 일반고	
내신 성적	1.3	2.3	1~3학년 평균
진로희망	교사	교사	
비교과 방향	정치 외교 중심 (모의 유엔 활동)	교육 멘토링 중심 (교육 동아리)	
수상 실적	우수함(16개)	우수함(23개)	교과우수상 제외
최종입결	E여대 사범계열 불합격	E여대 사범계열 합격	2017학년도

학생기록부의 방향이 일치하지 않았다. 결국 전공적합성이 부족하여 본인이 지원한 교대에 결국 탈락했다.

반면, 박나영 학생은 진로희망사항에 본인이 희망하는 교사로 작성을 하였다. 진로를 위해 또래 상담반, 교내 멘토링 봉사 등 교육과 관련한 지속적이고도 심화된 활동을 꾸준히 준비하였다. 결국, 지역 일반고 2.3등급이라는 불리한 내신을 극복하고 이화여대 사범계열에 합격하였다.

대부분의 학부모들은 학력고사 또는 수능 초기 세대이다. 단순히 시험 성적으로만 대학에 입학했던 경험으로 그저 '내신 성적이 좋으면 당연히 좋은 대학에 합격할 수 있다'라고 생각하는 경향이 있다.

학생부종합전형은 학생의 내신 성적과 비교과활동을 모두 정성적으로 균형 있게 평가를 하는 전형이다. 내신 성적에만 올인하는 것보다 희망하는 진로와 연관된 비교과활동에 대한 시간투자와 함께 1-2-3학년으로 갈수록 심화 발전되어 가도록 준비하는 것이 필수적이다. 이제, 학생부종합전형을 준비하는 데 있어서 진로가 얼마나 중요한 것인지 충분히 이해했을 것으로 생각한다.

진로 결정을 위한 4가지 질문

아래는 본인의 진로를 결정하는데 필수적인 4가지의 질문 사항이다.

진로 선정은 미국이나 핀란드 같은 서구와는 달리 우리나라에서 특별하게 많은 문제를 안고 있는 부분이다. 요즘에는 과거와 달리 학생의 성향에 따라 다양한 진로가 있다. 그럼에도 불구하고, 지난 수십 년간 변화지 않는 의사, 변호사, 교사 같은 전문직의 선호 현상은 여전하다.

그러나 중요한 사항이 있다. 제4차 산업혁명과 연관된 많은 보고서를 보게 되면, 향후 15~20년 안에 현재 존재하는 직업의 70% 이상이 사라진다고 한다. 현재 각광을 받고 있는 직업이라도, 과연 학생이 대학을 졸업하고 사회에 진출하는 10년 이후에도 현재처럼 비전이 있을까? 이 부분에 대해서는 신중하게 생각해야 한다.

부모님의 연륜과 경험을 바탕으로 자녀에게 진로에 대한 조언을 하는

것은 물론 필요하고 좋지만, 앞으로 달라질 시대의 트렌드와 변화에 대한 신중하고 진지한 검토를 병행하는 것이 진정으로 자식의 미래를 위한 현명한 태도이다. 현재처럼 38선38세가 되면 직장에서 퇴출된다, 45정45세가 되면 정년이 된다인 시대가 앞으로는 평생직장의 시대가 아닌 평생직업의 시대로 열려가고 있다. 대학만 들어가면 끝이 아니다. 취업, 승진, 그리고 퇴직 이후 창업 등을 위한 지속적인 준비와 공부가 필요하다. 그렇기 위해서는 본인이 흥미가 있고 재미가 있는 분야에 대한 진로를 결정하는 것이 필요하다. 이러한 시대의 파도를 거슬러 가는 것은 불가능하다. 그렇다고 이러한 파도에 휩쓸려가서도 안 된다.

　이러한 변화의 파도를 타고 광활한 미래의 비전의 바다를 마음껏 누비기를 바란다.

10년 전 이공계 위기, 지금은?

　주요 대기업 공채 합격자 중에서 이공계 출신의 비율을 보면, 삼성, 현대, LG, SK 그룹 공채 합격자 중에서 이공계 출신의 비율은 80%~100% 수준이다. 사실상, 거의 대부분의 직원을 이공계 출신으로 뽑고 있다는 말이다.

　과거 이공계는 소위 말하는 IT 버블로 인해 이공계 채용시장이 상당히 얼어 있었다. 1990년대에 컴퓨터공학과가 신설되어, 사실상 이공계에서 가장 우수한 학생들은 컴퓨터공학과로 지원을 해서 입학을 했었다. 이 여파는 1990년대 후반까지 이어지다가 1998년 IMF를 맞으면서 1차적인 위기를 맞게 된다. 정부에서는 IMF의 위기를 극복하기 위한 여러 방법론들 중, IT 분야의 신 성장 동력원을 준비하는 차원에서 2000년대 초반 벤처산업을 육성을 하였다. 그렇게 많은 IT 벤처들이 뛰어들기 시작하

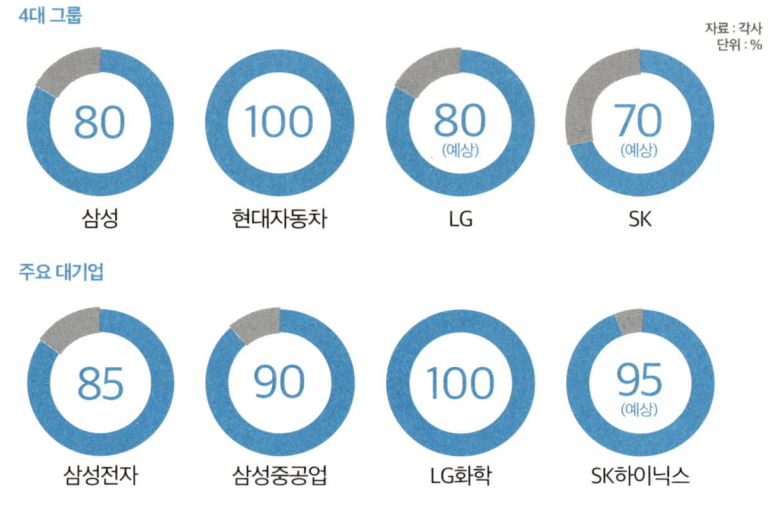

자료 : 각사
단위 : %

10년 전에는 이공계 위기였는데, 지금은?

4대 그룹

80
삼성

100
현대자동차

80
(예상)
LG

70
(예상)
SK

주요 대기업

85
삼성전자

90
삼성중공업

100
LG화학

95
(예상)
SK하이닉스

<올해 상반기 주요 그룹·대기업 공채 합격자 중 이공계 출신 비율>

출처 : 조선일보 보도 자료
(2014.6.23)

면서 'IT BOOM'을 만나게 된다.

2000년대 중반에 들어서 실제적인 컨텐츠나 마케팅 등이 부족한 대부분의 중소 영세 IT 기업들은 도산 등의 위기를 만나게 되면서, 일종의 'IT 버블 현상'을 경험하게 된다. 이후 IT 벤처 중에서 내실 있고 경쟁력 있는 기업들이 현재 신흥 IT 시장을 주름잡는 주요 기업으로 성장을 하게 되었다. 대표적인 IT 기업들로는 넥슨, 카카오 등 대표적인 기업들이 있다.

현재는 급속히 발전하는 4차 산업혁명의 시대와 맞물려서, IT를 비롯한 기계, 전기, 전자, 의료, 애니메이션, 컨텐츠 등 다양한 분야에서 ICT와 융합해서 새로운 성장 동력들이 만들어지고 있다. 이공계 분야, 적어도 앞으로 10년은 더욱더 활성화될 것으로 기대한다.

미래유망 직업군 ①
인문계 분야 −중국어 관련 학과

위에서 보는 것처럼, 크게 4가지의 분야에 대해서 인문계 분야의 유망 직업군들을 소개를 했다. 사실, 요즘처럼 취업난이 극심한 상황에서 특별히 인문계열로 진로를 잡고 있는 학생들의 경우에는 그 어느 때보다도, 졸업 이후의 취업을 생각해서 진로의 분야를 신중하게 검토할 필요가 있다.

그럼, 하나씩 검토를 해보겠다.

첫 번째, 중국어-문학 관련 학과이다. 과거 10년 이전부터 중국 시장이 지속적으로 확대되어 오면서, 중국어를 비롯한 중국 관련 학과들_{중국}통상학과, 아시아문화학부 등에 대한 경쟁률과 인기가 점점 높아지고 있다.

그러나 중국 시장도 향후 5~10년 이내에는 포화가 될 수 있다는 것이

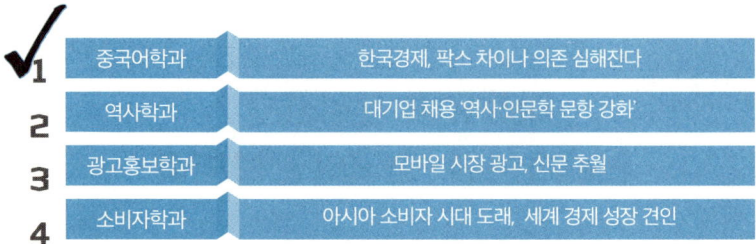

1	중국어학과	한국경제, 팍스 차이나 의존 심해진다
2	역사학과	대기업 채용 '역사·인문학 문항 강화'
3	광고홍보학과	모바일 시장 광고, 신문 추월
4	소비자학과	아시아 소비자 시대 도래, 세계 경제 성장 견인

전문가들의 의견이다. 과거 10년전만해도 중국 시장에서의 인건비는 다른 개도국 대비 50% 미만이었기 때문에 투자처로 상당한 메리트가 있었지만, 지금의 인건비는 주요 개도국 대비 70~80% 수준을 넘어서고 있기 때문이다. 앞으로의 비전을 생각한다면 점점 투자처로써의 장점은 사라지고 있다.

둘째로, 그 다음 대안이 바로 베트남이다. 우리나라와 베트남은 여러가지 부분에 있어서 인연이 많다고 할 수 있다. 월남전에 참전했던 나라인 것부터 우리나라에 가장 많이 국제결혼을 하는 국가 중 하나가 바로 베트남이다.

위에서 이야기했듯이, 중국의 인건비가 상승함에 따라 삼성, LG 등 주요 대기업들은 투자처의 1순위로 베트남을 생각하고 있다. 그래서 차세대 반도체 및 디스플레이 관련 제조 공장들이 과거 5년 이전부터 베트남에 증설되고 있다. 이렇듯 베트남은 아시아에서 중국을 이은 새로운 시장으로 성장할 것으로 강력하게 추천되고 있다. 따라서 어학 분야나, 국제 통상을 준비하는 학생이라면 베트남에 대한 관심과 공부를 집중적으로 하는 것이 필요하다.

　마지막으로 중동지역이다. 문명의 발생부터 역사의 축의 흐름을 보자면, 중동 유프라테스 지역에서 문명의 발상이 시작해서 로마→북유럽→미국→일본→한국→중국→베트남까지 흐르게 되었고 이제 그 마지막 지점이자 문명의 발상이 시작한 중동 지역으로 다시 역사의 큰 사이클이 완성되어 가고 있다. 두바이를 비롯해서 중동지역은 현재 가지고 있는 막대한 석유자원을 활용을 해서 새로운 성장 동력원들(먹거리)들을 만들고 있다. 이렇듯 중동 시장은 향후 5~10년 이후를 바라본다면, 분명 새로운 시장을 만들어 갈 수 있는 매력적인 시장이다. 단, 여성은 중동에서 경제활동을 하기에 많은 제약이 따른다는 단점이 있다.

미래유망 직업군 ②
인문계 분야 – 역사/컨텐츠 관련 학과

역사학과라고 한다면, 졸업 후 진로에서 어떠한 이미지가 생각나는가? 부모 세대에서는 보통, 역사 선생님, 역사 교수, 역사학자, 학예사 정도 생각할 수 있을 것 같다. 이제 4차 산업 혁명의 시대에서는 역사 부분이 단순히 역사를 연구하고 탐구하는 것으로 끝나는 것이 아니라, 역사라는 소재가 ICT정보 통신 기술와 융합해서 '역사+컨텐츠=역사문화 컨텐츠'라는 새로운 형태의 산업으로 급속히 발전하고 있다. 그렇다면 역사문화 컨텐츠가 산업에 적용된 실제 사례에 대해서 알아보겠다.

다음 그림 중 왼쪽 그림은 기존의 박물관에서 흔히 볼 수 있는 고려청자이다. 변화된 점은 고려청자 앞에 있는 유리벽에 투명디스플레이 필름이다. 필름 위에 청자와 어울릴 수 있는 꽃이나 나비, 물고기 등의 형

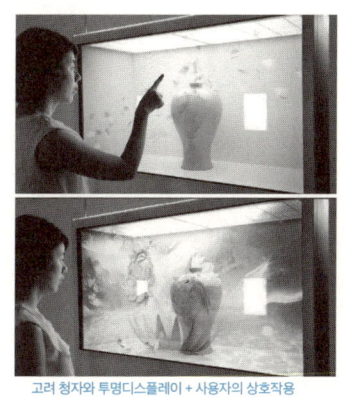
고려 청자와 투명디스플레이 + 사용자의 상호작용

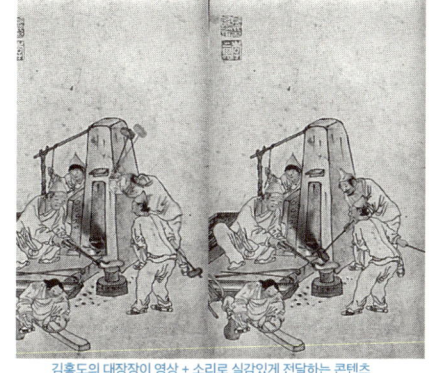
김홍도의 대장장이 영상 + 소리로 실감있게 전달하는 콘텐츠

<역사문화 콘텐츠의 실제 적용 사례>

상이 관람객과 상호작용을 하면서 움직이게 하는 컨텐츠가 되었다.

오른쪽 그림은 모두가 잘 알고 있는 김홍도의 대장장이 그림이다. 자세히 보면 단순한 그림이 아닌 그림을 영상화시킨 것이다. 달궈진 쇠를 칠 때 발생하는 소리까지 스피커로 나오게 함으로써, 조선시대의 대장장이의 모습을 눈과 귀로 보다 생생하게 감상할 수 있도록 했다.

어떠한가? 4차 산업혁명 시대의 ICT 기술은 단순히 이공계 학생들만의 전유물이 아니다. 역사학과 교육학과 등 인문계 학생들도 얼마든지 융합을 해서 새로운 컨텐츠를 만들어 내고, 이것을 통해 새로운 산업을 만들어 갈 수 있다. 실현하는 시점을 단순히 대학 졸업이후로 생각하지 말자. 이러한 창의융합적인 컨텐츠를 만드는 활동은 최근 몇 년 새 중학교 혹은 고등학교 동아리 내에서도 급격하게 증가하고 있다.

그렇다면, 이렇게 자신만의 창의융합형 컨텐츠가 준비된 대학생들의 취업률은 어떨까?

두 학과 중 어디가 취업이 잘될까?

전주대학교 역사문화콘텐츠학과

JEONJU
UNIVERSITY

77.8%

VS

중앙대학교 역사학과

중앙대학교

44.4%

<2012년도 대학 알리미 취업률 기준>

여러 대학에 역사학과가 개설되어 있지만, 그중에서도 서울에 있는 중앙대학교 역사학과와 전주시에 있는 전주대학교 역사문화 컨텐츠학과의 취업률을 비교해보자. 결과를 보면 정말 놀랍다. 중앙대 사학과 취업률은 44.4%인 반면에 전주대 역사문화 컨텐츠 학과는 77.8%의 기록을 경신했다. 전국에 있는 인문계열 학생의 평균 취업률이 40%대인 것을 감안하면 두 배에 가까운 높은 취업률이다.

인문계라고 해서 무조건 취업률이 낮다고 선택지에서 제외하거나 비관하는 것은 잘못된 생각이다. 인문계 자연계라는 이분법적 구분보다는 기존의 전공이 앞으로 4차 산업혁명의 ICT 기술과 융합하여 새로운 가치를 창조해 낼 수 있는 가능성과 잠재력이 있는지를 보고 판단하는 지혜가 필요하다.

자, 이제 학생들의 진로를 어떠한 로드맵을 가지고 어떻게 진행해야 할지 보다 신중한 전략과 방향을 갖는 것이 필요하다.

미래유망 직업군 ③
자연계 분야 –수리통계 관련 학과

먼저 자연계 분야의 전공을 분석하면, 60~70년대에 기계공학, 화학공학 등 전통적인 인기 전공분야가 80년대 이후에는 전기공학, 전자공학 등으로 점점 신생 혹은 파생되어 갔다. 그러다가 90년대 이후에는 전자공학에서 새롭게 파생된 컴퓨터공학이 새로운 돌풍을 일으키면서, 전자공학과 이상으로 가장 인기 있는 전공으로 자리를 잡았다. 1998년 김대중 정부 이후로, 벤처기업에 대한 열풍과 더불어 신생 IT/SW 관련 학과들이 파죽지세처럼 생기고 확산되었지만, 2000년대 중반이 들어서, 실패한 IT 벤처 기업을 중심으로 점점 IT 벤처 버블이 발생하고, IT를 중심으로 한 이공계 출신들이 갈 곳이 없어지면서 이공계의 위기라고 하던 시기도 있었다.

그러나 모든 것에는 사이클^{주기}이라는 것이 있듯이, 이공계 분야도 새

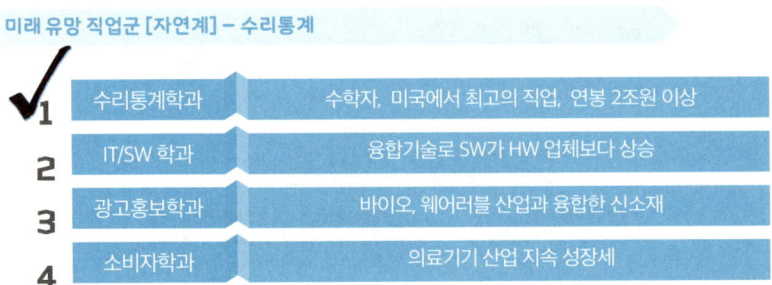

미래 유망 직업군 [자연계] – 수리통계

1	수리통계학과	수학자, 미국에서 최고의 직업, 연봉 2조원 이상
2	IT/SW 학과	융합기술로 SW가 HW 업체보다 상승
3	광고홍보학과	바이오, 웨어러블 산업과 융합한 신소재
4	소비자학과	의료기기 산업 지속 성장세

로운 전성기를 맞이하고 있다. 인문계 분야의 평균 취업률이 40% 수준
인 반면에, 이공계 분야는 60%~70% 이상을 기록하고 있을 정도로 이공
계는 상대적으로 호황을 맞이하고 있다. 거기에 더해 이제 4차 산업혁명
의 시대에서 과거와는 새로운 패러다임으로 전환하고 있는 과도기라고
할 수 있다.

그중에서 가장 이슈가 되고 있는 직업군이 바로 통계학과 수학과 등
으로 대표될 수 있는 수리통계 관련 학과이다. 과거에 통계학과는 통계
청 정도를 생각하고, 수학과는 수학 교사, 수학 강사 정도를 생각했다.
이제는 사물인터넷이 확산되면서 생겨나는 수많은 데이터를 분석해서
유의미한 새로운 정보를 만들어 내는 과정, 즉 빅데이터의 시대가 왔다.

뿐만 아니라, 거기에 IT/SW 기술과 맞물려서 딥러닝, 머신러닝 등으
로 지속 발전하고 있는 인공지능 분야가 있다. 2016년 3월, 바둑 세계 챔
피언인 이세돌 9단과 인공지능 알파고의 대국은 많은 사람들에게 인공
지능의 뛰어남을 넘어서 충격적인 뉴스로 전해졌다.

이렇듯, 수리 통계 분야는 단순히 수학, 통계학의 범위를 넘어섰다. 기업에게 있어서는 홍보/마케팅의 수단으로, 국가에게 있어서는 새로운 정책 도입을 위해 필수적인 도구로 적용되고 있다. 구글이나 네이버 등 글로벌 IT 기업에서는 과거 어느 때보다 수리 통계 계열 학생을 선호하게 되었다.

자, 이제 급변하는 산업의 트렌드를 선점할 직업군들에 대해서 보다 융합적이고 장기적인 관점으로 볼 때가 되었다.

미래유망 직업군 ④
자연계 분야 -IT/SW 관련 학과

　IT/SW 분야는 4차 산업혁명 시대에 있어서 가장 필수적인 ICT 신기술과 가장 융합적이고도 적합한 분야라고 할 수 있다. 단순히 기계, 전기, 전자, 소재 분야로 각각 구분해왔던 학문의 분야가 10년 이전부터는 IT정보기술, BT바이오 기술, CT컨텐츠 기술, NT나노 기술라고 하는 새로운 산업 분야가 급부상했었다. 이제는 4차 산업혁명의 새로운 패러다임에 따라서, 인공지능, 자율주행자동차, 가상현실, 3D 프린팅, 빅데이터 등 과거에는 없었거나 그저 80년대 전격Z작전, 에어울프, 검은 독수리 등 외화에서만 보았던 첨단 융합기술이 우리의 현실로 다가왔다.

　대표적인 사례가 바로 자율주행 자동차이다. 자동차에 대한 대표적인 전시회는 모터쇼가 있다. 자동차가 단순히 운송하는 기계라는 차원을

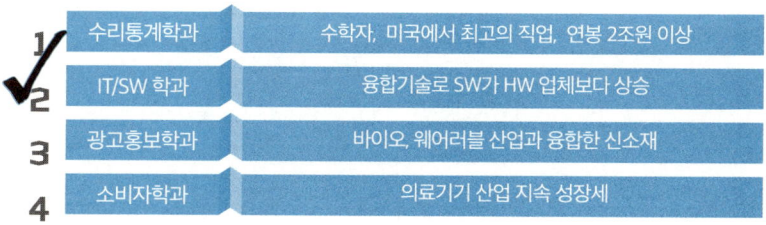

미래 유망 직업군 [자연계] – IT/SW

1 ✓	수리통계학과	수학자, 미국에서 최고의 직업, 연봉 2조원 이상
2	IT/SW 학과	융합기술로 SW가 HW 업체보다 상승
3	광고홍보학과	바이오, 웨어러블 산업과 융합한 신소재
4	소비자학과	의료기기 산업 지속 성장세

넘어서, ICT와 융합을 통해서 새로운 IT기기 또는 전자기기로 인식하는 부분으로 확장되었다. 그것을 단적으로 반영하는 것이 미국 라스베이거스에서 매년 열리는 CES미국 세계가전박람회이다. CES 2016에서는 벤츠의 컨셉 CAR의 자율주행을 하는 모습이 전 세계에 공개되었고, 실제로 향후 10년 안에는 우리나라도 자율주행 자동차의 상용화를 목표로 하고 있다. 새롭게 준비 중인 서울-세종 간 고속도로의 일부는 자율주행 자동차의 전용 도로로 기획하고 있을 정도로 우리의 미래에 미칠 영향력은 엄청나다고 할 수 있다.

미국의 대표적인 전기 자동차 회사인 테슬라의 시가총액이 전통적 강호였던 포드를 넘어서게 되었다. 이제는 자동차의 형태가 기존의 화석 연료 자동차→전기 자동차→연료 전지 자동차→자율주행 자동차로 점점 발전하게 될 것이다.

기존의 기계, 전기, 전자, 재료 공학의 구분은 이제 더 이상 의미가 없

자연계 분야 미래 유망 직업군

인공지능
*지능정보사회

무인이동체

생명과학

로봇기술

<4차 산업혁명>
정보통신기술(ICT)의 융합으로 이루어진 차세대 산업혁명

다. IT/SW와 융합함으로써 의공학, 컨텐츠공학 등 새로운 형태의 전공들이 파생되고 있다. 앞으로는 융합의 시대이다. 현재보다는 학생이 대학을 졸업할 10년 이후의 미래를 설계하면서 신중한 진로의 접근이 필요한 때이다. 위에서 미래에 지속될 직업과 사라질 직업을 표시하였다. 단순 반복적이며 단독적인 직업은 인공지능과 로봇에 의해서 자동화로 대체될 확률이 높다. 반면, 인간만이 고유하게 할 수 있는 창의적이고 감성적인 직업은 자동화 대체 확률이 낮기 때문에, 지속적으로 살아남을 수 있다. 과연 나는 어느 쪽에 방향을 잡고 있는지 확인하면서, 미래사회를 주도할 수 있는 창의적이고 감성적인 직업으로 진로 선택을 잘하기 바란다.

CHAPTER 3

4차 산업혁명 시대가 요구하는 인재상

시대가 원하는 인재상

현재 대치동을 비롯한 사설교육기관 및 학교에서 수많은 입시설명회가 진행되고 있으며, 다양한 관점에서 입시전략에 대한 분석 자료가 발표되고 있다. 그러나 많은 설명회 주체 기관에서는 그 현상만을 설명한 나머지, 왜 이러한 입시 정책과 입시 전형이 이루어져 왔는지에 대한 배경과 근본적인 이유에 대한 설명이 부족한 것이 현실이다.

여기서는 본격적인 입시 정책을 말하기에 앞서, 어떠한 이유로 입시에 대한 트렌드가 현재와 같이 변화가 되었는지 그 배경을 살펴보도록 하겠다.

극지방에 떠있는 빙산을 보면, 수면 아래에 있는 얼음이 전체의 90% 이상으로 수면 위로 보이는 빙산보다 훨씬 많은 것처럼, 현재 학생부종

자동화 대체 확률이 낮은 직업

"감성에 기초한 예술 관련 직업은 자동화 대체 확률이 상대적으로 낮은 특징을 보인다."

1위 화가 및 조각가

2위 사진작가 및 사진사

3위 작가 및 관련 전문가

1위	화가 및 조각가
2위	사진작가 및 사진사
3위	작가 및 관련 전문가
4위	지휘자·작곡가 및 연주가
5위	애니메이터 및 만화가
6위	무용가 및 안무가
7위	가수 및 성악가
8위	메이크업아티스트 및 분장사
9위	공예원
10위	예능 강사
11위	패션 디자이너
12위	국악 및 전통 예능인
13위	감독 및 기술감독
14위	배우 및 모델
15위	제품디자이너

자동화 대체 확률이 높은 직업

"단순반복적이고 정교함이 떨어지는 동작을 하거나 사람들과 소통하는 일이 상대적으로 낮은 특징을 보인다."

1위 콘크리트공

2위 정육원 및 도축원

3위 고무 및 플라스틱 제품조립원

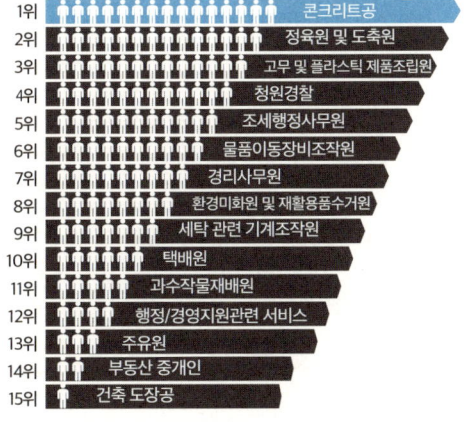

1위	콘크리트공
2위	정육원 및 도축원
3위	고무 및 플라스틱 제품조립원
4위	청원경찰
5위	조세행정사무원
6위	물품이동장비조작원
7위	경리사무원
8위	환경미화원 및 재활용품수거원
9위	세탁 관련 기계조작원
10위	택배원
11위	과수작물재배원
12위	행정/경영지원관련 서비스
13위	주유원
14위	부동산 중개인
15위	건축 도장공

합전형을 중심으로 변화가 되고 있는 입시 현상을 어떠한 관점으로 이해하는지가 무엇보다 필수적이다.

위 그림에서 보는 것처럼, 고등학교의 선발기준은 대학의 선발기준으로부터 시작되고, 대학의 선발기준은 기업의 채용기준에서 시작된다고 할 수 있다. 그렇다면, 이렇게 큰 세 가지 선발기준이 변화한 트렌드의 원인을 어디서 찾을 수 있을까?

이 문제에 대한 답을 찾기 위해서는 먼저 시대의 변화를 읽는 것이 중요하다. 다음 그림에서 왼쪽 부분은 1990년을 전후로 한 현재 중고등학교 학생들의 부모님의 입시 세대이고, 오른쪽은 현재 중고등학교 학생들 세대의 산업과 입시 트렌드이다.

부모 세대는 간단히 말하자면 추격자fast follower의 시대이다. 그 시대의 국민 1인당 GDP는 6000달러 수준으로, 연평균 10% 이상의 고도성장을 이루어갔던 때였다. 그 당시에는 미국, 일본과 같은 선진국의 제품과 산업을 연구해서 하루라도 빨리 따라 잡는 것이 중요했다. 때문에 국가 차원에서 가장 중요한 것은 공부, 즉 학업역량이었다. 1993년까지는 학

1990년

Fast Follower
(추격자)

1인당 GDP: 6,303달러
연간 경제성장률 : 10%
취업률 : 75%

학업 역량   어학 역량

학력고사 / 수학능력시험

2016년

First Mover
(선구자)

1인당 GDP: 29,730달러
연간 경제성장률 : 3.1%
취업률 : 50%

창의융합역량   전공적합성

학생부종합전형

력고사로, 1994년부터는 수학능력시험으로 학생을 선발했다. 학력고사는 주로 4지선다의 단순한 학업지식에 대한 문제 유형인 반면, 수학능력시험은 5지선다의 수학능력학업역량을 평가하는 문제의 유형이다. 학업역량을 좀 더 종합적인 관점에서 평가한다는 기조에는 큰 차이가 없었던 변화였다.

30여년이 흐른 지금, 우리나라의 국민 1인당 GDP는 29,730달러로 주요 선진국의 GDP라고 할 수 있는 3만 달러에 거의 근접해왔다. 뿐만 아니라 휴대폰, 반도체, TV 등 무려 160개 이상의 품목에서 우리나라는 전세계 1위 시장을 점유하고 있다.

이제 우리는 과거 부모 세대처럼 다른 어느 선진국을 무조건 따라 잡는 것이 중요한 시대가 아니다. 창의성을 중심으로 한 창의융합형 교육을 통해 빌게이츠나 스티브잡스처럼 시대를 이끌어 갈 수 있는 창의적 인재가 필요하게 된 것이다. 이러한 영향으로 나온 것이 학생부종합전형이다. 학생부종합전형은 단순히 학력고사나 수능처럼 한 번의 시험으로 학생의 모든 역량을 평가하는 것이 아니다. 학업, 진로, 인성 등 종합적인 관점에서 학생의 정성적으로 평가하는 미래 지향적인 전형으로 변경된 것이다.

자, 이제 부모 시대와 현재 자녀 시대에서 원하는 인재상에 대해 충분히 이해했을 것으로 생각한다. 이러한 현상은 앞으로 현재 중학생, 그 뒤를 이어 초등학생들에게는 더 크고 보편적인 전형으로 확대가 되어갈 것이다. 이러한 변화에 대해 먼저 준비하는 사람만이 변화하는 트렌드에 휩쓸려가지 않고, 파도를 거슬러 올라탈 수 있는 것이다.

기업이 원하는 인재상

이번엔 기업이 원하는 인재상에 대해서 살펴보겠다.

1990년대 부모님 세대가 2018년 자녀의 세대로 트렌드가 변화하면서, 채용 시장에도 많은 변화가 있었다. 과거에는 출신대학과 어학성적이 사실상 기업 채용 기준의 전부라고 할 수 있다. 사실 1990년대 초중반까지 대학을 졸업한 사람들은, 적어도 IMF 이전까지만 해도, 학점관리를 적당히 하고 어학성적은 기업이 요구하는 최소 기준만 부합되었다면 사실상 취업에 아무런 어려움이 없었다. 웬만한 대학교 학과사무실에는 기업에서 제공한 입사원서가 쌓여있을 정도였다. 입사 지원을 하면 최종까지 몇 군데는 합격을 해서 어디를 고를지 행복한 고민을 했던 시기가 지금 중고등학생들의 부모 세대였다.

지금은 어떨까? 모두 알고 있듯이 취업의 전쟁시대이다. 서울대를 나

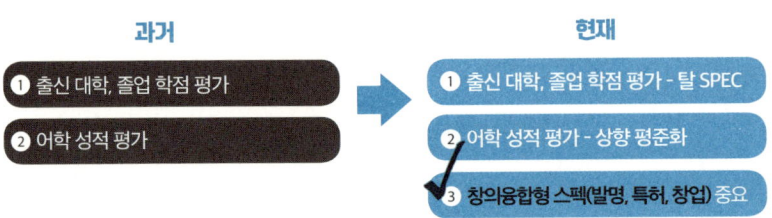

기업 채용 방식의 변화

과거
① 출신 대학, 졸업 학점 평가
② 어학 성적 평가

현재
① 출신 대학, 졸업 학점 평가 - 탈 SPEC
② 어학 성적 평가 - 상향 평준화
③ 창의융합형 스펙(발명, 특허, 창업) 중요

와도 백수가 절반이라는 말도 있다. 어느 대학을 나왔느냐가 더 이상 그 학생의 미래를 보장해주던 시대는 지났다. 이제 기업도 출신 대학과 성적만으로 평가하던 방식에서 벗어나 지원자만이 가지고 있는 차별화된 스토리와 스펙 등을 요구하고 있다. 그 대표적인 것들이 발명, 특허, 창업과 같은 실적들이다. 이제는 한 해에만도 수십만 명의 대학 졸업생이 쏟아져 나오고 있다. 토익 성적은 900점 이상이며 학점은 4점대, 해외봉사, 인턴 경험 등을 갖춘 학생들이 보통이다.

이렇게 되다 보니, 기업에서도 더 이상 과거의 방식으로는 우수한 학생을 선발하기 어려워졌다. 선진 기업의 제품과 산업을 빨리 습득할 수 있는 100명의 직원보다는, 기업의 미래 먹거리와 신 성장 동력원을 만들어 낼 수 있는 한 명의 창의적인 인재가 필요하게 된 것이다. 이렇게 기업은 단순한 스펙을 넘어서 자신만의 차별화된 브랜드와 컨텐츠를 가지고 있는 인재를 찾고 있다. 현재 기업에서 진행되고 있는 채용 요강을 분석하면 더 명확하게 이해할 수 있다.

다음의 표는 2018년 주요 대기업과 공기업의 채용 우대 사항이다. 과

기업유형	기업(그룹)명	채용 전형(공모전)	채용 우대 사항
대기업	1. 네이버	인공지능(AI) SW 개발 부문	앱(APP) 개발
	2. 삼성그룹	모든 과정에 창의성 면접 추가	창의성, 직무적합성
	3. 현대차그룹	H-Innovator(SPEC 기재 없음)	창의성, 열정
	4. 기아자동차	스카우트-K	발명, 특허, 실용신안
	5. LG 그룹	창의, 자율의 원칙(SPEC 최소화)	창의성, 자율성
	5. POSCO	신입사원 채용	발명, 특허
	6. SK	바이킹 챌린지	발명, 특허, 아이디어
공기업	7. 한국전력	채용연계형 인턴모집	발명, 특허
	8. 중부발전	자기소개서 문항	창의적 아이디어
	9. KOBACO(한국방송광고진흥공사)	정규직 신입사원 공개채용	창의성 면접
	10. 주택금융공사	일반 입사 전형	신상품 아이디어
금융사	11. 신한은행	신한 아이디어 올림픽	아이디어 공모전
	12. NH 농협	농협 아이디어 공모전	UCC, 아이디어 공모전
리조트	13. 대명리조트	대명 아이디어 챌린지	우수 아이디어
기타	삼성, 현대차, 현대중공업, LG, 대우, 한화, LIG, 롯데, STX, 그룹 등 41개사		특허 유니버시아드 입상자

거 부모 세대의 채용 전형에서 볼 수 없었던 창의성, 발명, 특허, UCC, 아이디어 공모전 등 지원자만의 차별화된 컨텐츠가 있는 경우 채용에 우대하는 기업이 많아지고 있다.

실제로 출신학교와 학점 등 소위 말하는 스펙이 화려하지 않더라도, 생활에 관련한 몇 가지 발명특허 출원을 통해서 당당히 대기업에 입사한 사례가 많이 소개되고 있다.

일례로, 강윤기 씨는 특별히 출신대학이나 학점 등 취업스펙이 화려하지는 않았지만, 마우스증후군 방지용 마우스 또는 휴대용 카메라 회전 장치 등 일상생활에 관련한 발명 특허출원을 하였다. 이것을 가지고 자신만의 창의융합형 스펙으로 준비하여 SK그룹에 당당히 입사했다.

SK C&C 입사
강윤기 씨

- SK 바이킹 챌린지 채용 전형 ⇨ 창의력과 아이디어 보유 인재
- 주요 발명특허 ⇨ 일상 생활 관련 발명특허출원
  - 마우스증후군 방지용 마우스
  - 휴대용 카메라 회전장치 등 일상생활 관련 발명특허출원

출처: 머니투데이

　보통 대학 입시와 취업을 별개의 것으로 생각하는 경우가 많다. 그러나 현재 진행되고 있는 주요 기업의 채용 모집 공고를 본다면, 주요 대학교가 학생부종합전형에서 요구하고 있는 인재상과 상당부분 유사한 것을 알 수 있다. 예를 들어, 학생이 중학교 또는 고등학교 시절 발명특허 출원을 했다고 한다면, 이것은 대학교 입시에 적용할 수 있을 뿐만 아니라, 대학 졸업한 이후에 취업을 위한 중요한 컨텐츠로도 활용할 수 있다. 입시와 취업은 개별이 아닌 한 몸이라는 사실을 명심하기 바란다.

　이러한 관점에서 생각한다면, 현재 학생의 진로 분야에 적합한 차별화된 컨텐츠를 기획하고, 잘 준비해 나가야 한다. 컨텐츠의 유형으로는 아이디어, 발명, 특허, 창업을 위한 사업계획서, UCC, S/W, 앱APP, 디자인 등 다양한 요소들이 있다. 이것들 중 학생에게 적합한 컨텐츠는 무엇이 있을지 결정하고, 이제 실행에 옮겨야 한다.

대학이 원하는 인재상 ①

　기업에서 원하는 인재상에 대한 분석에 이어, 대학에서 원하는 인재상에 대해 함께 알아보자. 과거 20년 동안 전통적인 대학 입시의 큰 축은 바로, 수능과 논술이었다. 1994년, 수능과 논술 중심으로 현재까지 20년간 대입 전형이 진행이 되어왔으며 2008년부터는 입학사정관제로 학생을 선발하였다. 그동안 단순히 학업성적만으로 평가를 했던 부분이 학업과 활동 모두를 평가하는 종합적인 평가 전형으로 도입되기 시작했다.

　입학사정관제가 학생을 종합적인 관점에서 평가한다는 긍정적인 부분도 있었지만 부정적인 면도 생겨나기 시작했다. 부정적인 측면은 크게 두 가지가 있다.

과거

정시(수능) 중심의 전형

논술 전형(인문, 자연)

현재

✓ 정시(수능) 축소 및 논술 전형 폐지

✓ 학생부종합전형(비교과 평가) 확대

첫째, 학업역량 평가 부분에 대한 부족이다. 학업 성적은 좋지 않았지만, 자신이 관심 있는 분야에 뛰어난 역량을 보여주는 학생들이 있다. 2012년 '곤충박사'라는 별명으로 연세대학교에 입학사정관제로 입학한 학생, 2009년 '로봇 천재'라는 이름으로 KAIST에 입학한 학생들 등 다양한 사례가 있었다. 그러나 이 학생들의 경우, 스포트라이트를 받으면서 대학에 입학했지만 막상 입학한 이후에는 관련 전공 외에 다른 교양과목 및 전공 선택과목 등에 있어서 다른 학생들에 비해 부족한 학업 역량을 보였다. 결국 좋지 않은 결과로 학업을 중도에 포기하고 마는 모습도 보였다.

둘째, 교외실적에 대한 부분이다. 학교 교과성적 및 교내 활동 이외에도 올림피아드, 해외연수 등 교외활동에 대한 스펙 쌓기에 치우친 사교육의 증가와, 공교육의 정상화에 위배된다는 우려 때문이었다. 입학사정관제는 그 상태를 가지고 지속하기에는 어려움이 많았다.

위의 두 가지 문제점을 가지고 새롭게 수정 보완된 형태의 대입 전형이 2014년부터 시작된 학생부종합전형이다. 학생부종합전형은 교과 내신 성적과 비교과활동 두 가지를 모두 정성적인 관점에서 평가하기 때문에, 과거처럼 특정대학에 입학해서 학업을 진행하기 어렵다고 판단되는 학생들에 대한 객관적인 평가가 가능해졌다. 또한 올림피아드, 어학성적 등 교외 실적에 대해서는 학생부 및 자기소개서에는 일절 반영되지 않기 때문에 무분별한 교외스펙 쌓기로 인한 사교육 과잉 양상을 막을 수 있는 전형으로 수정 보완되었다.

현재 서울대는 100%, 고려대를 비롯한 주요 명문대학에서는 75% 이상의 학생을 수시 학생부종합전형으로 선발하고 있다. 이것은 갈수록 더욱 확대될 전망이다.

아직 확정되지는 않았지만, 현재 중3학생에 대한 내신과 수능 평가 방식이 기존의 상대평가 9등급제에서 절대평가로 전환될 경우, 사실상 90점 이상이면 내신이나 수능 모두에서 1등급을 받을 수 있게 된다. 앞으로도 학생부종합전형에서는 학생부기재 내용과 비교과영역에 대한 중요성이 더 높아질 전망이다.

대학이 원하는 인재상 ②
– 주요 대학 선발 기준 분석

    다음에 나오는 표는 주요 대학에서 선발하는 인재상을 설명하고 있다. 수능과 논술로만 선발했던 시기에 대학에서 요구했던 인재상이 단순히 학업역량에만 국한되었다는 것을 고려할 때 상당히 많은 변화가 있음을 알 수 있다.

    각 대학별로 선발기준을 세부적으로 살펴보자. 먼저 서울대의 경우에는 창의적 인재로 발전할 가능성에 가장 큰 비중을 두고 있다. KAIST, GIST, UNIST, DGIST 등 '한국과학기술원법'에 의해서 설립된 4개 대학의 경우에는 소프트웨어 개발, 발명, 특허, 벤처 창업 등 특정한 분야에서 우수한 결과물을 산출한 학생을 선호하고 있다. 포항공대, 연세대, 고려대 등에서도 모두 창의적 인재, 융합형 인재를 선호하고 있다. 이화여

대학교	입학 전형	주요 내용
서울대	1. 지역균형/기회균형 2. 일반전형	• 인재상 : 학업능력, 자기주도적 학습 태도, 전공 분야에 대한 관심, 지적 호기심 등 창의적 인재로 발전할 가능성 종합적 평가
KAIST GIST UNIST	1. 일반전형 2. 특기자전형	• 서류 : 소프트웨어 개발, 발명 또는 특허, 벤처(창업) 등 특정한 분야에서 우수한 성취를 거두었거나 우수한 결과물을 산출한 경우 (특기자전형) • 면접 : 심층면접을 통해 인성 및 사회적 역량, 과학적·논리적 사고력, 창의적 문제해결력 등을 종합평가함.
포항공대	창의IT인재전형	• 면접전형 : 1) 개인면접 : 이공계 학업 역량 및 사고력, 창의력 평가 2) 그룹면접 : 융합 및 커뮤니케이션 능력을 통한 창의력 평가
연세대	특기자전형	• 과학공학인재로서의 성장잠재력을 보여줄 수 있는 입증자료(연구보고서, 대외수상 및 활동경력, 발표된 논문 등)를 제출할 수 있는 자
고려대	융합형인재전형	• 인재상 : 자신의 전공분야 선도할 창의적 사고력과 역량을 가진 자 • 면접 : 인재상(창의적 사고력 역량)에 부합하는 기본 역량과 융합형인재로의 발전가능성이 있는지 심층적으로 평가함
이화여대	특기자전형	• 학생부, 활동보고서를 기반으로 수학, 과학 관련 학업 역량 및 교내·외 활동의 우수성, 발전가능성 등을 종합적으로 평가함

대의 경우에는 특기자전형에서 활동보고서를 가지고 평가하는데, 여기에는 학생기록부에 기재되어 있지 않은 사항에 대한 추가제출 서류가 포함되어 발명특허 및 교외실적 등에 대해서 모두 기재가 가능하다.

이렇게, 주요 대학교에서 학생부종합전형과 특기자전형으로 선발하는 입시요강을 세부적으로 확인해보았다. 학생이 원하는 대학에서 요구하는 인재상과 결과물에 대해서 보다 구체적으로 조사하고 준비해나가는 것이 필요하다.

4차 산업혁명에 적합한
비교과 컨텐츠를 준비하라

지금은 4차 산업혁명의 시대이다. 18세기 중기기관의 발명으로 시작된 1차 혁명인 기계혁명, 19세기 전기 동력을 통한 대량생산으로 시작된 2차 혁명인 전기 혁명, 20세기 후반에 들어서 컴퓨터 제어 자동화를 통해 시작된 3차 혁명인 정보혁명, 그리고 2015년 이후 사물인터넷, 인공지능, 로봇 산업을 중심으로 급속히 펼쳐지고 있는 4차 혁명인 융합혁명이다.

전 세계 경제 분야의 최고 전문가들이 모여서 세계의 경제를 논의하는 다보스 포럼의 2016년 주제가 바로 '4차 산업혁명의 이해'였다. 여기서 정의한 4차 산업혁명은 'ICT 신기술이 기존의 제조업과 융합하여 생산능력을 극대화시킨다'는 의미로 정의했다. 여기에서 이야기하는 ICT 신기술

1차 기계혁명		2차 전기혁명		3차 정보혁명		4차 융합혁명
1차 산업혁명 증기기관	>	2차 산업혁명 전기 동력 대량생산	>	3차 산업혁명 컴퓨터 제어 자동화	>	4차 산업혁명 제품-설비-인간이 연결되는 사물인터넷 혁명

은 스마트 카, 가상현실, 드론, 3D 프린터, 사물인터넷, 로봇, 인공지능 등 우리가 이미 직간접적으로 경험하고 있는 많은 요소들이 포함된다.

이렇게 우리의 경제, 산업, 생활 전반으로 파급되고 있는 4차 산업혁명은 교육 분야에도 깊숙이 파고들어가고 있다. 학생들이 준비하고 있는 학생부종합전형에서도 영향을 미치고 있다. 학생들이 준비하는 진로 분야는 스포츠, 과학, 공학, 인문학, 문화예술, 의학생명 등으로 매우 다양하다.

스포츠 분야의 진로라고 한다면, 과거에는 단순히 농구, 축구, 야구 등의 운동 종목 선수에 초점이 맞추어 졌다. 지금은 스포츠 산업 분야가 ICT와 융합이 되어 세분화됨으로써, 스포츠 엔터테인먼트, 스포츠 마케팅, 스포츠 경영, 스포츠 에이전트 등 스포츠와 융합된 새로운 산업 분야로 파생되어 가고 있다. 이러한 산업의 흐름에 맞추어 스포츠 관련 전공들이 여러 대학에서 신설되고 있다.

스포츠산업 외에도 다양한 학문 분야가 ICT정보통신기술와 융합한다면

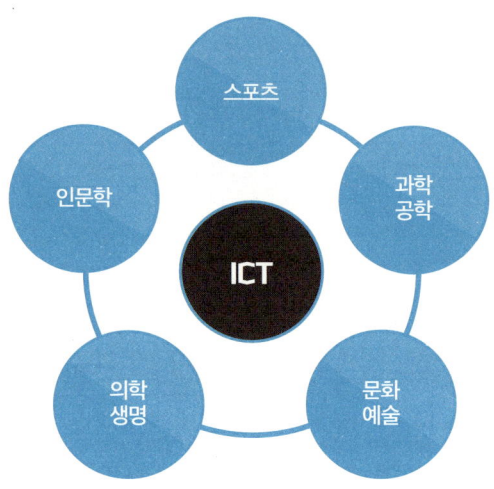

학생의 진로에 적합한 창의융합형 컨텐츠를 만들어 갈 수 있다. 역사교육학과를 준비하는 학생의 경우, 교육동아리에서 역사교육에 관한 컨텐츠를 만들 수 있다. 예를 들어, 스마트폰에 장착된 GPS 센서로 현재 위치에서 반경 10Km 안에 있는 역사 유적지, 역사 자료, 박물관 등을 검색할 수 있는 앱app을 제작하는 것이다. 이를 동아리 활동으로 활용하고 생활기록부에 기재된다면, 단순히 역사관련 소논문을 작성하는 학생과는 차별화된 컨텐츠를 준비해 갈 수 있을 것이다.

학생이 준비하고자 하는 전공 분야가 무엇인지, 이것을 위해서 지금 동아리, 봉사, 진로 활동 등을 통해 무엇을 준비해가고 있는지 신중하게 검토한다. 이제는 그 새로운 아이디어를 행동으로 옮길 때이다.

입학사정관의 관점에서 보는 학생기록부

학생기록부의 주체는 학생이지만, 그 학생기록부의 내용을 평가하는 주체는 대학 입학사정관이다. 따라서 학생기록부를 기재 및 관리하는 동안에는 반드시 입학사정관이 어떠한 관점으로 학생의 학생기록부를 볼지 항상 염두에 두어야 한다.

학생기록부를 1학년부터 3학년 1학기까지, 졸업생의 경우에는 3학년 2학기까지 기재하게 되고, 대학 입학처에서 접수를 하게 되면 입학사정관은 단순한 한 분야만을 보는 것이 아니다. 교과목활동, 동아리활동, 봉사활동, 진로활동, 독서활동, 자율활동 등 학생이 학교에서 수행한 다양한 영역에서의 활동을 보고 평가를 하게 된다.

입학사정관이 평가하는 가장 중요한 관점은, '학생만의 차별화된 브랜

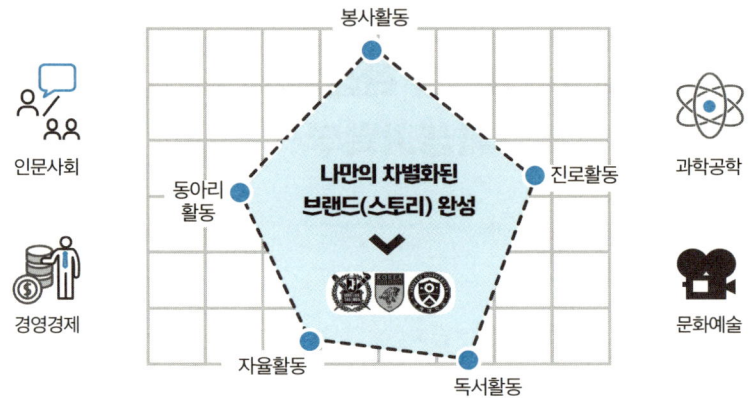

드스토리가 있는가' 하는 부분이다. 학생이 준비하고자 하는 진로와 연관된 분야에 대한 활동과 스토리가 있는지에 대한 평가이다. 예를 들어, 의학생명 계열의 진로를 준비하고 있는 학생이 생명과학에 관련된 활동보다는 문학이나 음악과 관련된 활동으로만 준비하고 있다면, 학생의 학생부는 진로에 대한 적합성이 매우 부족하다고 할 수 있다.

한편, 학생이 상경계열을 준비하고 있는 학생이 사회경제동아리를 만들어서 학생이 거주하고 있는 지역의 불균형을 개선하고자 하는 소논문을 쓰고 정책제안서 등을 만들어 준비한다고 하자. 이는 전공적합성과 함께 자기주도성 모두를 확보할 수 있는 좋은 학생부가 될 수 있을 것이다.

결국 중요한 것은, 교과 및 비교과의 모든 활동을 통해 학생이 희망하는 진로에 대한 전공적합성과 자기 주도적 측면이 얼마나 다른 학생과 차별점이 있는지, 자기만의 브랜드컨텐츠가 있는지가 중요하다.

대입 합격을 위한
학생부종합전형의 3가지 절차

학생부종합전형의 세 가지 절차는 바로 학생기록부, 자기소개서, 면접이다. 필자는 이 세 가지를 학생과 학부모 입장에서 보다 쉽게 이해할 수 있도록 다른 관점에서 설명하고자 한다.

첫 번째, 학생기록부는 다양한 색상과 크기의 구슬로 비유할 수 있다. 구슬은 각각 학생이 학교에서 수행한 동아리, 봉사, 진로, 독서 등 교내의 모든 개별 활동들이다. 이 중에는 전공과 직접적으로 밀접한 활동도 있고, 교양을 위해 필요한 활동들도 있다. 다양한 형태의 활동이 존재하듯, 학생기록부는 다양한 색상의 구슬이라고 할 수 있다.

두 번째, 자기소개서는 다양한 형태의 구슬 중 희망하는 대학 및 전공 분야에서 원하는 인재상에 맞는 색상의 구슬들을 엮어서 만든 목걸이로

교내 비교과 결과물 반영 전략

| 학생 기록부 | ➡ | 자기소개서 | ➡ | 면접 |

구슬 　　　　　　　　목걸이 　　　　　　　　감정평가

비유할 수 있다. 만약 학생이 동일한 계열의 전공으로 지원한다고 하더라도, 지원 학교 및 학과의 세부 전공에 따라 인재상도 달라질 수 있다.

가령 A대학에서는 학생의 글로벌역량을 강조하고 B대학에서는 리더십을 강조한다면, 동일한 전공이라 할지라도 각 대학의 세부적인 인재상에 맞추어 자기소개서라는 목걸이를 완성해야 한다. 서울대학교 기계공학과에서 황금색 인재상을 원한다면 황금빛을 내는 구슬을 모아서 황금색 목걸이라는 자기소개서를 완성하여 제출해야 한다. 이렇게, 자기소개서는 일관성 있는 유형의 구슬을 꿰어 만든 목걸이라고 할 수 있다.

세 번째, 면접은 서류평가에서 통과된 학생기록부라는 구슬과, 자기소개서라는 목걸이가 진품인지 가품인지를 평가하는 감정평가로 비유할 수 있다. 많은 학생과 학부모가 면접은 학생이 말을 얼마나 잘하는지, 스피치 역량이 얼마나 좋은지에 대한 평가가 크다고 생각한다. 면접의 가장 중요한 평가 요소는 제출된 학생기록부와 자기소개서에 기재된 내용이 사실인지를 판별하는 진위성 여부이다.

의예과를 지원한 학생이 있다고 가정하자. 학생은 교내의학 동아리에서 '청소년 우울증에 관한 연구'라는 주제로 소논문을 작성을 했다. 내용이 학생기록부와 자소서에 명시가 되어 있을 경우, 면접관이 'OOO 학생, 청소년 우울증에 관한 연구라는 주제로 소논문을 작성을 하면서, 가장 인상 깊게 느낀 점이 무엇인가?'라고 질문을 했다고 하자. 만약 학생이 실제로 참여하지 않았다고 한다면, 학생은 그 질문을 받자마자 눈빛이 흔들리면서 얼굴 표정이 변하고, 주제에서 벗어난 이야기를 할 가능성이 높다. 이러한 경우, 입학사정관은 그 학생이 실제로 참여하지 않았다는 사실을 충분히 인지하게 되며 면접평가에서 좋은 성적을 기대하기 어렵게 된다.

실제로 학생이 주도적으로 참여한 경우 '미국, 일본과 같은 선진국에서는 성인 우울증 진단표와는 별도로 청소년들만의 우울증 진단표가 준비가 되어 있다. 그에 반해, 우리나라는 성인 우울증 진단표를 청소년 우울증 진단표와 동일하게 사용하고 있다 보니, 청소년 우울증 진단이 선진국에 비해 부정확할 수 있다는 것을 알았다. 따라서 우리나라도 주요 선진국과 같이 청소년들만의 우울증 진단표를 별도로 만들어서 우울증 진단에 적용한다면, 보다 청소년 우울증 진단의 정확도를 높일 수 있을 것 같다고 생각한다'라고 답변을 했다면, 이 학생은 전공 관련 분야의 활동에 대해 자기 주도적으로 실제로 참여한 학생이라고 평가될 수 있을 것이다.

학생기록부, 자소서, 면접 이 세 가지 중 그 어느 것도 중요하지 않은 요소가 없다. 학생부-구슬, 자소서-목걸이, 면접-감정평가에 대한 의미를 잘 기억하고, 이 세 가지를 균형 있게 잘 준비해나갈 수 있도록 하자.

학종에서 비교과 결과물의 반영 프로세스

　비교과 결과물은 학생이 희망하는 진로와 전공계열에 따라 다양한 유형으로 존재할 수 있다. 대표적으로 R&E보고서, 소논문, 발명, UCC 등이 있다. 안타까운 사실은 많은 학생들이 하나의 비교과 결과물을 만드는 데 많은 노력을 기울이면서 생활기록부에 반영되는 경우는 많지 않다는 것이다. 왜 이러한 일이 발생하는 것일까?

　첫째, 학교별로 학생기록부 기재 프로세스에 차이가 있다. 물론, 학생기록부를 기재하고 최종 컨펌을 하는 것은 해당학교 교사의 권한이다. 그러나 담임교사의 경우 한 학급인원인 30~40명의 학생들의 모든 상황을 다 기억하고 일목요연하게 작성하기란 현실적으로 불가능하다. 교사들도 교과 강의 이외의 기타 행정업무 등 산적한 일들을 처리하느라 시

비교과 결과물	학생 기록부	자기소개서
1 R&E 보고서	1 인적 사항	1 학업 노력, 학습 경험
2 연구 소논문	2 학적 사항	2 교내 활동
3 포트폴리오	3 출결 사항	3 배려, 나눔, 협력, 갈등관리
4 탐구 / 토론대회	4 수상 실적	4 자율 항목(지원동기 등)
5 APP / SW 결과물	5 자격증 및 인증취득	
6 발명 / 사업계획서	6 진로희망 사항	
7 특허출원(자기소개서 반영)	7 창의적 체험활동 (자율, 동아리, 봉사, 진로)	
	8 교과학습발달상황	
	9 독서활동상황	
	10 행동특성 및 종합의견	

간이 부족하고, 학생 개개인에 대해 세부적인 관심을 주고 기억하고 관리하는 것은 많은 한계가 있기 때문이다. 그래서 하나고, 외대부고, 상산고 등 상위권 자사고에서는 학교 생활기록부에 기재되는 기본적인 내용들을 먼저 학생이 작성하면, 담당 교사가 컨펌을 하고 수정 보완하는 방식으로 학생기록부를 관리하고 있다. 결과적으로 많은 학생들이 자신이 활동한 모든 내용들에 대해서는 세부적인 차원에서 실시간으로 기록이 될 수 있고, 비교과 로드맵에 대한 체계적인 관리가 가능해졌다. 실제로 다른 일반고에 비해서 매우 낮은 내신 성적으로도 서울 상위권 대학에 많은 합격자를 배출하고 있다.

일반고에서도 이러한 자사고 학생기록부 관리 방식의 장점을 적용해서 이제 80%의 시대로 다가온 수시, 학생부종합전형에 대한 대비를 세

비교과 결과물

① R&E 보고서
② 연구 소논문
③ 포트폴리오
④ 탐구 / 토론대회
⑤ APP / SW 결과물
⑥ 발명 / 사업계획서
⑦ 특허출원 / 교외실적

대학교	전형명	결과물 반영 방법
서울대학교	서울대학교 일반전형, 지역 균형 전형 (해외고, 검정고시 출신자)	자기소개서 증빙서류 -최대 3페이지 제출
KAIST	KAIST,GIST, UNIST, DGIST 특기자전형	자기소개서 증빙서류 -최대 4페이지 제출
POSTECH	POSTECH 창의IT인재전형, 일반전형 등	자기소개서 증빙서류 -최대 10페이지 제출
연세대학교	연세대학교 특기자전형	기타서류 3건에 대해 제출 (해외고, 검정고시 합격자)
고려대학교	고려대학교 특기자전형(인문계, 자연계 등)	활동증빙서류 최대 3페이지 (해외/검정고시는 8페이지)
서강대학교	서강대학교 학생부종합 자기주도형, 서강대학교 알바트로스 창의	학교생활보충자료 3페이지
이화여대	이화여대 어학특기자전형(어학, 과학, 국제학 등)	활동증빙서류 3페이지 이내

워야 한다.

둘째, 학생과 교사와의 관계에 대한 차이이다. 아무리 많은 활동을 하고, 좋은 결과물을 산출했다고 해도 그 학생이 담임교사 또는 교과담당 교사와의 인간적인 관계가 좋지 않다고 하면, 교사가 정성적인 관점에서 그 학생의 장점을 100% 어필해서 기재해 주기란 어려운 부분이 있다. 그렇기 때문에 중요한 것이 바로 학생의 인성이다. 담임교사 또는 교과목 담당 교사와의 관계, 그리고 학급 또는 동아리 학생들과의 관계적 인성이다. 성적이 아무리 상위권이라도, 자기밖에 모르는 인성을 가지고 있는 학생이라면, 담당 교사는 학생기록부에서 인성적 측면에서 좋은 기재가 어려울 것이다. 반대로, 성적이 부족해도 학교생활 속에서 나눔, 배려, 헌신 등이 몸에 배어있는 학생의 경우 훌륭한 인성적 평가를 통해 좋은 대학 입학 결과를 보게 되는 경우도 많이 있다.

특별히, 여기서 특허출원은 일종의 교외실적으로 인정하기 때문에 학생기록부에는 직접적으로 기재가 어렵지만, 발명, 또는 아이디어라는 방식으로 학생기록부에 기재가 가능하며, 자기소개서에는 희망하는 진로 및 전공 분야와 연관하여 기재가 가능하기 때문에, 이공계 진로 또는 상경계열을 준비하는 학생이라면 발명 특허출원도 적극적으로 준비하는 것이 좋다.

이렇게 준비된 발명 특허 등의 교외 실적도 아래와 같이 각 학교별로 모집하는 특기자전형 등에 지원을 할 수 있으니 참고하기 바란다.

비교과 결과물들은 생활기록부의 창의적 체험활동, 교과학습발달사항, 행동특성 및 종합의견 등 다양한 항목에 기재될 수 있다. 그러면 자기소개서의 문항별 질문에 적합한 소재와 스토리를 끄집어내어 작성하는 것이다. 많은 학생과 학부모가 오해하는 한 가지 사실이 있다. 무조건 자신의 장점만을 부각하고 나열하는 방식이 좋은 자소서라는 잘못된 인식이다. 단순히 훌륭한 실적만을 나열하는 것보다는, 비록 실패했던 활동이라 하더라도, 그 활동을 통해서 자신이 느끼고 배웠던 사실, 또는 학교나 가정에서 어려웠던 일들에 대해 어떻게 극복했는지에 대한 측면으로 부각을 시키는 것이 오히려 역경극복 스토리로 인정되어 평가자로부터 좋은 점수를 받을 수 있다.

CHAPTER 4

명문대 합격하는
학생기록부
관리 전략

학생기록부 항목별 글자수에 유의하라

학생기록부에서 첫 번째로 기억해야 할 부분은 바로 항목별 기재 가능한 최대 글자수이다. 1. 인적사항부터 10. 행동특성 및 종합의견까지 모든 항목별 최대 글자수를 기억하면 좋겠지만, 그것이 힘들다면 최소한 6. 진로희망사항 200자, 7. 창의적 체험활동 500~1000자, 8. 교과학습 발달사항 과목별로 500자, 10. 행동특성 및 종합의견 1,000자 등 중요한 항목에 대한 최대 글자수는 기억하는 것이 중요하다.

필자가 지금까지 지난 4년 동안 3000여 명의 학생에 대한 특강, 상담과 학생기록부 분석을 하면서 나온 경험으로는, 고등학교 3년 동안 항목별 글자수를 기준으로 관리를 잘해온 학생과 그렇지 않고 임의적으로 관리한 두 학생을 비교해보면, 학생기록부 관리를 잘하지 않은 학생의

학생기록부 항목별 글자수

	항목	전형명	결과물 반영 방법
1	인적사항	학생, 학부모 성명, 주소	-
2	학적사항	졸업, 입학 등	-
3	출결상황	개근, 결석 등	-
4	수상경력	수상명, 참가대상(참가인원)	-
5	자격증 인증 및 취득상황	명칭 또는 종류	-
6	진로희망사항	희망사유	200자
7	창의적체험활동	자율, 동아리, 봉사, 진로활동	500~1000자
8	교과학습발달상황	과목별 세부능력 및 특기사항, 개인 세부능력 및 특기사항	각 500자
9	독서활동상황	책 저자, 제목	-
10	행동특성 및 종합의견	행동특성 및 종합의견	1000자
-	자유학기 활동(중학교)	진로, 주제, 예술체육, 동아리활동	500~1000자

경우에는 학생기록부의 분량이 총 15페이지 내외, 학생기록부를 잘 관리한 학생의 경우에는 학생기록부 분량이 30페이지까지 있을 정도로 분량에도 차이가 많이 나는 것을 볼 수 있다.

물론, 페이지수가 많다고 무조건 잘 기재된 학생기록부라고 볼 수는 없겠지만, 재미있는 사실은 학생기록부의 페이지수가 많은 학생기록부의 내용이 그렇지 않은 학생에 비해서 내용이 전공적합성과 자기주도성 등 여러 평가적 관점에서도 양질의 내용으로 기재된 경우가 많다.

이제, 학생의 학생기록부를 보자. 현재 몇 학년이며 몇 페이지 정도 기재가 되었는가? 과연 지속적으로 준비가 되었다면, 3학년 1학기 8월을 기준으로 총 몇 페이지의 학생기록부가 될지 예상해보고, 부족한 부분들은 지금부터 준비해가는 것이 필요하다.

1.인적사항

❶ 학생	성명 : 주소 :	성별 :	주민등록번호 :
❷ 가족 부	성명 :	생년월일 :	
상황 모	성명 :	생년월일 :	
❸ 특기 사항			

① 학생의 성명과 이름 사이에 공백을 두지 않는다

② 성별은 '남' 또는 '여'로 구분하여 입력

③ 특기사항에는 학생에게 부정적 영향을 줄 수 있는 것은 입력하지 않을 수 있음

인적사항

학생기록부의 첫 번째 항목은 바로, 인적사항이다. 인적 사항에는 학생, 학부모의 성명, 이름, 생년월일 등에 대한 내용과 특기 사항 등으로 구성되어 있다. 특별히, 특기 사항에는 학생의 인적 사항에 대한 특이 사항을 기재할 수 있는데, 그 사실이 학생의 평가에 있어서 부정적인 영향을 줄 수 있다고 판단된다면, 입력하지 않을 수 있다.

학적사항

학생기록부의 두 번째 항목은 학적사항이다. 고등학생인 경우에는, 언제 어느 중학교를 졸업했는지, 그리고 언제 어느 고등학교에 입학했는지가 기재된다. 만약 학생이 한 고등학교를 입학했는데 다른 고등학교로 전학을 갔다면, 이 사항도 여기 학적 사항에 기재가 된다. 일반적으로, 1.인적사항과 2.학적사항은 입학사정관에 의해서 참고하는 항목이지, 직접적으로 평가에 반영되는 항목은 아니다.

만약 전학을 갔다면, 왜 전학을 가게 되었는지에 대해 면접 시 질문이

2.학적사항

중학교

❶	년	월	일	초등학교 제6학년 졸업
	년	월	일	중학교 제1학년 입학
❷ 특기 사항				

고등학교

❶	년	월	일	중학교 제3학년 졸업
	년	월	일	고등학교 제1학년 입학
❷ 특기 사항				

❶ 유예 · 면제 · 자퇴 · 퇴학 · 휴학 · 재취학 · 재입학 · 편입학 · 복학 · 유급 · 조기진급 등 중요한 학적변동인 경우 학적사항의 '특기사항'란에 학적변동의 사유를 입력한다.

❷ 학교폭력대책자치위원회에서 결정한 「학교폭력예방 및 대책에 관한 법률」의 제17조(가해학생에 대한 조치사항) 제1항 제8호(전학), 제9호(퇴학처분)에 따른 조치사항은 특기사항란에 조치결정일자(내부결재일)와 함께 결정 즉시 입력한다.

나올 수 있으므로, 이 부분에 대해 자신만의 분명한 소명이 필요하다.

예를 들어, 학생이 외국어고등학교에 입학을 했는데, 1학년 1학기 성적이 생각보다 많이 좋지 않아서, 내신 성적의 관리를 위해 다른 일반고등학교로 전학을 갔을 경우, 이러한 사실에 대해 면접관이 질문을 할 수 있다. 이때, 성적이 좋지 않아서 내신 성적 관리를 위해 전학을 갔다는 직접적인 이유보다는 자신의 진로와 전공과 연관된 프로그램이 학교 내에 준비가 되지 않아서, 해당 프로그램이 잘 개설이 되어 있는 다른 학교로 전학을 갔다는 방식으로 설명하는 것이 좋다. 오히려 희망 진로를 준비하기 위한 자기 주도적 측면을 더 어필할 수 있는 기회가 될 수 있다.

출결사항

3번 출결사항이다. 앞에서 1.인적사항, 2.학적사항은 참고사항인 반

3. 출결상황

학년	❶수업일수	❷결석일수			지각			조퇴			결과			❸특기 사항
		질병	무단	기타	질병	무단	기타	질병	무단	기타	질병	무단	기타	
1														

❶ 장기 결석 기간, 등교시각, 하교시각은 학교장이 정하므로 학교마다 다를 수 있음

❷ 장기결석이라 함은 학교에 연속하여 출석하지 않은 경우로 기간은 학교장이 정함

❸ 입력할 수 있는 반복적인 지각-조퇴-결과 횟수는 학교장이 정함

면, 3번 출결사항부터는 직접적으로 평가에 반영이 되는 항목이다. 우선, 가능하다면 3년간 개근을 하라. 이것은 건강한 신체를 바탕으로 공동체 규율에 준수하는 공동체적 성실성에 대해 인정받을 수 있는 좋은 평가 요소이다.

또한, 출결사항에서 절대로 하지 말아야 할 것은 '무단'이다. 무단결석은 어떠한 경우에도 합리화될 수 없다. 아무리 좋은 성적과 활동을 갖고 있는 학생이라도 무단결석 3일 이상이면, 통상적으로 대학 측에서는 공동체적 성실성 부분에 있어서 매우 낮은 평가를 반영하기 때문에 합격이 매우 제한될 수 있다. 당연히 무단 지각, 무단 조퇴, 무단 결과도 하지 말아야 한다. 만약 이것들이 총 3개 이상인 경우에는 무단결석 하루로 인정되기 때문에, 학생에게는 치명적인 결과를 가져올 수 있다.

학생이 버스를 타고 등교를 하고 있는데 버스가 사고가 나서 지각하게 될 상황이라고 하자. 우선 담임교사에게 전화를 하고 상황을 이야기하면 무단 지각이 아닌 기타 지각으로 기재된다. 특기 사항에는 지각 사유를 기재할 수 있다. 만약 담임교사가 전화를 받지 못하는 상황이라면, 반드시 문자를 남겨서 절대로 무단으로는 남는 일이 없도록 관리하는 것이 중요하다.

수상실적

교내 수상은 무조건 많이 받는 것보다는, 학생의 희망 진로와 전공과 연관된 수상 실적이 많은 것이 좋다. 수상 등급이나 수상 횟수가 많은 것보다는, 수상에 관련된 비교과활동 등이 학년이 갈수록 심화 발전되어 가는 부분이 더 중요한 평가요소이다.

많은 학생들이 대회에 여러 차례 도전을 했지만, 통상적으로 교내 수상 기준이 참여 학생의 20% 이내로 제한이 되어 있기 때문에, 수상을 하지 못하는 경우가 많다. 그렇다고 해서 대회 출전을 소홀히 해서는 안 된다. 자신의 희망 진로와 연관된 대회라고 한다면 그 대회를 최우선 순위로 삼아서 최선을 다해 준비해야 한다. 그렇게 해서 수상을 하게 되면 학생기록부의 4번, 수상실적에 기재할 수 있다.

수상 등급이나 횟수보다는 수상 분야와 지속 심화 발전 사항이 더 중요!

비교과 결과물

1. R&E 보고서
2. 연구 소논문
3. 포트폴리오
4. 탐구/토론대회
5. 각종 교내대회
6. 창의 · 발명
7. 특허출원

학생 기록부

1. 인적 사항
2. 학적 사항
3. 출결 사항
6. 진로희망 사항
4. 수상 실적
5. 자격증 및 인증취득
7. 창의적 체험활동 (자율, 동아리, 봉사, 진로)
8. 교과학습발달상황
9. 독서활동상황
10. 행동특성 및 종합의견

자기소개서

구분	수상명	등급(위)	수상연월일	수여기관	참가대상(참가인원)
교내상	교과우수상 (국어Ⅰ, 사회, 기술가정)		2016.07.15	○○학교장	수강자
	교과우수상(상업경제, 프로그래밍 실무)		2016.07.14	○○학교장	1, 2학년 중 수강자
	1년 개근상		2017.02.12	○○학교장	1학년(410명)
	선행상		2016.05.12	○○학교장	2학년(350명)
	표창장(효행부문)		2016.05.15	○○학교장	전교생(1200명)
	고무동력기날리기대회	금상(1위)	2016.05.20	○○학교장	1학년 중 참가자(38명)
	독후감쓰기대회	장려상(3위)	2016.05.30	○○학교장	1·2학년(720명)
	정보통신대회(정보검색부문)	대상(1위)	2016.06.04	○○학교장	전교생 중 참가자(185명)
	컴퓨터기능대회(문서작성부문)	우수상(2위)	2016.09.15	○○학교장	전교생(1200명)
	○○축전우수작품(시화부문)	우수상(2위)	2016.10.20	○○학교장	전교생(1200명)
	논술능력평가시험	1위	2016.04.17	○○학교장	1학년(410명)
	동아리발표대회 (포트폴리오부문, 공동수상, 5인)	우수상(2위)	2016.11.17	○○학교장	1·2학년 참가동아리(95명)
	기능대회(웹프로그래밍부문)	최우수상(1위)	2016.12.22	○○학교장	△△과□□과(355명)
	자동차정비기능대회 (공동수상, 2인)	장려상(3위)	2016.05.24	○○학교장	1·2·3학년 ○○과(655명)
	학생토론대회(공동수상, 3인)	우수상(2위)	2016.09.30	○○학교장	전교생 중 참가자(60명)

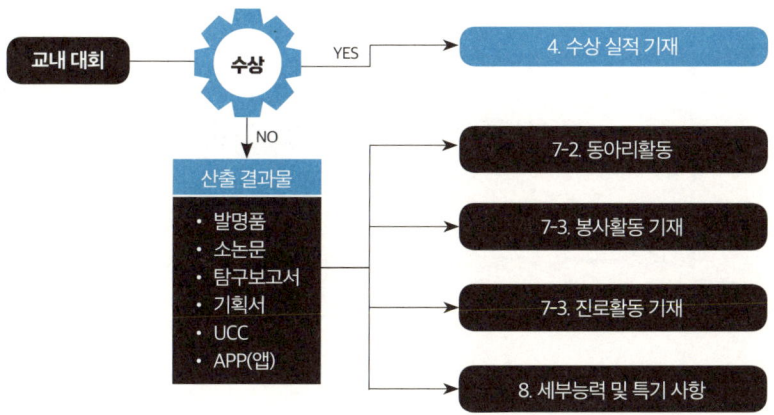

수상이 되지 않더라도 너무 좌절하거나 의기소침할 필요는 없다. 대회에 참여를 위해 준비했던 발명품, 소논문, 탐구보고서, 기획서, UCC, 앱APP과 같은 결과물은 학생의 동아리, 봉사, 진로 활동이나 교과 학습 발달 사항의 세부능력 및 특기사항에 기재할 수 있다는 점을 놓쳐서는 안 된다.

자격증 및 인증취득사항

자격증 인증 및 취득 사항은 사실상 이공계열 학생들에게는 추천할 수 있는 자격증이 거의 없다. 그러나 인문계열 학생들의 경우에는 다음 네 가지 자격증을 적극 추천한다. 첫째, 한국경제신문사의 경제이해력검증시험TESAT, 둘째, 매일경제신문사의 경제경영이해력인증시험매경TEST, 세 번째로는 KBS한국어능력시험, 네 번째로는 한국실용글쓰기검정시험이다.

만약 학생이 경제학과, 경영학과 등의 상경계열을 희망한다고 하면 TESAT과 매경TEST를 준비하는 것을 권장한다. 어문계열이나 언론계열 전공을 희망한다면 KBS한국어능력시험이나 한국실용글쓰기검정시험을 권장한다.

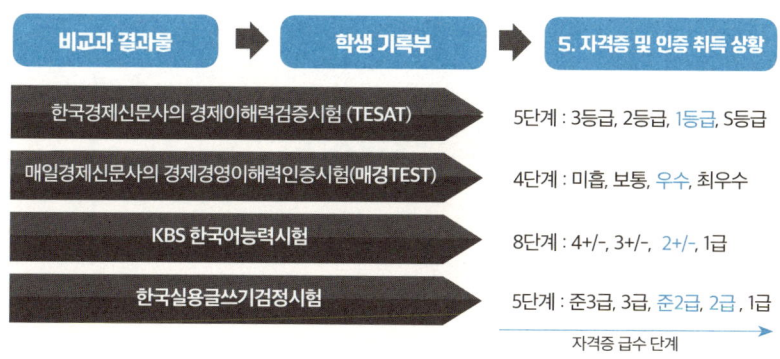

추천하는 자격증 유형-인문계열

비교과 결과물	➡	학생 기록부	➡	5. 자격증 및 인증 취득 상황

한국경제신문사의 경제이해력검증시험 (TESAT) ➤ 5단계 : 3등급, 2등급, 1등급, S등급

매일경제신문사의 경제경영이해력인증시험(매경TEST) ➤ 4단계 : 미흡, 보통, 우수, 최우수

KBS 한국어능력시험 ➤ 8단계 : 4+/-, 3+/-, 2+/-, 1급

한국실용글쓰기검정시험 ➤ 5단계 : 준3급, 3급, 준2급, 2급, 1급

자격증 급수 단계 →

현재 일선 외국어고등학교에서는 입학하는 대다수의 학생이 사실상 상경계열이나 어문, 언론계열을 준비하는 학생들이기 때문에, 앞서 말한 네 가지 시험은 입학 전부터 준비하는 프로그램을 운영하고 있는 경우도 많이 있다.

나에게 적합한 자격증이 무엇인지 잘 고민해서, 보통 잘 기재가 되지 않는 5.자격증 및 인증취득상황 항목에 기재될 수 있다면, 이 또한 나만의 차별화된 경쟁력이 생기는 것이다.

진로 희망사항

진로 희망사항에서 가장 중요한 것은 1, 2, 3학년으로 올라갈수록 진로 분야에 대한 구체화와 성숙화가 나타나는 것이다. 의학계열로 준비하는 학생의 경우 1~3학년 모두 의사로 기재를 하는 것보다는 1학년-의사, 2학년-외과의사, 3학년-흉부외과의사처럼 학년에 따라 구체화되어가는 방향이 중요하다. 만약 공학계열 학생의 경우, 1학년-공학자, 2학년-기계공학자, 3학년-자동차연구원 등으로 기재를 하는 게 좋다. 상경계열을 희망하는 학생의 경우에는 1학년-경영인, 2학년-전문경영인, 3학년-벤처기업 CEO로 적을 수 있다. 학년이 올라갈수록 본인의 진로에 대한 지속적인 탐색을 통해 진로의 방향이 구체화되는 기재가 좋은 평가를 받을 수 있다.

그런데, 학생이 1학년 때 의사라고 기재를 했는데 내신 성적 및 여러 가지 이유들로 인해서 2학년 때 연구원으로 진로가 스위칭되는 일이 있다. 이러한 경우에는 어떻게 하는 것이 좋을까?

가장 중요한 포인트는 최초의 진로와 변경된 진로와의 공통분모를 찾는 것이다. 1학년 때 의사를, 2학년 때 연구원을 기재했다면, 3학년 때는 의사와 연구원의 공통분모인 의공학연구원 등으로 자신의 진로희망사항을 기재하는 것이다. 이처럼 진로가 스위칭되는 경우, 면접 시 진로가 변경된 이유에 대해 질문하는 경우가 많다. 진로가 변경되었더라도 그에 대한 타당한 근거와 이유를 소명한다면 진로 스위칭이 오히려 좋은 평가로 반영될 수도 있다.

진로희망사항과 함께 중요한 포인트가 바로 진로 희망 사유이다. 진로 희망사유는 최대 200자까지 기재가 가능한데, 대부분 100자 내외에서 작성하는 경우가 많다. 200자도 진로희망 사유를 구체적으로 작성하기에는 부족한 분량인데, 단순히 자신의 흥미사항만 나열하는 것으로 그치는 경우도 많다. 이러한 기재 방식은 매우 부적절하다. 진로희망사항을 기재할 때는, 활동적 계기, 지적 동기, 정서적 동기가 모두 작성이 되어, 학생이 해당 진로를 선택함에 있어서 필요한 지知-정情-의意가 종합적 관점에서 기술되도록 하는 것이 중요하다.

첫째, 활동적 계기를 통해 내가 어떠한 계기로 이 진로를 선택하게 되었는지에 대한 부분이 필요하다. 일부 학생의 경우, 의사에 대한 진로를 선택하는 경우 '어렸을 적부터 의사이신 아버지의 영향으로……'로 시작

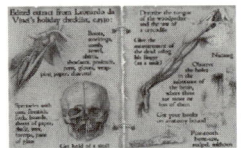 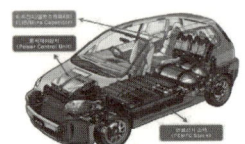 

의학계열	
1학년	의사
2학년	외과의사
3학년	흉부외과의사

공학계열	
1학년	공학자
2학년	기계공학자
3학년	자동차연구원

상경계열	
1학년	경영인
2학년	전문경영인
3학년	무역회사 CEO

⇨ **1-2-3학년으로 올라갈수록 진로 분야에 대한 구체화&성숙화 필요**

하는 진로 희망사유를 많이 보게 되는데, 이는 자신의 실제적인 희망 계기보다는 오히려 자신의 부유한 환경을 노출하는 경우로 보일 수 있기 때문에, 이러한 방식의 활동적 계기는 부적절하다. 대신 의료봉사활동이나 독서 등 학생차원에서 충분히 가능한 수준의 차원에서 진로의 계기를 설명하는 것이 필요하다.

둘째, 지적인 흥미이다. 희망 진로 분야에 관련된 독서, 체험, 탐구 등의 활동을 통해서 이 분야에 대한 실제적인 흥미와 적성을 찾을 수 있었다고 하는 내용이 포함되는 것이 필요하다. 가능하다면, 실제로 학생이 동아리나 봉사 활동 등에서 수행한 결과물과 연관성을 지어 가는 게 중요하다.

셋째, 진로 분야와 관련된 미래에 대한 포부이다. '내가 만약 의사가 된다면, 불치병으로 고생하는 수많은 환자들을 위해 어떠한 진료, 연구를 할 것'이라는 보다 구체적인 방식으로 설명하는 것이 필요하다. 또는,

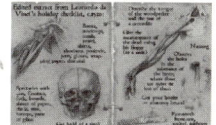

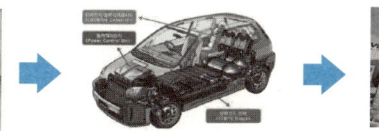

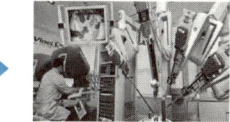

의학계열	
1학년	의사
2학년	외과의사
3학년	흉부외과의사

[진로희망 사유]

평소 관심이 있는 의학 및 공학 분야에 대한 독서와 탐구를 하던 중, 진단 및 수술 등 최신 의학의 많은 분야에서 의학과 공학의 융합에 대한 연구와 이를 활용한 응용 분야에 매력을 느꼈으며, 이를 통하여 많은 환자들에게 실제적인 도움을 주고자 의공학연구원에 대한 꿈을 갖게 됨.

활동적 계기 + **지적 흥미** + 미래 포부

⇨ **진로가 변경된 경우, 변경 전·후 진로 간의 공통 분모 파악!**

'내가 융합공학자가 된다면 다가오는 4차산업혁명 시대에 로봇과 인간을 연결하는 획기적인 기술발전을 이끄는 연구원이 되겠다'고 하는 방식처럼 학생다운 미래를 향한 야심찬 포부를 기술하는 것이 보다 평가자의 관점을 주목할 수 있는 좋은 어필 포인트가 될 수 있다.

창의적체험활동

학생기록부의 전체 항목 중에서, 비교과활동 부분을 가장 많은 어필할 수 있는 항목이 바로 7.창의적 체험활동 영역이다. 창의적 체험활동에는 크게 자율활동, 동아리활동, 봉사활동, 진로활동이 있다. 이 중 어느 것 하나 소홀히 해서는 안 되는 중요한 의미를 가지고 있다. 창의적 체험활동을 구성하는 네 가지를 '자-동-봉-진'으로 기억하면 보다 쉽게 기억할 수 있으며 관리가 용이해질 수 있다.

앞으로의 내용에서 자율활동, 동아리활동, 봉사활동, 진로활동 각각에 대한 평가적 관점에서의 의미와 많은 학생들이 항목별로 기재하고 있는 방식은 일반적으로 어떠한지, 그리고 성공적으로 관리한 학생들의 사례를 인문사회, 이학, 공학, 의학생명, 상경계열 등의 진로에 따라 구분하여 설명하도록 하겠다.

영역	시수	특기 사항 내용
자율활동	정규교육과정 시수 (행사활동은 별도 행사시수 포함)	학교교육계획(정규교육과정 포함)에 의해 학교에서 주최·주관하여 실시한 활동
동아리활동	정규교육과정 시수 (정규교육과정 이외 학교스포츠클럽활동 포함)	정규교육과정 동아리활동 (정규교육과정 내 학교스포츠클럽 활동 포함), 정규교육과정 이외 학교스포츠클럽활동, 학교장이 승인한 학교교육계획 이외의 청소년단체활동, 학교교육 계획에 의한 자율동아리활동
봉사활동	학교교육계획과 개인계획 시수	체계적이고 지속적인 봉사활동 등 특기할 만한 내용
진로활동	정규교육과정 시수	학교교육계획에 의해 학교에서 주최·주관하여 실시한 진로활동과 관련된 사항, 진로지도와 관련된 상담 및 권고 내용

창의적체험활동은 학생이 희망하는 진로의 방향에 따라서, 어떤 영역에 더 집중해야 할지가 달라질 수 있다. 예를 들어, 사회복지학과를 준비하는 학생이라면 봉사활동 부분에 대해서 집중을 해야 하고, 이학이나 공학 계열을 준비하는 학생이라면 과학관련 동아리 활동이나 교과목 활동을 통해서 관련 소논문이나 탐구 활동 등에 집중하는 것이 좋을 것이다.

현재 학생이 희망하는 진로를 염두에 두면서 앞으로 설명되는 여러 가지 창의적 체험활동의 사례를 통해, 나에게 적합한 활동이 어떤 것이 있을지 함께 알아보도록 하자.

1. 자율활동

창의적체험활동 중의 첫 번째 항목인 자율활동에 대해서 설명하겠다.

특강일정 조사 〉 관련 독서 읽기 〉 강연 참석 및 질문 〉 **학생부 자율활동 반영**

『SKY로 통하는 학생부종합전형』
저자 특강(7/10)

차별화된 자율활동

※『SKY로 통하는 학생부종합전형』 저자 초청강연(2017.7.10)에 참여하여, 현
재 크게 확대되고 있는 학생부종합전형 준비를 위해 입학한 교내 및 비교과
활동에 대한 배우는 기록기록
※ 특강에 시작에 해당 서적을 읽고 학생대표로 질의 응답을 통해 학생기준부
에 반영할 수 있는 진로에 적절한 학생대표의 차별화된 컨텐츠를 지속적이시켜
가는 것이 핵심사항임을 모든 학생들의 참여 공유할 수 있도록 희망함

공통 사항 기재
+
차별점 기재

교과학습, 자율활동, 동아리, 봉사, 진로활동 등 특별한 성격을 가지고 있는 활동을 제외한 거의 대부분의 활동은 모두 자율 활동에 포함된다. 입학식, 졸업식, 체육대회, 강연회 같은 것들이 그 예이다. 즉, 학교에서 하는 대부분의 공동체적 활동은 자율활동으로 생각하면 된다.

자율활동은 생활기록부 상에 무려 1,000자까지 기재가 가능하지만, 기재 내용으로 학생의 학업역량이나 잠재역량에 대해서 어필하는 경우는 상대적으로 낮은 것이 현실이다. 예를 들어, '교내에서 주최하는 성폭력 예방교육에 참여하여 OOO를 느꼈음'이라든지, 'OOO 강연회에 참석하여 OOO를 느꼈음' 정도로 기재되는 것이 일반적이다. 이러한 기재 방식보다는 학생이 참여한 자율활동 내에서 다른 학생과는 다른 차별화된 활동을 어필하는 것이 중요하다.

다음 그림의 위쪽 사례는 강연회에 참여한 활동에 대한 일반적인 형태의 자율활동 기재 내용이다. 반면 아래의 사례는 그 활동 내에서 학생이 주도적으로 활동한 사항이 구체적으로 기술되어 있다. 사실상, 자율

일반적인
자율활동 ⇨ 『SKY로 통하는 학생부종합전형』저자 초청강연(2017.7.10)에 참여하여, 현재 크게 확대가 되고 있는 학생부종합전형 준비를 위해 필요한 교과 및 비교과 항목에 대해 배우는 기회가 됨 **공통 사항 기재**

차별화된
자율활동 ⇨ 『SKY로 통하는 학생부종합전형』저자 초청강연(2017.7.10)에 참여하여, 현재 크게 확대가 되고 있는 학생부종합전형 준비를 위해 필요한 교과 및 비교과 항목에 대해 배우는 기회가 됨
+ 특별히, 사전에 해당 서적을 읽고 학생대표로 질의 응답을 통해 학생기록부에 반영할 수 있는 전공에 적합한 학생만의 차별화된 컨텐츠를 지속심화시켜 가는 것이 핵심사항임을 모든 학생들과 함께 공유할 수 있도록 하였음 **공통 사항 기재**
+
차별점 기재

활동은 대부분 공동체적 활동이기 때문에, 학생만의 차별화된 활동으로 연계하는 것이 쉬운 일은 아니지만, 어떠한 상황에서도 학생 본인이 주도적으로 할 수 있는 포인트를 찾아서, 그것을 해나간다면, 위처럼 자율활동 안에서도 학생만의 차별화된 포인트를 부각할 수 있는 것이다.

일반적으로 가장 많이 하는 자율활동 중에서 강연회가 있다. 강연회에 대해 기재하자면, 대부분 'OOO강연회에 참여하여, OOO를 느꼈음'으로 끝나는 경우가 많다. 아래의 사례처럼, '특별히, 사전에 해당 서적을 읽고 학생대표로 질의응답을 통해 학생기록부에 반영할 수 있는 전공에 적합한 학생만의 차별화된 컨텐츠를 지속적으로 심화시켜 가는 것이 핵심 사항임을 모든 학생들과 함께 공유할 수 있도록 하였음'과 같이 기재되어 있다면, 학생만의 차별화된 내용이라고 할 수 있다.

만약 시간적인 제약이나 환경적인 문제로 인해서, 학생이 강연자에게 직접적인 질문을 하기에 어려운 상황이라면, 담당 선생님을 통해 강연 이전이나 이후에 인터뷰 요청을 할 수도 있다.

학생이 강연자와 인터뷰를 하게 되면, 반드시 인터뷰 질문지를 준비하고, 잘 기재한 후, 인터뷰 보고서를 작성한다. 보고서는 담당교사에게 전달하여 해당 학년 생활기록부의 자율활동란에 기재될 수 있도록 관리하는 것이 필요하다. 그러한 인터뷰 시간조차도 없을 경우에는, 특강 연사에게 우선 명함을 받고, 명함에 기재된 연사의 이메일을 통해 강연과 관련하여 궁금한 사항에 대해 질문을 주고받을 수 있다. 그리고 그 질의응답 내용을 정리하여 담임선생님께 제출한다면, 추후 자율활동에 학생만의 차별화된 내용으로 기재가 될 수도 있다.

이 외에 학생회 활동이나 학급 활동 등에서도 급식이나, 매점, 청소, 학교 축제 등 다양한 자율활동의 영역에서 현재의 문제를 창의적으로 풀어갈 수 있는 학생만의 차별화된 컨텐츠를 준비하는 것이 중요하다. 여기서 만들어진 컨텐츠를 창의적체험활동의 또 다른 영역인 동아리, 봉사, 진로 활동 등으로 심화 연계 발전시켜나간다면 더 좋은 비교과활동으로 준비할 수 있을 것이다.

2. 동아리 활동

창의적체험활동의 두 번째, 동아리 활동이다. 동아리는 과거 80~90년대 학부모의 학창 시절에서는 대학에 들어가서야 처음으로 만날 수 있는 낭만과 설렘의 공간이었다. 그러나 현재 동아리는 더 이상 대학생만의 전유물이 아니고, 이제는 모든 중고등학교 학생들도 자신의 흥미와

희망 전공에 따른 동아리 활동이 중요

인문사회
역사연구 | 역사컨텐츠 동아리 | 컨텐츠개발

과학공학
공학연구 | 공학융합발명 동아리 | 기술산업화

동아리

의학생명
의학연구 | 메디컬융합 동아리 | 의료사업화

경영경제
사회문제 연구 | 사회경제 동아리 | 경제모델 도출

희망전공과 관련하여 대학생 못지않게 열심히 준비하고 활동하는 꿈과 비전의 장으로 확산되고 있다.

학생기록부에서 동아리 활동은 '학생기록부의 꽃'이다. 사실 동아리 외의 다른 활동은 이런 저런 제약들이 많이 존재한다. 학교에서 정해진 시간과 장소에서 정해진 규칙에 따라서 운영이 되어야 하기 때문에 활동의 깊이와 파급효과가 제한적일 수 있다. 그러나 동아리 활동은 다른 활동들에 비해 현실적인 제약이 많지 않은 활동 영역이다.

생활기록부에는 교내활동만 기재가 가능하다. 어떠한 교외활동은 인정되지 않고, 기재할 수 없게 되었다. 그러나 동아리 활동으로 이루어지는 모든 활동은 교내, 교외 모두 활용이 가능하기 때문에 희망 진로에 대한 활동을 전략적으로 준비하는 학생들에게는 큰 기회라고 할 수 있다.

예를 들어, 서울 강남구에 있는 모 학교에서는 경제동아리로 학생의 관점에서 본 경제 관련 서적을 출판하였다. 이 책은 현재 출판사를 통해 출판되고 있으며, 이 책을 출판하는 데 참여한 학생들의 상당수가 서울에 있는 유명 대학에 합격하였다. 이처럼 동아리 활동은 학생만의 꿈과 비전을 위해서 차별화된 활동을 할 수 있는 대표적인 활동으로 활용할 수 있는 것이다. 이제 인문사회, 이학, 공학, 의학생명, 상경계열 각 학생별로 차별화된 동아리의 활동의 사례를 보면서, 학생에게 적합한 활동을 앞으로 어떻게 기획하면 좋을지 검토하기 바란다.

동아리 활동 ① - 역사문화 동아리

역사 컨텐츠 전문가를 준비하는 학생이 있다. 이 학생은 교내 역사 동아리를 창설하고, 가장 먼저 위안부 할머니들에 대한 문제를 실제적으로 조사하여 소논문을 작성하였다. 일제 강점기에 아픔을 겪었던 위안부 할머니들에 대한 어려움과 현재 상대국인 일본의 자세, 그리고 향후 한일 간의 건강하고 미래지향적인 외교적 발전을 위해 양국이 어떠한 노력을 해야 할지에 대해서 학생 차원에서 소논문을 완성하였다.

이것을 바탕으로, 위안부 할머니의 삶에 대한 내용으로 시나리오를 썼다. 학교 축제 때 이 시나리오를 바탕으로 공연을 하여 많은 교내 학생들에게 진한 감동과 아픈 역사에 대한 마음을 공유하는 시간이 되었다.

이것으로 끝난 것이 아니다. 이러한 위안부 할머니에 관한 중요한 사항을 학생 차원에서만 공유하는 것보다는, 국제사회에 알려야겠다는 생각에, 위안부 할머니에 관련한 UCC를 만들어 유튜브에 올렸다. 그랬더니 정말 놀라운 일이 생겼다. 유튜브에 올린 지 하루 정도 지난 후에 일본 측 극우 단체로 보이는 남성으로부터 위안부 할머니는 일본군에 의

해서 끌려간 것이 아니라 일본제국에 대한 충성심을 가지고 본인들이 자발적으로 갔다고 하는 말도 안 되는 내용의 반박 영상이 올라온 것이다. 이것을 본 역사 동아리 학생들은 일본 측의 행동을 보고 뜻을 함께 하여, 방학 기간 중에는 일본 측 사과요구를 하는 집회에 참여하는 활동까지 진행하였다.

이 학생은 위와 같이 생활기록부의 동아리 활동이 기재가 되었다. 동아리 활동 상황을 작성함에 있어서도 단순히 활동의 나열식으로 작성하는 것은 바람직한 기재 방식이 아니다. 위와 같이 활동적 계기, 활동의 과정과 결과, 활동에 임하는 태도에 대한 평가가 기재되는 것이 중요하다. 사실 위의 동아리 활동의 내용을 읽어보면, 한마디로 '이 학생은 행동하는 역사 컨텐츠 전문가'라는 느낌을 받을 수 있다.

이렇듯, 동아리 활동은 단순히 학교에서 진행하는 여러 활동 중에 하나라기보다는, 나의 희망 진로와 전공에 대해 내가 얼마나 꿈과 열정이 있으며, 이것을 위해 어떠한 노력을 했고, 어떠한 결과를 가져왔는지에 대해 종합적으로 어필할 수 있는 좋은 기회의 장이 된다. 이제, 학생은 나의 비전이 무엇이며, 그것을 현재 내가 소속된 동아리 안에서 어떻게 구체화시켜갈지에 대해서 보다 신중하게 계획해야 할 것이다.

동아리 활동 ② - 공학발명 동아리

동아리 활동의 두 번째로, 이공계를 준비하는 학생들이 많은 관심을 가지고 있을 공학발명 동아리의 사례이다. 이 학생의 경우에는 공학발명 동아리 차원에서 친환경에너지에 대한 주제로 과학탐구보고서를 작성하였다. 이것을 바탕으로 친환경 에너지를 활용한 스마트 IT융복합 발전장치에 대한 아이디어를 도출하였다. 그리고 이것을 실제로 제작하고 실험하여, 신제품으로서의 타당성을 검증하였고, 향후 실용화를 위한 사업계획서로 심화 연계된 아주 모범적인 동아리 활동 사례이다.

발명 아이디어를 도출할 때는, 내가 생활 속에서 어떠한 부분에 있어서 불편함을 느꼈으며, 그것을 어떠한 창의적인 방법을 통해 해결했는지가 가장 중요한 요소이다. 다음 학생의 경우에는 평상시 오랜 시간 자전거를 타고 다니면서, 스마트폰이 방전이 되어 긴급한 상황에서 가족이나 친구들에게 연락을 하지 못하게 된 일이 있었다. 이러한 경험을 통해, 자전거를 타고 있는 동안 발생하는 친환경 에너지원을 가지고 항상 스마트폰을 충전하는 방법이 없을지에 대해 생각하면서, 본 발명 아이디어를 도출하게 되었다.

동작을 간단하게 설명하면, 본 발명은 두 가지 에너지원에 의해 동작을 한다. 자전거가 움직이면서 반작용으로 발생하는 바람에 의한 풍력 에너지와, 태양으로부터 조사되는 태양광 에너지원이다. 이 두 가지 에너지원으로 전기를 발생시키고, 여기서 얻은 전기 에너지는 충전지에 저장된다. 스마트폰에 충전 단자가 연결되어 있어서 언제나 어디서나 자전거를 통해 스마트폰을 충전할 수 있다. 또 위와 같이 운전자가 보기 쉽게 양쪽 운전대 가운데 스마트폰이 위치해 있기 때문에, 자전거용 내비게이션으로도 사용할 수 있다. 스마트폰 거치대 좌우측에는 블루투스 스피커가 있어서, 내비게이션이나 음악 등 스마트폰에서 발생되는 모든 소리를 안전하게 들을 수 있는 구조로 되어 있다.

학생이 공학발명 동아리 활동에 대해 학생기록부의 동아리 활동 사항에 기재된 내용을 보자. 여기서도 활동적 계기, 활동 과정과 결과, 활동에 대한 태도 등 동아리 활동에 관한 정량적, 정성적인 측면에서의 태도가 고르게 반영되어 있다. 이 활동 기재사항을 통해 이 학생은 본인이 생활 속에서 겪은 불편함을 창의적인 아이디어로 그 불편함을 해소하였으며, 이것을 단순히 아이디어 차원이 아니라 제작 및 상용화를 위해 사업 계획서까지 작성했다는 차원까지 심화 연계시킨 사실을 잘 알 수 있다. 이러한 부분은 공학연구원을 준비하는 진로적 차원에서 자기 주도적 측면과 전공적합성 측면에서 매우 좋은 평가를 받을 수 있는 요소이다.

| 과학탐구보고서 | 발명아이디어 연계 | 3D 모델링 | 사업계획서 작성 |

동아리활동 기재

(공학발명융합동아리 : 자율동아리) 동아리 장으로서 자전거를 타면서 친환경 에너지를 이용한 '스마트 IT융복합 발전장치'에 대한 아이디어를 도출하였고, 동아리원들과 함께 구체화시켜 모형 장치를 제작하였음. **자체 실험을 통하여 본 발명의 문제점을 분석하고, 이를 해결하기 위한 구체적인 방법들을 함께 논의하여 본 발명장치의 실용화를 위한 사업계획서 작성**하는 등 정해진 목표를 향해 동아리원들과 함께 협력하며 리드하는 모습이 인상적임.

활동적 계기 + **심화 연계 활동(결과)** + 리더십 역량 평가

동아리 활동 ③ - 메디컬융합 동아리

동아리 활동의 세 번째 사례로, 메디컬 융합동아리이다. 이 동아리는 의학 계열과 공학계열, 그리고 상경계열을 준비하는 학생들이 모두 참여한 일종의 융합동아리이다. 의료에 관련한 참신한 아이디어를 가지고, 심화 발전시켜서 의료 사업화까지 이루고자 하는 목적으로 창설되었다.

처음에, 학생은 요양병원에서 어르신 봉사 활동을 하면서 거동이 불편한 어르신들이 보행보조 장치로써 집에서 손자들이 탔었던, 유모차를 몰고 다니는 경우를 많이 보게 되었다. 그런데, 몇 가지 안정상에 문제가 있음을 발견하게 되었다. 유모차는 원래 아이가 유모차의 시트에 타고 있어야, 뒤에서 누르더라도 무게 중심이 균형을 이루어서 평형을 유지할 수 있는데, 아이가 타고 있지 않은 상태에서 유모차 손잡이를 아랫방향으로 세게 누르면 뒤로 뒤집히는 사고가 발생했다. 뿐만 아니라, 보통의 유모차는 손잡이에 브레이크가 없다 보니, 어르신들이 내리막길이나 빙판길에서도 유모차를 몰다가 미끄러지거나 넘어지는 경우를 보게 된 것이다.

이 학생은 이러한 문제를 해결하기 위해 '스마트 보행 보조 장치'에 대한 아이디어를 도출하게 되었다. 스마트 보행보조 장치의 특징은 첫 번째로, 손잡이 아래에 브레이크 레바가 장착이 되어 있어서, 빙판길이나 내리막길에서 위험 시 브레이크를 잡아 제동을 걸 수 있어서 보다 안전하게 보행할 수 있도록 도와준다. 두 번째, 손잡이 측면에 LED가 부착된 우산꽂이가 장착이 되어 있다. 이것은 스마트폰과 블루투스로 연동이 되어 비가 오거나 눈이 오는 등 기상조건이 좋지 않은 날에는 스마트폰을 통해서 자동으로 전달이 되어 LED가 동작하면서 스피커를 통해 음성이 나온다. 아침에 어르신이 보행보조장치를 가지고 나가려고 하는데, LED가 깜박이면서 음성이 나오면, 오늘 기상조건이 좋지 않다는 사실을 알고, 어르신이 유모차 측면에 장착된 우산꽂이에 우산을 꽂고 나갈 수 있도록 안내한다. 세 번째, 본 장치는 별도의 전원선이 필요하지 않다. 시트에 기본적으로 태양광 패널이 부착이 되어 있어서, 이동 시 조사되는 태양광을 통해 상시로 전기에너지를 충전할 수 있도록 하였다. 만약 이동 시 어르신이 다리가 아프거나 쉬고 싶은 경우 태양광 패널을 위로 걷어 올리면 의자처럼 쉴 수 있다. 마지막으로, 본 장치는 GPS등 센서가 장착이 되어 있다. 만약 어르신이 평소에 다녔던 이동 경로를 많이 벗어났다고 판단되면 치매를 의심할 수 있다. 본 장치가 넘어졌을 때는 자이로 센서 등으로 넘어짐을 인식하여 보호자나, 응급의료 기관에 전달되어서 어르신이 사고로 인해 피해를 최소화할 수 있도록 도와주는 장치이다. 이렇게 얻어진 수많은 데이터는 서버에 축적이 되어, 실버산업, 빅데이터, 헬스케어 등의 산업에 활용할 수 있는 의료IT 기업에 과한 사업계획서를 작성하는 것으로 지속 심화 연계를 한 사례이다.

위 내용은 학생의 메디컬융합동아리 활동 내용이다. 주제 연구를 하게 된 활동적 계기와 이를 통해 수행된 동아리 활동과 그 결과, 그리고 이것에 대한 발표를 통해 다른 학생들에게 어떠한 도움을 주며, 호응을 받았는지에 대해 잘 설명이 되어 있다.

4차 산업혁명의 시대는 융합혁명의 시대이다. 단순히 한 분야에 대한

의료 봉사 〉 메디컬 융합 발명 〉 특허출원 〉 사업계획서 작성

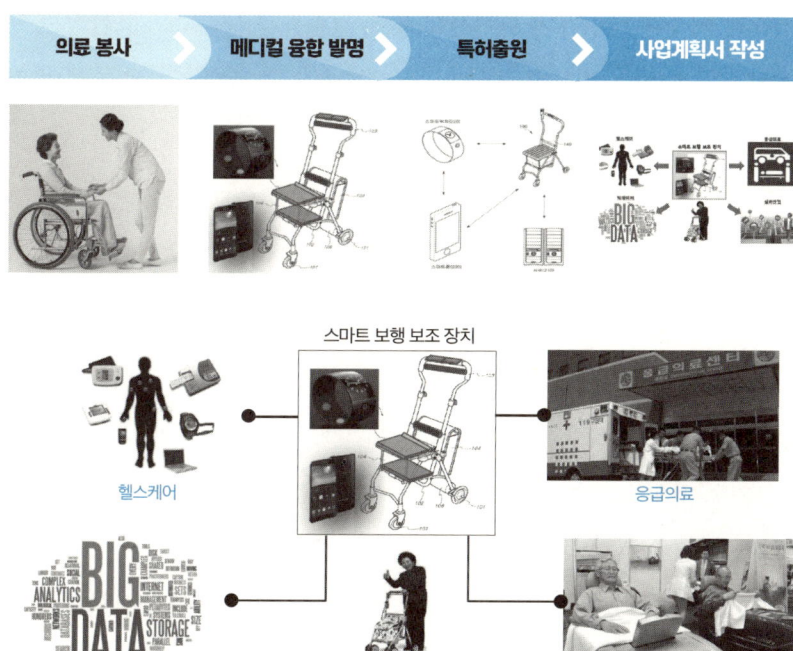

스마트 보행 보조 장치

헬스케어

응급의료

동아리활동 기재

(메디컬융합동아리 : 자율동아리) 어르신 요양소에서 봉사를 하던 중 기존 유모차와 비슷한 형태인 보행 보조 장치의 문제점과 이를 통한 어르신들의 보행시의 위험성을 알게 되었음. **이를 해결하기 위해 브레이크와 태양광 패널, GPS 센서 등 이 장착된 '스마트 보행보조 장치'에 대한 아이디어를 도출하였고, 이를 바탕으로 동아리원들과 함께 빅데이터, 헬스케어, 실버산업과 연계한 사업계획서를 작성하였으며, 교내 동아리 대회 발표를 통해 다른 학생들에게 많은 호응을 받으며, 우수한 성적을 거둠.**

활동적 계기 + **심화 연계 활동** + 발표를 통한 지식의 확산

활동보다는, 다양한 진로 분야를 희망하는 학생들이 모여서 자신의 장점들과 개성을 살려가며 협력하여 좋은 결과물을 산출하는 융합형 동아리가 각광을 받고 있는 추세이다. 잘 참고해서, 나에게 적합한 융합형 동아리 컨셉은 무엇이 있을지 진지한 검토가 필요하다.

동아리 활동 ④ - 사회경제 동아리

동아리 활동의 네 번째 사례는 사회경제 동아리이다. 이 학생은 경기도에 있는 한 시소재지에서 자라면서, 학생이 거주하는 시내의 지역 간의 불균형에 대한 문제점을 해소하기 위해 사회 경제 동아리를 조직했다. 지역 간의 불균형을 해소하기 위해 지역 정책을 연구하고 이것을 정책제안서로 제출하여 심화 발전시킨 대표적인 사례이다.

이 학생은 본인이 거주하고 있는 지역 내에서 신도심과 구도심간의 불균형에 대해서 심각하게 고민을 하였다. 자신이 속한 신도심은 강남 못지않게 성장하고 발전하는데, 구도심의 경우에 시간이 갈수록 상권도 약화되고, 점점 퇴화되어 가는 모습이었다. 어떻게 하면 이러한 지역 간의 불균형을 해소할 수 있을지에 대한 목표를 가지고 사회경제 동아리를 구성하게 되었다.

이 학생은 동아리원들과 함께 가장 먼저 해당 지역의 시립도서관에서 80년대부터 지금까지의 시정책에 대한 연구를 시작하였다. 비록 처음 보는 행정, 정책서들이기 때문에 낯설게 보이는 부분도 있었지만, 어딘가에서 분명히 지역 불균형을 일으킨 대표적인 원인들이 있을 거라는 희망을 가지고 꾸준히 진행하여, 학생 차원에서 생각할 수 있는 몇 가지

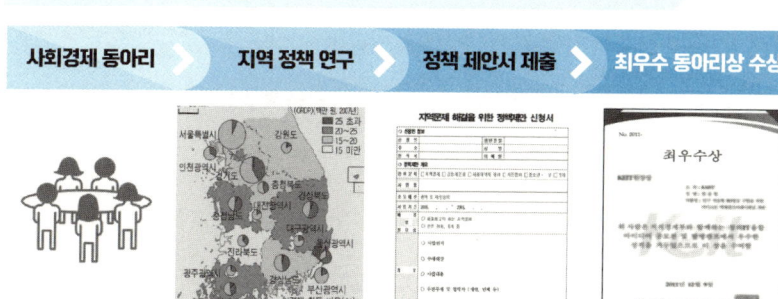

동아리활동 기재

(사회경제동아리 : 자율동아리) 지역내 불균형이 존재하는 이유와 이를 해소하기 위한 목적으로 자율동아리를 구성함. 동아리원들과 함께 관내 도서관에서 관련 자료를 조사하고 동아리 자체 토의 및 교내 공청회를 통해 지역 불균형 해소를 위한 정책제안서를 도출하는데 기여했으며, 이를 해당 행정기관에 제출하여 정책에 반영될 수 있도록 건의하는데 동아리 장으로써 주도적인 역할을 수행함.

활동적 계기 + **심화 연계 활동** + 리더십 역량 평가

지역불균형 발생 요인을 찾게 되었다.

이것을 가지고, 동아리 내에서 토론회를 거쳐서 지역불균형 해소를 위한 몇 가지 아이디어를 도출하였다. 이것을 심화 발전시켜 교내에 학생과 교사가 참여하는 공청회를 열어서 정책 제안서를 해당 시청에 제출을 하게 되었다. 결국 이 제안은 시청에 접수가 되었고, 중앙행정기관까지 전달이 되었다. 학생들의 작은 참여가 지역 불균형 해소를 위한 귀한 정책의 씨앗으로 반영이 되었던 좋은 사례이다.

위는 동아리 활동 사항에 기재된 내용이다. 역시 활동적 계기와 동아

리 활동 과정과 결과, 리더십 등 활동에 참여한 태도에 대한 평가를 보면 미래의 사회경제학자로서의 충분한 자질과 역량을 느낄 수 있다.

경제학과, 경영학과, 행정학과, 정책학과 등으로 전공을 희망하는 학생들은 위와 같이 해당 지자체의 현안 문제점 외에도 본인의 학교 내에서 발생하는 학교폭력이나 학생회의 운영, 매점, 급식, 환경미화 등에서 다양한 현안 문제점을 찾을 수 있다. 그 문제를 해결하기 위한 체계적인 전략과 준비를 통해 창의적인 해결 방안을 도출하고 이것을 학교나 지자체에 건의하여 반영될 수 있다면, 상경계열이나 정책행정 분야의 진로를 희망하는 학생들에게는 매우 좋은 활동 주제라고 할 수 있다.

동아리 활동 ⑤ - 로봇/SW 동아리

동아리 활동의 5번째는 로봇/SW 동아리이다. 동아리 활동에서 음성을 통해 로봇을 제어할 수 있는 앱 개발을 목표로, 학생차원에서 비교적 쉽게 사용할 수 있는 APP인벤터를 활용하여 음성로봇제어 앱을 개발하였다. 그리고 동아리 발표회에서 음성을 통한 로봇제어를 시연하여 이공계열을 준비하는 다른 학생들로부터 큰 호응을 받았던 사례이다.

동아리에서는 첫 번째, 음성으로 로봇을 제어할 수 있는 앱을 개발하자는 목표를 세웠다. 앱을 개발해야 하는 단계에서는, 학생으로서 학업에 소요되는 시간과 동아리 활동에 투자할 수 있는 최적의 시간을 고려해서 앱개발 전략을 세웠다.

앱을 개발할 수 있는 도구Tool는 여러 가지가 존재한다. 우선, JAVA 언어는 대부분의 앱을 개발하는 전문가 레벨이다. 그러나 이 동아리원들

로봇/SW 동아리 〉 APP인벤터 학습 〉 APP연동+로봇코딩 〉 APP활용 로봇제어

동아리활동 기재

(로봇 코딩 동아리 : 자율동아리) 로봇 코딩 동아리 장으로서, 음성을 통해 로봇을 제어할 수 있는 앱을 개발하기 위한 목표를 세움. 이를 위하여 목적에 맞는 프로그램을 기획하고, 알고리즘을 설계한 후, 학생차원에서 용이하게 사용할 수 있는 앱인벤터(APP inventor)를 사용하여 음성 로봇 제어 앱을 개발하였음. 동아리 발표회에서 음성을 통한 로봇제어를 시연하여 관련 전공 분야를 희망하는 다른 많은 학생들에게 도전을 주는 기회가 되었음.

활동적 계기 + **심화 연계 활동** + 지식의 확산

의 경우에는 JAVA에 대해 잘 알고 있는 동아리원이 없었다. 대신 정해진 기간 동안에 가장 효과적으로 앱을 구현할 수 있는 도구로 APP인벤터를 사용하기로 결정했다. JAVA는 텍스트형태의 코딩 중심으로 APP을 구현하는 반면, APP인벤터는 GUIGraphic User Interface 방식으로, 어느 정도 시간을 투자하면 학생차원에서 어렵지 않게 앱을 구현할 수 있었다. 결과적으로 적은 시간을 사용하면서 음성으로 제어하는 로봇을 구현할 수 있게 되었다.

위 내용은 학생의 로봇/SW동아리 활동 내용이다. 동아리 연구 활동에 대한 계기와 이를 통해 음성으로 로봇을 제어하는 앱을 개발하는 과정과 결과, 그리고 이를 통한 지식의 확산을 통한 효과 등에 대해서 잘

기재되어 있다.

　과거에는 기계, 전기, 전자 공학으로 영역이 나뉘었던 전공의 칸막이
가, 이제는 로봇, 앱, 인공지능, 자율주행 자동차와 같이 융합 학문과 융
합 산업으로 커져가고 있다. 이공계 전공의 경우, 단순히 내가 희망하는
전공에만 집중하기보다는, SW, 로봇 등 관련된 다른 전공분야와 융합하
면서, 내가 희망하는 전공 분야의 깊이와 폭넓은 자기 주도적 융합형 활
동으로 전공역량을 키워가는 것이 좋을 것이다.

창의적 아이디어 발굴 방법(PEACE10)

　지금까지 설명한 전공계열별 동아리 활동의 사례는 학생이 어떠한 진
로를 가지고 있고, 어떠한 세부 전공을 희망하느냐에 따라 매우 다양한
형태의 아이디어와 컨텐츠로 구현될 수 있다. 결국 전공과 관련한 창의
융합형 아이템을 발굴하여 동아리 활동으로 연계하는 것이 중요하다.

　여기서는, 필자가 직접 개발한 창의융합 아이디어 발굴 방법론
'PEACE10 - Park's Creative and Converge 10 Principles'에 대해 설명한
다. 본 원리는 필자가 현대제철 기술연구소에 연구원으로 재직한 7년여
의 기간 동안, 국내 및 해외특허 420건을 출원하면서 대한민국 특허 출
원 및 등록 분야 1위 발명2010~2015년 국내 주요 출원인 대상, WIPS 보고서과 함께
80% 수준의 높은 특허 등록률과 뛰어난 상용성을 입증한 아이디어 발굴
방법론이다. 현재는 주로 초등학교, 중학교, 고등학교 및 대학생을 상대
로 입시와 취업 그리고 창업을 준비하는 학생들에게 창의융합형 아이디

어 발굴을 위한 좋은 가이드를 해주는 발명원리로 널리 활용되고 있다.

PEACE10은 본인이 창의융합적인 아이템으로 개선을 희망하는 대상 아이템을 10가지의 방법을 통해서 다양한 형태의 새롭고 독창적인 아이디어를 도출하게 해준다. 활용 방법은 간단하다. 먼저 내가 새로운 아이템으로 개선을 희망하는 대상 아이템을 선정한다. 생활 속에서 흔하게 볼 수 있는 의자, 신발 등 유형의 아이템에서 비즈니스 모델 등 무형의 아이템까지 다양하게 선정될 수 있다. 선정을 했다면, 이제 그 아이템에서 나만의 창의융합형 아이템을 도출하면 된다.

PEACE10은 10가지의 기법으로 이루어져 있다. 간단히 소개하자면,

번호	원리	기호	설명
1	더하기	➕	하나의 요소에 다른 하나의 요소를 더함
2	빼기	➖	여러 요소 중 일부 요소를 제거
3	곱하기	✕	다른 요소를 통해 한 요소를 증폭시킴
4	나눔	➗	하나의 요소를 여러 부분 요소로 나눔
5	회전	⟲	요소의 상태를 회전시킴
6	관통	⟲	하나의 요소를 관통함
7	변경	⟺	한 요소를 다른 요소로 변경
8	겹침	▭	한 요소를 다른 요소와 겹침
9	삽입	▽	여러 요소의 구성에 다른 요소를 삽입
10	연결	⚍	한 요소를 다른 요소와 연결함

⇨ 상기 요소의 대상은 아이디어, 기술, 제품, 디자인, 비즈니스 모델 등 창의적 발상이
가능한 모든 영역을 포함함

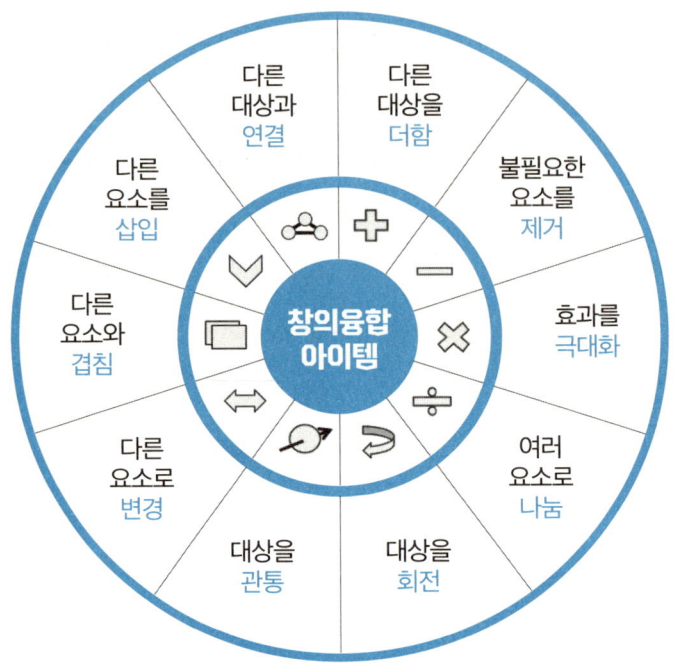

⇨ **창의융합 개발 아이템은 10가지의 창의적 원리의 조합을 통해서 만들어짐**

최근 동아리 활동에서는 단순한 보고서 차원을 넘어서 발명, UCC, 앱APP, 책 출판, 사업기획 등 다양한 형태와 유형의 컨텐츠들이 만들어지고 있다. PEACE10과 같은 창의융합형 아이디어 발굴 방법론을 활용하여 나만의 창의융합형 아이디어, 나만의 창의융합형 컨텐츠를 만들어서 우리 동아리 활동으로 구체화시키고 심화 발전시켜 가는 것이 중요하다.

3. 봉사활동

학생기록부에서 중요하게 평가되는 요소 중에 하나는 바로 봉사활동이다. 봉사활동 역시 학생기록부의 다른 항목과 마찬가지로, 학생이 희망하는 진로분야와 관련된 봉사활동을 찾아서 진행하는 것이 중요하다.

봉사 활동은 학교 봉사와 개인 봉사로 구분할 수 있다. 일반적으로 학교 봉사는 공동체 봉사이다. 학교 및 지역 정화활동과 같은 일반적인 청소 봉사가 많기 때문에, 학교 봉사만으로는 충분하지 않다. 반드시 자신의 진로와 관련한 개인 봉사처를 찾아서 꾸준히 진행하는 것이 필요하다. 개인 봉사는 여러 곳에 분산시키는 것보다는 자신의 진로와 관련된 1~2가지 개인 봉사처를 결정한다. 이것을 단발적으로 끝내는 것보다는 고1부터 시작을 했다면 고3때까지 지속적으로 심화 연계해 나가는 것이 좋다.

만약 학생의 진로가 정치외교 분야라고 한다면, 이태원 같은 곳에서 외국인 관광객에게 우리나라의 주요 관광지를 안내해주는 통역봉사를 추천한다. 국제기구에 대한 꿈이 있는 학생이라면 컴패션, 굿네이버스, 월드비전 같은 국제봉사 단체에서 해외 아동의 편지를 번역(국문-영문, 영문-국문)해주는 봉사도 좋을 것이다.

이공계열의 목표를 가지고 있는 학생이라면, 초등학생들이나 다문화 가정 아동들에게 수학이나 과학 학습 멘토링 또는 과학상자 조립 등의 교육 봉사를 추천한다. 초등학생들이 흥미를 가지고 꾸준히 발전해 나가는 모습을 지켜보면서 이것을 봉사활동에 기재할 수 있도록 준비하는 것이 좋다.

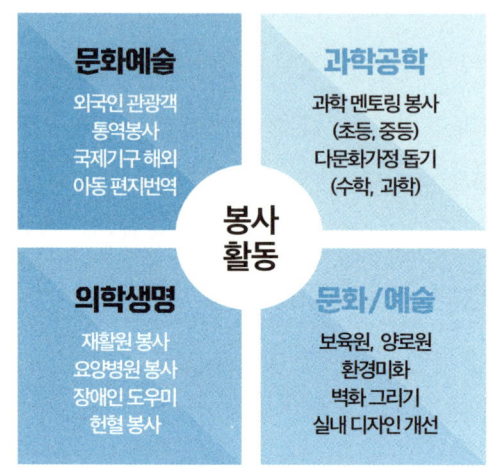

의학생명 분야에 대한 꿈이 있다면 무엇보다도 병원 봉사를 가장 추천하고 싶다. 실제로 학생 차원에서는 병원에서 진료를 진행할 수는 없지만, 신체 거동이 불편한 어르신이나 환자를 도와줄 수 있다. 이러한 활동을 통해 자신이 나중에 의사가 된 이후 신체적 질병이나 장애를 가지고 있는 사람들에게 현실적인 도움을 주는 의료인이 되겠다는 방식으로 학생기록부에 기재할 수 있다면, 자신의 전공 적합성에 인성까지 담을 수 있는 좋은 방법이 될 수 있을 것이다.

마지막으로, 문화 예술 분야에 대한 진로 희망을 갖고 있다면 보육원이나 양로원 같은 시설의 벽화나 실내 다자인에 대한 봉사를 적극 추천한다. 실제로 대학생 봉사 동아리에서 예쁜 캐릭터나 벽화 그림 등을 통해서 다소 어두울 수 있는 사회보호 시설의 분위기를 밝게 만드는 경우

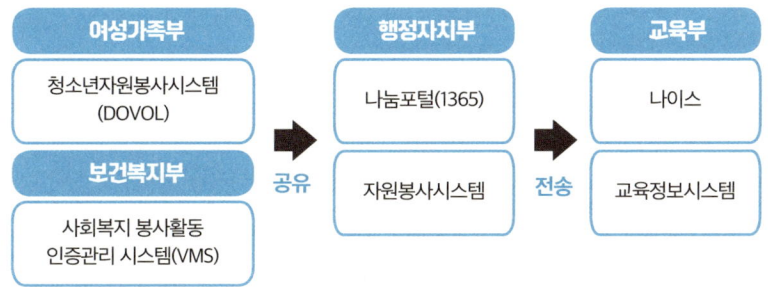

가 많이 있다. 도움이 필요한 곳에 자신의 미적 감각을 최대한 발휘할 수 있는 영역을 찾아서 적극적으로 활동하는 것이 좋다.

봉사활동을 찾다 보면, 자신의 진로와 적합한 봉사처를 찾기는 생각처럼 쉽지 않다. 일반적으로 통역봉사나 병원봉사 같은 경우에는 전공 적합성이 높은 봉사처이기 때문에 봉사인원 모집이 짧은 시간에 마감이 되는 경우가 많다. 그렇기 때문에 긴급하게 찾는 것보다는 오랜 시간 동안 진정성을 가지고 꾸준히 할 수 있는 봉사처를 선정을 해서 그 기관과 지속적인 개인적 관계를 갖는 것이 중요하다.

보통 학생이나 학부모들은 행정자치부에서 제공하는 나눔포털1365를 중심으로 찾는 경우가 많은데, 그 외에도 봉사활동처는 여성가족부에서 제공하는 청소년자원봉사시스템DOVOL과 보건복지부에서 제공하는 사회복지 봉사활동 인증관리 시스템VMS가 있다. 1365, DOVOL, 그리고 VMS까지 적극적으로 활용한다면, 다양한 루트를 통해서 자신에게 적합한 봉사활동처를 찾을 수 있을 것이다.

4.진로활동

창의적체험의 4번째 항목, 진로활동이다. 대부분의 학생들이 사실상 진로 활동은 자율 활동과 비슷하게 학교 공동체적 활동만으로 작성하는 경우가 많다. 진로활동을 통해서 자신의 꿈과 비전을 체계적으로 준비한 학생이라고 한다면 상대적으로 진로적합성 측면과 자기 주도적 측면에서 좋은 평가를 받을 수 있는 항목이 될 수 있기 때문에, 절대 버리지 말고 취할 수 있는 부분이 어떤 부분이 있는지 세밀한 검토가 필요하다.

일반적으로 진로 활동은 자기탐색, 직업탐색, 진로탐색, 진로계획의 순서로 진행된다. 자기탐색이란 MBTI, 홀랜드, 애니어그램과 같은 진로적성검사를 통해 학생의 성향과 적성을 파악을 하는 단계이다. 직업탐색은 진로적성검사 결과를 기반으로 본인에게 적합한 직업군과 산업군을 조사하고 탐색한다. 진로탐색에서는 직업 탐색을 통해 확인된 선호 직업에 대한 세부적인 진로방향에 대해서 탐색하고, 마지막 진로 계획에서는 내가 갖고 있는 세부적인 계획에 의해서 진로를 최종적으로 결정하는 단계이다.

다음 사항은 로봇 공학자를 희망하는 한 학생의 진로활동 기재 내용이다. 단순히 학교에서 공통적으로 수행하는 진로 활동으로 작성하는 방식이 아니다. 먼저 학생이 어떠한 계기에 의해서 로봇 공학자를 희망하게 되었고, 이 진로를 탐색하기 위해서 구체적으로 어떠한 과정을 거쳐서 결과물을 산출하였는지, 그리고 나의 진로 활동을 통해 유사한 진로 분야를 가지고 있는 다른 학생들에게 어떠한 도움과 영향력을 주었는지에 대해 구체적으로 기재하는 것이 필요하다.

진로활동

비교과 결과물

- R&E 보고서
2. 연구 소논문
3. 포트폴리오
4. 탐구/토론대회
5. 각종 교내대회
6. 창의·발명
7. 특허출원

학생 기록부

1. 인적 사항
2. 학적 사항
3. 출결 사항
6. 진로희망 사항
4. 수상 실적
5. 자격증 및 인증취득
7. 창의적 체험활동 (자율, 동아리, 봉사, 진로)
8. 교과학습발달상황
9. 독서활동상황
10. 행동특성 및 종합의견

7-4. 진로활동

진로활동	자기이해활동	자기 이해 및 심성 계발, 자기 정체성 탐구, 가치관 확립활동, 각종 진로 검사 등
	진로정보탐색활동	학업 정보 탐색, 입시 정보 탐색, 학교 정보 탐색, 학교 방문, 직업 정보 탐색, 자격 및 면허 제도 탐색, 직장 방문, 직업 훈련, 취업 등
	진로계획활동	학업 및 직업에 대한 진로 설계 진로 지도 및 상담활동 등
	진로체험활동	학업 및 직업 세계의 이해, 직업 체험활동 등

(진로활동) 교내 진로디자인 포트폴리오 대회(2015.04.18)에서 평소 관심분야인 기계-전자공학과 전공 탐색과 이후 자동차 연구원에 대한 진로계획을 수립하고, 이를 **포트폴리오로 정리하여 발표함**. 이를 통해 자기주도적인 진로설계를 구체적으로 계획하는 계기를 마련함. 교내 나의 꿈 도전 **발표대회(2015.06.25)**에서 자동차 연구원의 꿈을 갖게된 계기와 현재 노력하고 있는 활동을 소개하여 **우수한 성적을 거둠**.

진로 활동 기재 사례

⇨ **전교생에게 동일하게 기재되는 방식이 아니라, 학생만의 차별화된 진로 활동을 부각!**

진로 활동 기재

(진로활동) MBIT검사결과 'INTJ'형으로 희망하는 진로 분야인 로봇공학자에 적합한 창의성을 갖춘 탐구형의 적성으로 확인이 되었으며, 평소 관심분야인 기계-전자공학과 전공 탐색 이후 로봇공학자에 대한 진로 계획을 수립하고, 이를 포트폴리오로 정리하여 발표함. 이를 통해 자기주도적인 진로설계를 구체적으로 계획하는 계기를 마련함. **또한 이를 바탕으로 '향후 4차 산업혁명 시대에서 로봇공학자의 역할'**이라는 주제로 보고서를 작성하여 학생들 앞에서 발표함으로써, 이공계열을 준비하는 **학생들의 많은 호응을 받음.**

진로적성 검사 + 활동적 계기 + **연계 활동** 및 결과에 대한 평가

학생기록부의 8번 교과학습발달 사항은 크게 두 섹션으로 나뉜다. 첫 번째는 교과목별 내신 성적에 대한 부분, 두 번째는 과목별 세부능력 및 특기사항이다.

먼저, 교과 성적에 대한 부분에서 설명하겠다. 만약 1-2-3학년 전체 내신 성적의 평균이 모두 2등급으로 동일한 두 학생이 있다고 가정하자, A학생은 1학년, 2학년, 3학년 전 학년에 걸쳐서 모두 동일하게 2등급이고, B학생은 1학년은 3등급, 2학년은 2등급, 3학년은 1등급으로 상승한다고 했을 때, A, B 두 학생 중에서 어느 학생이 학업 능력에 대해 더 좋은 평가를 받게 될까? 그렇다. 바로 B학생이다.

학생부종합전형에서는 내신 성적을 단순히 산술적으로 평가하는 하

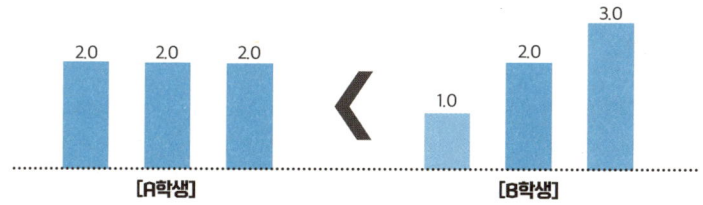

⇨ A, B 두 학생 내신 등급이 2.0으로 동일하더라도, 학년별 성적 향상 추이가 더 크게 반영

⇨ A, B 두 학생 내신 등급이 2.0으로 동일하더라도, 지원 계열별 연관 과목 내신 성적이 더 크게 반영

2.0	2.0	2.0	2.0	2.0
국어	영어	수학	사회	과학

이과의 경우

2.0	2.0	2.0	2.0	2.0
국어	영어	수학	사회	과학

문과의 경우

는 것이 아니라, 1-2-3학년 전체적이고 종합적인 관점에서 평가를 하게된다. 비록 B학생의 경우 1학년 때는 3등급이었지만, 2-3학년으로 올라갈수록 지속적으로 성적이 상승했다는 부분에서 성적향상에 대해 좋은 평가를 받게 된다. 이러한 학생은 대학 입학 이후에도 지속적으로 학업역량을 향상시킬 수 있다는 부분에서 학업의 잠재적 역량에 대해서도좋은 평가를 받을 수 있다.

내신 성적관리에서 기억해야 할 부분은, 물론 수강한 과목 전체에 대해서 좋은 성적을 받는 것이 중요하지만, 그중에서도 지원 전공 계열과 연관된 과목에 대해 좋은 성적을 유지하는 것이다. 예를 들어, 인문계 학생의 경우에는 국어와 사회, 자연계 학생의 경우 수학과 과학 과목이 더 큰비중으로 평가가 되기 때문에, 희망 전공 관련 교과에 대해서는 다른 과목보다 상대적으로 더 많은 시간 투자를 통한 성적 관리가 필요하다.

⇨ **교과 내용을 심화 발전된 비교과 활동으로 확대 … 교과성적 향상으로 연계!**

비교과 결과물

① R&E 보고서
② 연구 소논문
③ 포트폴리오
④ 탐구/토론대회
⑤ 각종 교내대회
⑥ 창의·발명
⑦ 특허출원

⬇

학생 기록부

① 인적 사항
② 학적 사항
③ 출결 사항
⑥ 진로희망 사항
④ 수상 실적
⑤ 자격증 및 인증취득
⑦ 창의적 체험활동 (자율, 동아리, 봉사, 진로)
⑧ 교과학습발달상황
⑨ 독서활동상황
⑩ 행동특성 및 종합의견

교과	과목	1학기				1학기				비고
		단위수	원점수/과목평균(표준편차)	성취도(수강자수)	석차등급	단위수	원점수/과목평균(표준편차)	성취도(수강자수)	석차등급	
이수단위 합계										

과목	세부능력 및 특기 사항
해당 사항 없음	

● 환경과 녹색성장 : 평소 주변에서 일어나는 환경 문제에 관심이 많고 환경 문제를 해결하기 위한 방안을 찾아내고 이를 친구들과 같이 실행하는 등 학교 환경운동가와 같은 역할을 하며, 모둠활동을 통한 환경문제 해결이라는 주제로 실시된 스마트 수업에서 모둠의 **환경 문제 선정과 해결 방법을 창의적으로 정리하고, 스마트 기기를 이용한 발표** 방법을 이용하여 모둠의 연구 결과를 발표함으로써 학급 친구들의 큰 호응을 얻음.

교과학습 발달 사항- 수행평가

· 평가 종류와 반영 비율

평가 종류	지필평가				수행평가		
					40%		
반영 비율	60%				듣기·말하기(발표하기)	쓰기(프로젝트)	문학(논술)
횟수/영역	1차		2차				
	선택형	서술형	선택형	서술형			
만점(반영비율)	60점(18%)	40점(12%)	60점(18%)	40점(12%)	10점(10%)	15점(15%)	15점(15%)
	100점(30%)		100점(30%)				
서술형·논술형 문항 반영 비율	12%		12%				15%
평가 시기	4월		4월		수시	수시	수시
관련 성취기준	2911-1, 2911-2, 2914-1, 2914-2 …		2915-1, 2916-1, 2917-1, 2918-1 …		2913-1, 2913-2	2933-1, 2933-2	2958-1, 2958-2

내신 성적 관리에서 또 다른 중요한 요소는 바로 수행평가이다. 과목별 평가 기준을 보면 일반적으로 지필평가가 60%, 수행평가가 40%로 반영된다. 지필평가에서 만점을 받고도, 수행평가에서 좋은 점수를 받지 못해 예상했던 것보다 낮은 내신 성적을 받는 학생들이 의외로 많다. 지필 평가는 통상 4월 말 중간고사, 7월 초 기말고사의 일정에 맞추어 집중적으로 준비를 하면 되지만, 수행평가는 정해진 일정이 아니라 수시로 평가가 진행된다. 수행평가에 있어서는 평가기준을 숙지하여 평가자의 관점에서 성실하게 수행하여 좋은 성적을 받을 수 있도록, 항상 긴장의 끈을 놓아서는 안 된다.

이제, 8.교과학습발달사항의 두 번째 섹션인 세부능력 및 특기사항 부분이다. 이 부분은 필자가 현재까지 1300여 명의 학생들에 대한 상담과 생활기록부 분석을 통해 정리한 내신 등급별 세부능력 특기사항 기재 내용의 변화이다.

먼저 내신 5등급 이하의 학생들의 경우에는 '○○학습 활동에 참여함'과 같은, 단순한 참여에 대한 부분으로 기재가 되고, 내신 4등급 학생의 경우 '○○수업에 성실한 태도를 가지고 집중하는 학생임'과 같이 학생의 성실한 태도 등 다른 학생과는 다른 학생만의 장점을 기재하는 모습이 나타난다. 내신 3등급 학생은 '○○에 부족한 부분을 보완하기 위해 ○○부분을 노력함'과 같이 자신이 학업에 있어서 부족한 부분을 스스로 깨닫고, 그 부분을 보완하기 위해 어떠한 방식으로 구체적으로 노력했는지, 보다 자기주도적인 측면에서의 학업 역량을 어필하는 방식으로 기재가 된다. 그리고, 2등급 학생의 경우에는 '○○수업을 통해 ○○

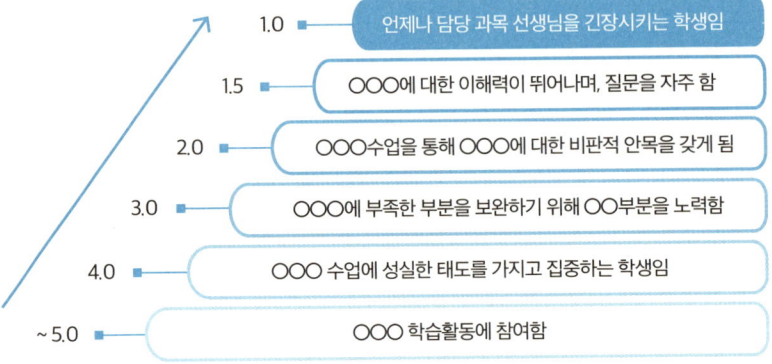

과목별 세부사항 및 특기사항 기재 내용

1.0 — 언제나 담당 과목 선생님을 긴장시키는 학생임

1.5 — ○○○에 대한 이해력이 뛰어나며, 질문을 자주 함

2.0 — ○○○수업을 통해 ○○○에 대한 비판적 안목을 갖게 됨

3.0 — ○○○에 부족한 부분을 보완하기 위해 ○○부분을 노력함

4.0 — ○○○ 수업에 성실한 태도를 가지고 집중하는 학생임

~5.0 — ○○○ 학습활동에 참여함

○에 대한 비판적 안목을 갖게 됨' 과 같이 일반적인 고등학교 학생들에 비해 학생만이 가지고 있는 차별화된 고급 역량들을 부각시키는 형태로 기재된다. 그리고 1.5등급 학생의 경우와 같이 대부분의 최상위 등급 학생들의 경우에는 '○○○에 대한 이해력이 뛰어나며, 심도 있는 질문을 자주함'과 같이 학생의 학업 역량과 태도 모든 면에 있어서 매우 우수하다는 표현의 기재가 많이 나타난다. 학교별 최고로 인정받은 학생의 경우에는 사실상 정량적 평가의 방식을 넘어서, '언제나 담당 과목 선생님을 긴장시키는 학생임'과 같이 교사가 학생에 대해 일종의 경의를 표현하는 방식으로 기재되는 경우가 많다.

일반적으로 교과의 세부능력 및 특기사항(이하 세특)은 교과 수행 평가에 대한 내용, 교과 성적 등 학업 역량과 학업에 대한 태도 등에 대해 교과 담당교사로서 학생에 대한 종합적인 평가가 기술된다. 최근에 일선 학교에서 성적이 우수한 학생들에 대해서 세특이 자세하게 기재되는

관련 독서 탐구 > 수행평가 발표 > 관련교과 학업태도 > 학생부 세특에 반영

개인별 세부능력 및 특기 사항

(2학기) 지구과학 : 천체물리 단원을 수업할 때 별의 일생과 우주의 생성에 대한 내용을 다룬 책『코스모스』내용을 기반으로 핵융합반응과 빅뱅이론에 대한 많은 자료를 조사하여 수업시간에 발표하여 다른 학생들의 이해에 많은 도움을 주었음. 항공우주 관련 이론들의 전체적인 흐름을 아주 잘 이해하고 있고, 통합적 사고력이 요구되는 문제를 물리학적 해석을 이용하여 해결하는 능력이 아주 뛰어남. 항공우주 과학과 관련된 물리학적 배경지식이 많고, 수업 중 관련된 내용에 대한 심도 있는 질문들을 자주 하는 등 언제나 담당과목 선생님을 긴장시키는 학생임.

수행(독서탐구)평가 + 학업 역량 + 학업 태도

반면, 중하위권 학생들에 대해서는 세특이 기재가 되지 않거나 간단한 형태로 기재가 되는 사례가 많이 있었다. 그래서 교육부에서는 교과 담당 교사는 특정 학생에게 집중적으로 기재되었던 방식에서 과목을 수강하는 전체 학생에 대해 누가기록 방식으로 변화를 주고 있다.

위는 지구과학 과목에서 수행평가에 대한 평가, 담당 교과목에 대한 학생의 학업 역량, 그리고 수업시간에 학생의 태도에 대한 종합적인 관점에서의 내용이 기재가 되어 있다. 이와 같이, 교과별 세부능력 특기 사항은 학교별로, 내신별로 매우 상이하게 기재될 수 있다.

한 가지 더 중요한 것은 세부능력 특기사항은 단순히 교과성적이 좋다고 훌륭하게 기재될 수 있는 것이 아니다. 교과성적과 함께 수업에 임하는 태도가 훌륭한 학생에게 담당 교사는 더 좋은 평가 내용을 기재할 수 있다. 따라서 수업시간 태도와 함께 평상시 담임교사는 물론 과목별 담당교사와도 인간적으로 좋은 관계를 유지하는 것이 매우 중요하다.

독서활동상황

　독서활동은, 진로를 기준으로 인성과 교양이 서포트 해주는 형태가 가장 바람직한 독서 내용이라고 할 수 있다. 학생의 진로 분야가 인문사회계열이라고 한다면, 현재 이슈가 되고 있는 인문사회계열의 관련된 독서를 많이 하는 것이 중요하고, 의학-공학계열이라고 한다면, 4차 산업 혁명 등 과학기술의 현재 트렌드에 관련한 독서를 추천한다. 인성에 관한 독서는 김구선생, 서서펑 선교사, 헬렌 켈러 등, 자신이 존경하는 인물에 관한 독서를 추천한다. 시사교양에 관련해서는 현재 사회적 이슈에 대해 진보와 보수의 종합적인 관점에서 기술된 책을 추천한다. 일반적으로 중-고등학교 학생들은 정치적 성향이 진보이다. 그러나 지나치게 진보에만 치우칠 경우, 면접 시 입학사정관과 정치적 견해가 다름으로 인해 평가받을 때 불이익을 받을 수도 있다. 따라서 독서를 비롯한

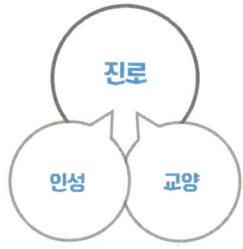

⇨ **진로(전공)+인성(리더십)+시사교양의 관점에서
입체적인 독서 포트폴리오 필요**

학교생활 전반에 있어서도 진보적 관점과 보수적 관점 모두 균형 잡힌 성향을 가지고 활동하는 것을 권장한다.

기존에는 독서활동사항에 책 제목, 저자, 내용이 기재되었지만, 2017년부터는 독서 내용은 없이 책 제목과 저자만 기재가 되도록 기재 요령이 변경되었다. 지금까지는 평가 시 독서활동에 대해서 서류평가와 면접이 어느 정도 균형 있게 진행이 되었지만, 앞으로는 독서활동사항에서 독서활동 내용이 없이 사실상 책 제목만 가지고 서류를 평가하기에는 한계가 많아질 것이다. 따라서 독서활동에서는 면접을 통해 독서활동 내용에 대한 검증과 평가의 비중이 더 커질 것이다. 무조건 많은 책을 읽는 것보다는 사실을 기반으로 진로적 관점에서 나에게 영향을 주었던 책을 가지고 작성하는 것이 중요하다.

1학년 때부터 책을 한 권 읽으면, 그 책을 통해서 내가 배우고 느낀 점에 대해서 A4용지 반 페이지 정도로 독서록에 요약을 해나가는 것이 필요하다. 3학년 때 자소서나 면접을 보기 전에 내가 지금까지 읽었던 책들에 대해서 모두 다시 정독하기란 현실적으로 어렵다. 대신 3학년까지

~ 2016학년		
학년	과목/영역	독서활동상황
1	-	책 제목 + 저자 + 내용(느낀 점)
2	-	"
3	-	"

~ 2017학년		
학년	과목/영역	독서활동상황
1	-	책 제목 + 저자
2	-	"
3	-	"

독서 내용과 느낀 점을 기재

⇨ 학생부 평가 시, 독서 내용과 느낀 점이 평가에 반영됨으로써 독서 활동 사항이 서류 전형과 면접 전형에 고르게 분산되어 반영됨

책 제목과 저자만 기재

⇨ 사실상, 책 제목과 저자만 가지고 서류 평가에 반영하기에는 한계가 많이 있음. 독서활동 부분에 대한 서류 평가에 대한 비중은 감소하지만, 면접에 있어서 평가 비중이 강화

서류 평가 ------ 면접 평가

서류 평가 ------ 면접 평가

작성한 나만의 독서록을 처음부터 끝까지 정독하여 학생기록부에 기재된 독서의 주요 내용에 대해 완벽하게 기억하는 것이 필요하다. 면접 시 책의 내용을 모두 다 기억하는 것이 중요한 것이 아니라 그 책이 나에게 어떠한 영향을 주었으며, 내가 그것을 통해 무엇을 배웠는지, 이를 통해 내가 다른 어떠한 결과를 산출하게 되었는지를 중심으로 준비하는 것이 중요하다.

많은 학생들이 독서를 단지, 학생기록부의 양념 정도로 생각하는 경우가 많다. 그러나 독서를 통해 나의 진로를 발견하고, 내가 가고자 하는 전공 분야에 대한 방향과 컨텐츠를 설정할 수 있는 나침반으로 사용하는 학생들도 많이 있다. 독서 활동을 통해 나의 희망 진로 분야에 대한 방향을 잡고, 지속 심화 발전하는 계기가 되도록 준비해야 한다.

행동특성 및 종합의견

행동특성 및 종합의견(이하 행특)은 학생기록부 전체의 압축판으로 담임교사가 학생을 1년간 가르친 최종의 의견을 기재하는 항목이다. 사실상 단일 항목으로는 가장 평가의 비중이 큰 항목이라고 할 수 있다.

행특에는 다양한 인성요소에 대한 기술을 할 수 있다. 중요한 것은 행특을 통해서 단순히 "이 학생은 인성이 좋다"라고 표현하는 것보다는, 학생의 희망 진로와 전공적 관점에서 어떠한 역량을 가지고 있는 학생이며, 이 목표를 위해서 학교 또는 학급이라는 공동체 안에서 어떠한 노력을 하고 있는지에 대해 보다 구체적으로 기재가 되는 것이 필요하다. 여기에서는 크게, 뛰어난 인성을 중심으로 기재된 인문 사회계열 학생의 사례와, 뛰어난 학업 역량을 중심으로 기재된 이공계열 학생의 사례를 설명한다.

행동 특성 및 종합의견

...

(중략)

1학기 학급회장을 맡아 봉사 정신과 리더십에 대해 배움의 기회로 삼아 맡은 바 책임을 다하고, 주도적으로 학생들을 이끄는 모습이 돋보임.

학교생활에 어려움을 겪는 학생을 위해, 조별 수행평가에서 같은 조에 편성되길 희망하여 지속적인 도움을 주고, 일과 시간에 자연스럽게 다른 친구들과 어울릴수 있게 노력하며 친구가 학업의 중단 위기에서 벗어나도록 하여 교사에게 깊은 감명을 줌.

(하략)

...

인문사회계열 사례 - 뛰어난 인성 중심으로 작성

행동 특성 및 종합의견

...

(중략)

학습에 대한 동기적 특성과 자기조절학습 지수가 매우 높아 **미래에 대한 계획이 뚜렷하고 목표의식이 분명하여 자기주도학습능력이 뛰어나며 수업에 임하는 태도가 진지하고 교사의 말에 귀를 기울이며, 하나라도 더 배우려고 노력하는 열정적인 학습태도로 교사로 하여금 수업에 충실토록 하는 학생임.** (하략)

...

과학공학 계열 사례 - 뛰어난 학업 역량을 부각

먼저 사범계열 전공을 희망하는 학생의 생활기록부 사례이다. 학교생활의 어려움을 겪는 학생의 일을 나의 일처럼 생각하고 지속적인 도움을 주고 변화를 시키는 모습이 기재가 되었으며, 결국 이러한 모습이 교사에게 깊은 감명을 주었다는 표현으로 나타나고 있다. 이러한 기재는 결국 학생의 뛰어난 교육자적 인성 부분에 있어서 좋은 평가를 받을 수 있다.

두 번째 사례는, 이공계열 학생으로 뛰어난 학업 역량을 부각시킨 경우이다. 특별히, '하나라도 더 배우려고 노력하는 열정적인 학습 태도로 교사로 하여금 수업에 충실하도록 하는 학생'이라는 표현은, 첫 번째 학생과 마찬가지로 교사가 학생에게 일종의 경의를 표현할 정도로 인정한다는 기재사항이다. 이는 평가자로 하여금 학생이 희망하는 이공계연구원으로서의 자질을 충분히 높게 평가받을 수 있는 부분이다.

CHAPTER 5.

교과공부 할 시간도 없는데 비교과, 교내대회라니!

교내대회, 수상실적이 많아야 좋다?

서울대학교 합격생의 평균 수상 실적은 일반고 합격생은 40여 건, 특목고 및 자사고는 20여 건이 정도라는 기사를 쉽게 접할 수 있다. 일반고 기준으로 약 5개 학기 동안 매 학기마다 9~10건 정도의 수상을 해야 한다는 계산이 나온다. 그러니 수상 몰아주기, 교내상 남발의 결과가 아니냐는 고찰이 나올 수밖에 없다. 과연 수상 실적은 그 개수가 많아야 좋은 것일까?

결론적으로는 수상 개수가 많은 것이 꼭 좋다는 것은 정답이 아니다. 생활기록부의 평가는 어디까지나 '정성평가'이다. 상의 개수가 40개면 만점, 20개면 감점, 10개면 0점인 것도 아니다. 단체수상에서 개인의 역할이 드러나는 것이 불분명하고 자기주도성이 드러나지 않는다면, 남발된 상은 그저 학생기록부의 한 줄에 그칠 뿐 무의미하다고 봐도 될 것이다.

중요한 것은, 자신의 진로적합성에 맞는 스토리가 있는 수상일 것이다. 남발된 교과우수상이라 할지라도, 이공계 진학을 희망하는 학생이 수학, 과학 등의 교과우수상을 꾸준히 타왔다면 해당 과목에 대한 관심으로 비춰진다. 물론 영어, 국어까지 아우르는 전 과목에서의 교과우수상은 그 학생의 성실성을 평가하는 수단으로 쓰일 수 있겠다.

개정된 교육부의 기재방식에 따르면 교내대회에서 참가인원의 20 % 이내에서 수상할 수 있도록 권장하되, 학교의 규모와 대회 특성에 따라 학교장이 자율적으로 수상 비율을 정할 수 있도록 한다. 동일한 수상명으로 월별, 분기별 시상을 하는 것은 지양하도록 하고 있으며, 참가한 내용을 학생기록부의 다른 곳에는 전혀 적을 수 없도록 하였다. '결과만 적도록 하는 것이 과연 과정중심의 평가에 과연 적절한 조치인가' 하는 의문이 생기는 부분이다. 차라리 수상 실적과 관계없이 모든 과정과 노력을 교사가 평가하여 기재해주는 것이 좀 더 바람직하지 않은가?

다만 상의 개수가 많다는 것은 그만큼 학교생활에 적극적인 태도로, 충실히 임한 것이라 생각될 수 있어서 종합적으로 좋은 평가를 받기에 긍정적인 요소로 작용할 수 있겠다.

한편, 학교 생활기록부 기재방식은 아직 제대로 자리를 잡지 못하고, 오락가락하는 정책에 의해 매년 바뀌며 학부모와 학생들에게 혼란을 안겨주고 있다. 수상 실적을 향후에 축소시키거나 아예 배제하겠다는 의견 또한 활발하게 논의되고 있다. 학교 교내 대회의 일부분을 교과 세부능력 및 특기사항에서 서술할 수 있도록 수행평가의 일환으로 활용하고 있으므로, 결과적으로는 현재까지 진행되고 있던 대회가 완전히 사라지는 것은 요원해보인다.

연간계획의 중요성

새로운 봄 학기가 시작되면, 학교에서는 3월 중에 교내대회 일정을 발표하는 경우가 많다. 교내대회 일정이 나오기 전이라도, 2학년 3학년 학생들이라면 교내대회 일정을 작년 한 해를 통해 어느 정도 파악하고 있을 것이다. 이 중 교과관련 경시대회 등은 자연스럽게 본인의 실력으로도 볼 수 있는 시험이며 평소 학교에서 자신이 공부하는 기본 실력으로 충분히 커버가 가능하다. 일부 학교의 경우 경시대회 문제 족보를 가지고 따로 공부하는 경우도 있지만, 이는 교과공부의 연장선상에 있다고 봐도 무방한 수준일 것이다.

그러나 각종 탐구대회, 토론대회, 논술대회, 발명대회, UCC대회 등, 대부분의 학교가 개최하고 있는 대회들은 상당히 많은 노력을 통해 이루어진다. 의미 있는 결과물의 경우 많은 시간을 투자하며 진행하여도

한 달 이상 소요되는 경우가 많다.

그러나 대부분의 경우 교내대회가 게릴라성으로 3~4일전, 일주일전에 갑자기 공지되는 경우가 허다하다. 대회의 계획서, 결과물 등은 대부분 쉽게 얻어지는 것이 아니기 때문에 학생들이 곤란함을 겪곤 한다. 게다가 과학대회들의 경우 보통 3~4월에 몰려있는 경우가 많다. 4월이 된 순간 4월 말에 있을 중간고사에 대한 우려로 참가하기가 어려워진다. 과학전람회, 발명품경진대회 등은 많은 시간 동안 고민하여 주제를 정해야 하며, 주제와 제목을 정하는 그 순간 머릿속에 이미 실험부분에 대한 설계도 되어 있어야 한다. 하지만 현실적으로 수많은 학교들이 3일 내로 주제를 내고 5월에 실험을 진행해서 6월에 발표하라고 하니, 이런 방식으로 진행되는 대회가 학생들에게 얼마나 도움이 될지 의문이다.

단순히 시간을 버리는 것이 아닌 학생에게도 도움이 되려면, 작년의 학사일정을 참고하여 연간 일정을 짠 뒤, 필요한 대회는 방학, 시험 직후 등 자투리 시간을 이용하여 미리미리 준비하는 자세가 필요하다.

1. 교내대회 리스트의 확인

보통 3월이 되면 교내 홈페이지나 학기 초에 위와 같은 교내대회 관련 자료를 받게 된다. 학생들이 모든 대회를 참가하기엔 시간적으로 불가능하다고 할 것이다. 이 중 본인의 전공과 관련이 있는 대회들을 고르면 된다. 예를 들어, 이과진학을 희망하는 학생은 수학·과학 관련대회들은 균형 있게 참가하는 것이 좋다.

2017학년도 ○○고등학교 교내상 시행계획(안)

수상명	시행		참가대상	비율	담당부서
누구나 학교	1월		1학년	20%	1학년부
체험활동보고서(연구단지)	6월		1학년	20%	
체험활동보고서(학급별 체험)	6월		1학년	20%	
장애인식개선글쓰기	5월		전교생	20%	도움반
2018 나의 꿈 펼쳐보기	5~6월		1학년	20%	진로진학 상담부
2018 나의 희망 전공 설정하기	5~6월		2학년	20%	
2018 나의 직업체험 보고서 쓰기	5~6월		1, 2학년	20%	
2018 전공 계열 및 학과 탐색하기	8~10월		1학년	20%	
2018 진로 UCC 만들기	10~11월		1, 2학년	20%	
2018 나의 역할모델 설정하기	10~11월		1학년	20%	
2018 나의 취업 스토리텔링하기	10~11월		2학년	20%	
2018 동아리 진로 연계활동 발표하기	12~1월		1, 2학년	20%	
1학기 ○○영미문화탐구 project	7월		전교생	10%	인문사회부
○○TED	12월		1, 2학년	20%	
모의 유엔	7월		1, 2학년	20%	
문학비평문쓰기	5월		2학년	20%	국어교과
독서 서평 쓰기	7월		1학년	20%	
자기소개서쓰기	12월		1학년	20%	
'수학, 삶 마주 보기' 프로젝트	6월		1학년	20%	1학년 수학교과
수학적 모델링 프로젝트	11월		1학년	20%	
창의문제해결 프로젝트Ⅰ(확률과 통계)	5월		2학년 자연	20%	2학년 수학교과
창의문제해결 프로젝트Ⅱ(기하와벡터)		11월	2학년 자연	20%	
미적분으로 바라보는 인생그래프(미적분1)	5월		2학년 인문	20%	
창의융합 프로젝트Ⅰ(미적분Ⅰ)	6월		2학년 자연	20%	
창의융합 프로젝트Ⅱ(미적분Ⅱ)		11월	3학년	20%	
확률과 통계를 이용한 의사결정	10월		전교생	20%	3학년 수학교과
문제 창의 제작 프로젝트	6월		전교생	20%	
○○ 과학발명품 경진대회	3월		1, 2학년	20%	자연과학부
○○ 과학전람회	3월		1, 2학년	20%	
독후감쓰기부문	4월		1, 2학년	20%	
구조물원리부문	4월		1, 2학년	20%	
종이컵쌓기부문	4월		1, 2학년	20%	
낙하운동부문	4월		1, 2학년	20%	
미로모형만들기부문	4월		1, 2학년	20%	
과학골든벨부문	4월		1, 2학년	20%	
창의사고력부문	4월		1, 2학년	20%	
○○ 과학탐구 페스티벌	4월		1, 2학년	20%	
○○ 과학토론대회	4월		1, 2학년	20%	
과학동아리활동 페스티벌	7월		1, 2학년	20%	
○○ 결정성장 페스티벌	12월		1, 2학년	20%	
○○ 과학 UCC 페스티벌	10월		1, 2학년	20%	
창의사고력 대회	12월		1, 2학년	20%	
물리 시 페스티벌	6월		2학년	20%	
화학 포트폴리오 페스티벌	7월	12월	2, 3학년	10%	
생명공학기술탐구 프로젝트	5월		3학년	20%	
생활 속의 물리학 프로젝트	6월		3학년	20%	
모형항공기프로젝트	7월	12월	1학년	10%	
○○사회과학탐구프로젝트(법, 정치 논술)	7월	12월	2학년	10%	2학년 사회교과
스토리텔링 프리젠테이션(법, 정치)	7월	12월	2학년	10%	2학년 사회교과
창업아이디어공모전 (경제)	11월		1, 2학년	20%	일반 사회교과
○○사회과학탐구프로젝트(경제논술)	10월		1, 2학년	20%	일반 사회교과
1인 1과제 연구논문 프로젝트	12월		2학년	20%	대외협력부

진로 관련 대회의 경우에는 그 준비과정을 자신의 학생기록부 상에 드러낼 수 있으며, 대회 준비과정을 통해 향후 대입 면접에서 전공적합성 부분의 우수성을 드러낼 수 있으므로 꼭 참가하도록 한다. 이처럼 교내대회를 모두 나가는 것 대신 본인이 자신 있게 준비할 수 있는 대회를 선정하는 것이 중요하다.

2. 참여 교내대회 확정

○○고등학교 1학년인 김미래 학생은 의료 분야에 폭넓은 관심을 가지고 있으나 아직은 의대를 갈 수 있을지 확신이 부족한 상태이다. 따라서 의대에 진학하고자 하는 꿈과 의공학 관련 연구를 하고 싶다는 두 가지의 꿈을 모두 열어두고 학교생활을 하고자 한다. 김미래 학생은 평소 활달한 성격을 가지고 있으며, 창의적인 아이디어를 내는 것을 좋아하여 적극적으로 자신의 의견을 피력하는 성향이다.

교내대회 리스트를 보고, 참가할 만한 대회를 미리 선정하여 미리 준비하고자 할 때 어떤 대회 위주로 가는 것이 좋을까?

1. 다수가 참가하여 점수로 평가받는 각종 경시대회는 교과공부에도 도움이 되므로 참가하기로 결정한다.
2. 자신의 진로분야 관련 대회를 선택한다.
3. 수·과 관련 대회에서 창의성을 드러낼 수 있으며, 자기소개서의 소재로도 쓰일 수 있는 대회를 선택한다.

4. 대입에서의 자기소개서와 면접에 도움이 될 수 있는 대회를 선택한다.

5. 교내활동 중 생활기록부상에 올라갈 수 있는 활동과 연계성 있게 참

가하여 최소한의 노력이 드는 대회를 선택하여 참가하기로 한다.

이런 목적성을 바탕으로 김미래 학생이 선택한 교내대회의 리스트는
다음과 같다. (여기서 각종 교과 경시대회는 학교마다 매우 상이하므로
리스트에서 제외하였다.)

체험활동 보고서 대회	전공계열 및 학과 탐색하기 대회	동아리 진로연계활동 대회
과학발명품 경진대회	과학전람회	독후감대회
과학토론대회	TED대회	자기소개서 쓰기 대회

체험활동 보고서의 경우 체험활동에 충실하게 참가할 수 있는 계기
가 될 수 있다. 수상여부를 떠나서 체험활동 자체가 생활기록부에 적힐
수 있는 활동이므로, 충실하게 참여한 뒤 수상까지 노려볼 수 있다. 전
공계열 및 학과 탐색하기의 경우에도 학생의 목표설정에 큰 도움이 된
다. 단순히 무슨 과들이 존재하며 어떤 것을 배우는가에 대한 조사는
기본적인 것이고, 그 외에도 입학을 위해 필요한 부분을 찾아볼 수 있
다. 대부분의 학교가 작년 입시결과를 거의 홈페이지를 통해 공개하고
있는데, 여기에는 자신의 목표대학과 학과의 내신 성적 등이 나와 있는
경우가 많다. 자신이 관심을 가지고 있는 학교가 있다면, 입학처 홈페
이지 등을 꼼꼼히 살펴보고, 내신 성적의 산출방법, 비교과영역의 비중

등 공개하는 정보를 최대한 활용하여 조사해야 한다. 이로 인해 학생의 중장기적 목표가 수립되며, 이에 상응하는 노력을 위한 원동력이 될 수 있다.

동아리 활동은 비교과영역에서 가장 손쉽게 이용할 수 있는 부분이다. 동아리활동의 일환으로 자신의 진로와 연계된 소논문, 탐구, 발표 활동들을 통해 전공에 대한 적합성과 열정을 드러낼 수 있는 부분이다. 어차피 해야 할 동아리 활동이기 때문에, 이와 연계된 대회참가를 통해 학생기록부상에 더욱 잘 기재될 수 있는 방안을 마련했다고 보여 진다.

독후감대회의 경우에는 가장 부담 없이 나가기 쉬운 대회일 것이다. 분량 자체도 많지 않고, 어차피 해야 할 독서를 하면서 면접까지 대비를 할 수 있기 때문에 대부분의 학생들이 쉽게 접근할 수 있다. 여기서 수상을 위해서 꼭 명심해야 할 점은 책을 요약하는 형태로는 절대 수상을 할 수 없다는 점이다. 독서와 관련된 대회에서 수상하기 위해서는 학생 스스로의 생각 또는 나름의 해석을 준비해야 한다. 그만큼 책의 주제 자체의 선정이 더욱 중요한 요소 중 하나일 것이다.

기타 TED 대회나 자기소개서 대회의 경우에도 대입에서의 활용도가 높고 자신의 적극성을 드러낼 수 있는 대회들이다. 준비만 해도 도움이 되는 대회들이기 때문에, 성실히 해보는 것이 좋겠다.

과학발명품 경진대회와 과학전람회, 과학토론대회는 준비하기에 난이도가 상당히 있고 경쟁도 치열하여 수상을 위해서는 미리 준비할 필요가 있다. 이 대회들에 대해서는 다음 장에서 이야기하도록 한다.

3. 연간계획의 수립

자신의 진로적성과 나갈 대회를 정했다면, 학교의 학사일정과 대회일정에 맞추어 연간계획을 수립하는 것이 중요하다.

연간계획의 수립은 생활기록부에 적극적으로 반영될 수 있는 방안을 함께 강구해야 한다. 생활기록부는 1학기 마감이 8월 말, 2학기 학년 전체 마감이 2월 말로 규정되어 있어, 이 날짜 이후에는 거의 수정이 불가능하다. 그 이후에 수정을 해야 할 경우라도 그 과정이 매우 복잡하므로 모든 생활기록부 내용의 확인은 그전에 마치도록 하는 것이 좋다.

교육부 규정에는 2월, 8월로 되어있으나, 보통 학교 선생님들은 방학하기 전에 갑자기 생활기록부에 기재될 내용을 마감해버리는 경우가 존재한다. 때문에 철저한 연간계획과 생활기록부 기재에 대한 사전 점검이 필수적이다. 수행평가에서 냈던 보고서 혹은 전공적합성을 바탕으로 발표를 한 일, 반 친구에게 도움을 준 일 등 활용 가능한 사소한 활동들을 최대한 기억해 내거나 메모하는 습관을 통해 어필한다면 좋은 생활기록부를 기대해볼 수 있다. 각 과목 선생님의 경우 적게는 수십 명의 학생, 많게는 몇백 명에 대해서 과목에 대한 코멘트를 작성해야 하므로 모든 학생을 기억해 두기에는 현실적으로 불가능하기 때문이다.

연간계획은 1월부터 12월까지 자신이 나갈 대회를 적는 것부터 시작된다. 여기에 관련 자율 동아리활동 계획보고서, 연구, 동아리 관련 대회를 나갈 테마에 대한 선정과 고찰까지 이루어져야 3~4월 동아리 계획서를 제출할 때 당황하지 않을 수 있다. 생활기록부에 기재될 과목별 세부능력 및 특기사항 등을 설계해 두어 학기말엔 항상 지참하고 다니는 것이 중요하다.

교내·외 과학관련 주요대회

과학 관련 대회 중 교내대회를 거쳐 각 시/도 교육청, 전국 단위로 참가할 수 있는 대회의 대표적인 예로는 과학전람회, 과학발명품 경진대회, 과학탐구토론대회, 융합과학대회, UCC대회 등이 있다.

보통 교내대회를 거치면서 우수한 성과를 낸 친구들을 좀 더 발전시켜 각 시/도 교육청 대회에 참가하도록 한 뒤, 최종 본선대회에 참가하는 형태이다. 현재 우리나라의 각종 과학관련 대회는 국립중앙과학관이나 한국과학창의재단, 한국 물리학회 등에서 개최하는 대회가 대표적이다. 이런 본선대회의 진행방식에 의해 교내대회도 결정되는 경우가 많다. 그 대표적인 예가 2017년에 그 방식이 완전 달라진 한국 창의재단의 과학탐구토론대회가 있다.

1. 과학탐구토론대회

2016년까지 과학탐구토론대회는 3인 1조로 학생을 구성하여 토론 이전에 논문요약서와 30페이지 이내의 논문을 작성하도록 하였고, 이를 바탕으로 발표 팀의 발표와 반론 팀의 질의와 반론, 발표 팀의 응답, 평론 팀의 평론 등으로 진행되었다. 그러나 2017년부터는 논문사전 작성 부분에서 사교육의 개입이 크다는 이유로 그 방식이 전격 바뀌었다. 참가를 원하는 학생들은 2인 1조로 조를 구성하여, 토론 개요서를 작성하고 토론 규칙과 절차, 시간을 엄수하며 토론에 참여하게 되었다. 가장 큰 변화는 토론논제가 사전에 주어졌던 과거와는 달리, 토론논제를 대회 당일에 발표한다는 점이다.

많은 초·중·고등학교에서는 이와 관련하여 어려움을 느낀 탓인지 교내대회에서도 예선을 통해 본선을 진출할 학생들을 선정한다. 그 진행방식은 학교마다 조금씩 차이가 있으므로 본인의 학교의 진행방식을 미리 알아보아야 한다.

교내대회를 진행하는 방식은 크게 두 가지로 나뉜다.

첫 번째, 교내 본선대회 3~4일 또는 일주일 전에 알려주고 토론개요서 작성(3~4장 분량)을 통해 3~5팀을 선발하고 토론을 진행하여 수상여부와 상의 등급을 결정한다.

두 번째, 토론 논제의 당일 공개와 관련 자료를 나누어주며 토론 개요서를 그 자리에서 작성하게 한 뒤, 토론 개요서를 평가하여 3~5팀을 선발하고 토론을 진행하여 수상 여부와 상의 등급을 결정한다. 시간관계상 교내대회에서는 실제 토론을 진행하지 않는 등 약간의 진행방식에 차이는 있으나 두 가지 중 한 가지의 방법을 택해 진행하는 학교가 대부분이다.

이처럼 바뀐 토론대회는 결국 '토론개요서'가 1차적으로 평가를 받는다. 교내대회를 타깃으로 한다면 토론개요서 작성에서 그 중요도는 일차적으로 부각된다. (사실 창의재단 본선대회의 평가기준에서는 토론개요서 작성은 전체 100점 중 10점 밖에 차지하지 않지만 말이다.)

토론개요서 작성의 가장 중요한 포인트는 과학적 분석과 창의적 문제 해결능력이다. 보통 '토론 논제에 대해서 과학적으로 분석하고, 그 해결방법을 창의적으로 제시하시오'라는 문항이 나오게 되는데, 과학적으로 분석하는 방법에 대해서 개요서 작성법을 익혀두는 것이 좋다. 더불어 창의적 해결방법은 하루아침에 문득 떠오르는 것이 아니므로, 예상 논제에 대해 끊임없이 관심을 가지고 독서와 기사 스크랩을 통해 학생의 식견을 넓혀가는 것이 필요하다.

그렇다면 당일에 발표되는 토론 논제에 대해 어떻게 예상하고 창의적 답변을 낼 수 있을 것인가?

에너지, 물, 4차 산업혁명, 지진과 원전, 미세먼지처럼 최근 국내·외에서 주목받고 있는 여러 가지 문제점에 대해 사전에 신문기사와 에세이 등을 접하고 생각해보는 시간이 필요하다. 그 외 가능한 토론 논제로는 과학기술의 발달과 환경오염, 신기술에 대한 윤리적 관점에 문제가 있을 수 있겠다. 신문기사에는 생각보다 많은 과학적 정보들이 나와 있다.

평소 해당 주제들에 대해 꾸준히 관심을 가지고 역량을 키운다면 대입 면접까지 대비할 수 있는 시사상식을 쌓을 수 있다. 하지만 창의적 해결 방법 부분에 대해서는 타고난 감각이 뛰어나지 않으면 커버하기 어려운 경우가 많다.

이는 기본적으로 과학·공학적 상식과 신기술의 조합을 통해 쉽게 접근해볼 수 있다. 예를 들면, 물 부족 문제의 해결을 위한 창의적 방안에 대한 제시를 주문받았다고 생각해보자. 사실 물 부족 문제의 큰 부분을 차지하는 것은 위생을 위해 사용되고 있는 물이다. 그 대표적인 예가 수세식 변기라고 할 수 있겠다. 수세식 변기는 한 번 물을 내릴 때 약 10L의 물이 소비되는데, 이는 겉보기에는 위생적으로 보이지만 실제로는 어마어마한 양의 물을 낭비하고 있다. 만약 환경·물 자원 관련 지문으로 창의적 아이디어를 제시하려면 건식 변기의 새로운 형태를 제시하는 것도 하나의 창의적 해결책이 될 수 있다. 그 과정에서 청결함을 유지하기 위해, 나노코팅 기술 등 신기술을 접목시킨다면 학생으로서 공학에 대한 관심을 인정받고, 창의적 아이디어를 발전시킬 수 있을 것이다.

다음의 표는 과학탐구토론대회에서 본선대회의 심사기준 및 배점에 대한 표이다.

심사영역은 토론개요서와 주장발표, 질의응답, 주장다지기2분 발표, 팀워크 의 항목으로 크게 나눌 수 있으며, 실제 본선대회에서는 질의응답 부분의 배점이 가장 크다는 것을 알 수 있다. 팀워크 항목도 20점을 차지하기 때문에, 1조를 이룬 두 명의 역할이 가시적으로 보이도록 하는 것

대학교명		1차 지원 자격	배점
과학적 탐구 능력 및 정보처리 역량	토론 개요서 작성	정보수집·처리 능력을 바탕으로 논제의 쟁점을 과학적으로 탐구하여 원인을 분석하고, 문제해결방안을 과학적이고 창의적으로 다양한 측면을 모색하여 토론 자료를 작성하였는가?	10
창의적 문제해결 능력 및 과학적 의사소통 역량	주장 발표	논제에 대한 원인분석과 해결방안을 과학적·창의적으로 제시하는가?	20
	질의응답	(질의) 상대방 주장의 허점을 찾아 간략하고 예리한 질문을 효율적으로 하며, 과학적·논리적 응답을 이끌어내는가?	30
		(답변) 질문의 요지를 파악하고 논리적으로 답변하여 자기 팀의 주장을 확실하게 하는가?	
	주장 다지기	교차 조사에 드러난 자신의 허점을 개선하여 자기 입장의 최종적인 정당성을 밝히는가?	20
역할 분담의 적절성과 참여태도		팀워크를 발휘하여 공동사고로 협력적 문제해결태도를 지니고 올바른 토의 태도를 가지고 임하는가?	20
총점			100

과학탐구토론대회 심사기준 및 배점
출처 : 한국과학창의재단

이 좋다. 발표가 5분 발표와 2분 발표의 두 가지가 있고, 질의 응답부분에서도 질의와 응답이 있으므로, 너무 한 명에게 치우치지 않도록 역할을 분담한다. 질의를 정리하고, 대답하는 과정에서도 적절히 분담하도록 한다.

지금까지 토론대회에 출제된 기출문제는 학교별로 조금씩 차이가 있지만 예상을 벗어나는 범주는 아니다. 아래 표에 토론대회 기출문제를 확인해보길 바란다.

• 우리나라가 제 4차 산업혁명에 적응준비 국가순위에서 뒤쳐지는 원인을 과학적으로 분석하고, 제 4차 산업혁명에 대비하여 고등

학교 교육 현장에서 학교 차원에서 노력할 대안을 창의적으로 제시하시오. (전국단위 자사고 기출)

• 실생활 및 미래에 발생되는 문제 상황을 과학적으로 분석하고 이를 해결할 수 있는 다양한 측면의 문제해결방안을 창의적으로 모색하라. (강남지역 일반고)

• 공동주택의 층간소음은 예전부터 문제가 되어 왔고, 최근 환경부에서는 층간소음 분쟁을 조정을 위한 소음 기준을 마련하기도 하였다. 하지만 이러한 행정적 통제 이외에 공동 주택의 층간 소음을 슬기롭게 해결할 수 있는 방안을 과학적으로 탐구하시오. (용인지역 중학교)

• 지진의 예측이 어려운 이유에 대해서 과학적으로 분석하고, 지진을 효과적으로 예측하여 재앙에 대비할 수 있는 방안에 대해 창의적으로 탐구하시오. (강남지역 일반고)

• 인공지능이 응용될 수 있는 분야에 대해 생각해보고, 나타날 수 있는 문제점에 대해 과학적으로 분석해보세요. (강남지역 초등학교)

• 원자력 발전소의 존폐여부에 대한 의견을 과학적으로 제시하고, 원자력 발전소의 대안을 제시하라. (서울지역 일반고)

2. 과학전람회

사실 과학전람회로 대표되는 R&E 관련된 대부분의 대회는, 연구주제가 자유로워서 자신의 진로적합성을 적극적으로 드러낼 수 있는 수단이다. 다만, 사교육이 개입하지 않고서 단독으로 학생이 진행하기에 많은 어려움이 따르는 대회이기도 하다. 교육부에서는 소논문에 대해 제재를 가하고 있는 상황이지만, 대학면접을 보러 가면 가장 많은 질문을 받는 영역 중 한 부분이기도 하다. 고려대학교의 경우, 소논문은 평가수단으로 사용하지 않겠다고 선언했으나 현실적으로 아직도 많은 대학들이 학생의 연구실적을 궁금해 하고 있으며, 그 내용을 면접을 통해 자세히 확인한다. 그만큼, 소논문의 열기는 아직 식기엔 멀었다고 생각된다.

소논문을 작성할 때 가장 중요한 점이 세 가지가 있다.

첫 번째로 진로적합성을 드러내는 주제의 선정, 두 번째로 실현가능한 실험의 설계, 마지막으로 분석가능한 분석방법의 제안이다.

소논문의 학교생활기록부 기재 방식은 소논문의 제목과 참여인원, 참여시간만을 기재할 수 있도록 변경되었다. 소논문을 위한 과정과 노력을 적는 것이 극히 제한되기 때문에 자신의 진로와 관련된 주제의 연구로 선정하여 작명하는 센스를 발휘하는 것이 더욱 필요해졌다. 한 학교의 이름이 붙은 교내 과제탐구대회, 각종 R&E 소논문 대회의 개수를 고려해볼 때, 최소 1년에 한 가지 이상의 주제 정도는 늘 준비되어 있어야 한다. 연구 주제라는 것은(물론 사교육의 힘을 빌린다는 가정을 배제하였을 때) 생각보다 쉽게 나오는 것이 아니라는 것을 여러 학생들이 경험상 알고 있을 것이다.

소논문은 논문연구를 통해 얻어지는 것도 가능하지만, 창의적 실험설계와 그 분석과정이 빠진다면 수상권에 들기는 매우 어렵다. 과학전람회의 논문 분량은 30페이지 이내로, 교내 소논문대회의 경우에도 크게 다르지 않으며 20페이지는 넘어가야 수상이 가능하다 할 수 있겠다. 그 때문에 창의적 실험설계에 필요한 실험의 종류는 과학전람회 기준으로 2~3개 이상이라고 할 수 있으며, 그 분석방법까지 모두 계획이 되어있는 상태에서 실험을 설계해야 한다.

예를 들어, 화학과 관련된 진로를 희망하는 김미래 학생이 '끓는점 오름'에 대한 실험을 진행한다고 가정하자. 가장 먼저 해야 할 일은 연구주제에 대한 목차를 작성하는 일이다.

연구에 따라 약간 상이하지만, 기본 틀은 다음과 같은 형태에서 크게 벗어나지 않는다.

Ⅰ. 서론
Ⅱ. 이론적 배경
Ⅲ. 탐구과정
Ⅳ. 결론
Ⅴ. 참고문헌

서론 부분에서는 보통 탐구 동기와 탐구 배경과 목적을 서술한다. 필요한 경우 연구의 독창성도 넣어주면 더욱 좋다. 독창성 부분을 강조하기 위해선 선행 연구에 대한 조사가 들어가는 경우가 많은데, 유사한 연구가 있는지를 찾고, (또는 모체가 되는 연구를 선정하여 발전시킨 뒤)

나의 독창성에 대해 서술하는 것이 좋다.

이론적 배경에는 '끓는점 오름'이라는 주제의 과학적 원리에 대해 참고문헌조사를 통해 객관적인 사실에 대해 서술한다. 관련 과학적 이론은 물의 상태도나 어는점 내림, 몰농도와 몰랄농도 등의 사실에 대해 이론적 탐구를 진행한다. 이때, 인터넷 블로그 등의 자료를 참고하기보다는 교과서나 참고서 또는 전문 학술 논문을 참고하면 더욱 좋다.

가장 중요한 부분은 탐구과정과 결론일 것이다. 탐구과정에는 두세가지의 개별 연구과제들을 넣고, 준비물부터 연구를 진행한 순서와 방법을 자세하게 서술한다. 결론부분에서는 탐구결과와 분석, 한계와 향후과제, 결론 및 느낀 점에 대해 서술하도록 한다. 그 결과, 아래처럼 목차가 완성된다.

Ⅰ. 서론
1. 탐구동기
2. 탐구의 배경과 목적
 (1) 탐구의 배경
 (2) 탐구의 목적
3. 연구의 필요성 및 독창성

Ⅱ. 이론적 배경
1. 물의 상태도
2. 끓는 점 오름
3. 몰랄농도의 이해

Ⅲ. 탐구과정

1. 탐구과정의 준비

2. 탐구과정 및 실험

　탐구1:

　탐구2:

　탐구3:

Ⅳ. 결론

1. 탐구 결과 및 분석

2. 탐구의 한계와 향후 과제

3. 결론 및 느낀 점

Ⅴ. 참고문헌

　물론 탐구 1,2,3이 실험설계의 핵심적인 부분을 차지한다. 이때 탐구 1,2,3은 특정 조건을 다르게 하는 실험으로 설계하고, 그 결과물까지 미리 머릿속에서 어느 정도 설계가 되어 있어야 할 것이다. 실험부분에서는 몰랄농도 등의 변수를 다르게 설계할 수도 있고, 용질의 종류를 다르게 설계할 수도 있다.

3. 과학발명품경진대회

과학발명품 경진대회는 보통 교내대회에서 일차적으로 시·도 예선에 진출할 학생을 선발하며, 시·도 예선을 거쳐 전국본선대회로 나가는 스케일 있는 대회이다. 과학발명품 경진대회라고 생각하면 발명품만 개발하겠다고 생각하는 경우가 많다. 참가종목에 재활용을 활용한다던가, 과학교구 등을 개발하는 항목도 있기 때문에 꼼꼼히 살펴보고 나가는 것이 좋다. 가장 무난하게 접근할 수 있는 것이 발명품인데, 이 때 중요한 것은 제작부분에 대한 고려이다. 학생들이 가장 어려움을 느끼는 부분이 제작 부분이다. 학교마다 교내대회에서는 제작품을 요구하지 않는 경우도, 요구하는 경우도 있다. 이는 학교의 작년도 요강을 살펴보고 파악해둘 필요가 있다.

원래 시·도 예선전 이상에서는 총 세 가지의 산출물이 필요하다. 작품 요약서, 작품설명서, 그리고 제작된 발명품이다. 이 중 작품 요약서는 가장 간단한 형태의 산출물이다. 반면 작품설명서는 20p 분량으로 그 형태가 소논문과 유사하다. 교내대회 수상만을 목적으로 할 때, 제작품을 내라고 하지 않는 학교는 아이디어만으로도 충분히 수상을 할 수 있겠으나, 교내대회는 상위 대회를 위한 예선의 의미가 있으므로 상위대회로 진출할 가능성이 많은 작품이 선발된다는 뜻이기도 하다. 따라서 처음부터 제작이 가능한 주제를 선정하여 발명대회를 준비하는 것이 바람직할 것이다. 발명품의 제작은 처음부터 끝까지 100% 완벽하게 이루어지지 않아도 무방하다. 예를 들어, 기울임 센서를 이용하여 기울어지면 어플로 사용자에게 경고를 주는 제품을 만들고자 한다면, 기울임 센서를 이용하여 기울어지면 LED등으로 표시가 된다던지, 알람이 울린다던지 하는 정도의 성능이면 충분하다. 학생 수준에서 당장 교내대회를 위해 어플을 구현한다는 것 자체가 무리이기 때문이다. 운이 좋으면 교내 대회를 통과하고 일련의 과정을 선생님과 함께 진행할 수 있겠지만, 대부분의 학교에서 이에 대한 제대로 된 지도가 이루어지고 있지 못하다.

발명대회를 대비하기 위해서라면 관심 있는 분야의 발명스케치를 늘 준비해두면 좋다. 엄마가 튀김요리를 하실 때 기름이 튀어서 위험할 수도 있는 모습, 학용품을 사용할 때 느낀 불편함 등 몇 가지 발명 아이디어를 메모하다 보면, 그중에 충분히 의미 있는 재미있는 결과물이 나올 수 있다. 결국 발명품의 발명은 사용자의 불편함으로부터 온다.

학생에게 진짜 도움이 되는 교내대회 준비

앞서 언급하였듯이, 교내대회의 리스트를 준비할 때 이 대회가 정말 나에게 도움이 되는가를 먼저 살펴볼 필요가 있다. 최소한의 시간을 투자하여 최고의 효과를 내는 것이 중요할 것이다. 그러나 대회를 준비하는 시간이 '이 대회 준비하다가 공부 하나도 못 했어!' 정도로 치부되지 않기 위해, 학생의 자기계발에 도움이 되는 대회를 가지고 체계적으로, 철저히 준비하는 것이 더욱 필요하다.

1. 체험활동, 진로활동 관련

체험활동 보고서, 진로활동 보고서의 경우 각 활동을 충실하게 참가할 수 있는 계기가 될 수 있으며, 생활기록부에 자신의 진로와 연관 지어 서술할 수 있는 계기가 된다. 생활기록부상에 잘 적힐 수 있는 활동이므로, 충실하게 참여한 뒤 대입 면접에서까지 활용 가능한 활동이 될 수 있다는 점이 특히 매력적이다. 관련된 강의를 수강한 경우 적극적인 질문과 참여를 통해 자신의 적극성을 어필한다면, 보고서와 관련된 각종 교내시상 또는 생활기록부에서 좋은 결과물과 컨텐츠를 얻을 수 있다.

2. 자기소개서, 전공계열 및 학과 탐색하기 관련

흔히 있는 대회 중 하나가 자기소개서 쓰기 대회이다. 자기소개서를 고3 막바지에 작성하고자 하는 학생들은, 자신의 활동이 잘 정리되지 않고 어떤 소재를 어떻게 써야하는지 막막한 경우가 대부분이다. 교내 대회 참가와 수상 여부를 떠나서 자기소개서를 미리 작성해보는 활동은 학생부종합전형 대비를 위한 필수 과정이라 할 수 있다.

자기소개서의 내용구성은 굉장히 중요한 부분이다. 자신의 주요 활동들 중 의미 있게 생각하는 활동을 중심으로 구성하다 보면 자신이 자기소개서의 부족한 부분이 어느 곳인지를 깨닫고, 그에 맞는 활동을 남은 시간 동안 더 채워나갈 수 있다는 장점이 있을 것이다. 따라서 자기소개서의 경우에는 최소 2학년이 끝나기 전에 한번 구성을 해보길 추천한다. 그런 의미에서 교내에 존재하는 자기소개서 쓰기 대회는 학생으로 하여금 미리 준비할 수 있는 자세를 길러줌과 동시에 부족한 부분을 채워줄 수 있는 긍정적인 요인으로 작용한다.

더불어, 전공계열 및 학과 탐색하기는 되도록 빠른 시간 내에 이루어지는 것이 좋다. 일회성에 그칠 것이 아니라 매년 반복하여 수행해보는 것이 좋다. 이러한 활동은 학생의 목표설정에 큰 도움이 된다. 단순히 어떤 과들이 존재하며, 어떤 것을 배우는가에 대한 조사는 기본 중에 기본이라고 할 수 있겠다. 자신의 진로 희망사유에 맞는 과는 어떤 과들이 존재하는지, 자신의 성적과 활동영역을 비추어 볼 때 어느 쪽으로 진학하는 것이 유리한지를 종합적으로 판단하는 것이다.

대부분의 학교가 작년도 입시결과를 홈페이지를 통해 공개하고 있는 경우가 많다. 학교마다 조금은 공개정보가 상이하지만 작년 합격생들의 내신 평균성적, 최저내신 등의 정보를 관심 있게 찾아보고 장·단기적 목표를 세우는 것이 학생에게 큰 원동력이 될 수 있다. 각 대학의 입학처 홈페이지를 참고하면 수시모집요강에서 내신 성적의 산출방법, 비교과 영역의 비중 등을 공개하는 경우도 많다.

3. 면접에 도움이 되는
독후감대회, 토론대회, TED 발표대회 등

우리나라의 학생들은 어린 나이부터 책을 읽고 나서 독후감을 적도록 훈련받고 있다. 그래서인지 독후감 대회란 진입장벽이 가장 낮은 대회라고 할 수도 있을 것이다. 분량자체도 많지 않고, 어차피 해야 할 독서를 하면서 나갈 수 있다.

학생들은 그동안 독후감을 적을 때 책의 요약을 적어내는 경우가 많았고, 독후감 대회에서도 자연스럽게 책의 내용을 파악하여 그 내용을 요약하는 방식으로 참가한다. 그러나 독후감 대회는 책의 내용을 요약하는 대회가 절대 아니다. 오늘날의 독후감 대회의 수상작들은 거의 논술문과 유사하다. 책을 읽고 요약을 어떻게 하는가는 중요하지 않다. 책의 요지는 혹시 책을 읽어보지 않은 심사위원이 읽을 때를 대비하여 애피타이저로 간략하게 정리하고, 학생 스스로의 생각과 해석을 메인 요리로 삼아야 한다. 이때 책의 주제는 가장 중요한 요소일 수 있겠지만, 학생의 의견은 꼭 책의 주제에 국한되지 않는다. 책에서 무언가 숨은 이야깃거리를 발견했다면 그것을 위주로 풀어가는 것도 추천할 만하다. 더욱이 책은 면접의 좋은 소재이기도 하다. 실제로 생활기록부 상에 올라가 있는 책들은 무작위 질문세례를 통해 학생을 당황시키는 면접요소 중 하나이다.

토론대회와 TED 발표대회의 경우 학생들의 발표력과 질문에 대답하는 힘을 길러준다. 면접이란 것은 면접관의 질문에 잘 대답하고, 자신의 의견을 조리 있게 피력할 수 있어야 하는 것인데, 이 대회들은 면접에 필요한 기본적인 소양을 길러준다. 필자는 다양한 성적의 학생들의 입시 컨설팅에서 면접까지 다양하게 지도해본 경험이 있는데, 사실 면접의 실력은 상당히 중장기적으로 준비해야 하는 측면이 있다. 한 가지 공통적인 점은, 면접의 종류를 가리지 않고 토론대회와 TED 발표대회를 여러 번 참여해본 경력이 있는 친구들이 훨씬 자연스럽게 면접에 임한다는 것이다.

면접은 크게 각종 시사에 대한 토론능력과 전공분야의 문제풀이 능력이 필요한 심층면접, 지원자의 잠재력, 전공적합성, 인성 등을 종합적으로 평가하는 인성면접이 존재한다. 상위권 대학의 경우 심층면접과 인성면접이 동시에 존재하는 경우가 많다. 대부분의 중상위권 이하의 대학은 인성면접에서 '서류의 진위성 여부 평가'를 중요하게 생각하고 있다. 학생부종합전형을 준비한다면 면접은 고려해야 할 필수 관문이다. 면접과 자신의 역량을 높일 수 있는 해당 대회들을 준비해보는 것은 결코 시간낭비가 아닐 것이다.

생활기록부 기재방식
변경에 따른 대회 참가여부

생활기록부의 기재방식은 그동안 학생부 권한 및 기재 관련하여 명확한 기준 등의 제시에 대한 요구가 지속적으로 있어 왔다. 따라서 2017년부터 학생부 제도, 기재방식, 나이스 시스템, 책무성 강화 및 인식개선의 4대 중점 개선과제를 발표하고, 이에 대한 개선이 대폭 이루어졌다.

입력주체의 경우, 그간 담당교사가 명확히 정해지지 않았던 부분에 대한 대폭 개선이 이루어졌다. 진로 희망사항은 담임교사가, 창제 자율·동아리·봉사 특기사항의 경우 자율과 봉사는 담임교사가, 동아리활동은 동아리 지도교사가 작성한다. 교과학습발달사항 세부능력 및 특기사항의 경우에는 교과담당교사와 담임교사가 기재할 수 있게 하였으며, 방과후학교의 경우에도 교과담당교사와 담임교사가 기재가능하다. 행동특성 및 종합의견의 경우도 담임교사가 작성할 수 있다. 실무적인 측면에서는 그동안에도 입력주체에 크게 차이가 있진 않았기 때문에, 사실상 입력 주체를 명시하였다는 것 외에 크게 달라진 점은 없다.

기재 방식의 개선은 사실 더 큰 관심사 중 하나이다. 표준 가이드라인을 제시하며 기재 예시를 활용하여 좀 더 정형화된 생활기록부 기재 방식으로 변경하고자 하였다. 수상의 경우에는 학교별로 사전 등록된 교내상만을 기재하며 수상 사실 포함 참가 사실 등 모든 부분에서 수상 경력 이외에는 기재를 불가능하도록 하였다.

진로희망사유에는 관심분야나 희망 직업을 기재하는데, 이는 진로설계 및 변경 등을 고려한 것이다. 학부모의 진로희망과 특기는 사라지게 되었고 흥미 부분도 사라졌다. 예전에는 진로희망을 특정 직업을 기입해야 했는데, 한 분야에 대해 포괄적 흥미를 가지고 있는 학생이나, 다방면에 흥미를 가지고 있는 학생의 경우 진로희망의 기재에 어려움을 느끼곤 했다. 특정 직업이 아닌, 분야를 기재할 수 있도록 하는 것은 긍정적으로 평가된다. 그 외 교과학습발달상황 세부능력/특기사항은 학습과정과 성취도를 기준으로 기재하며, 방과 후 활동은 강좌명과 이수시간을 기재토록 하여 통일성이 있도록 하였다.

사실 가장 큰 관심을 끌었던 개선사항은 소논문 등으로 대표되는 자율탐구활동일 것이다. 소논문의 대필, 사교육의 개입 없이 학생이 주도적으로 해나가기가 어려운 현실상황에서, 교육과정 내에서 사교육 없이, 학생이 주도적으로 수행한 과제만 기재하도록 변경되었다. 특히 제목과 참여인원, 참가시간만 생활기록부에 기재되도록 가이드하고 있다.

기존 기재 사례					개선 기재 사례		

기존 기재 사례

학년	특기 또는 흥미	진로희망		희망사유
		학생	학부모	
1	홈베이킹	파티쉐	파티쉐	요리하는 것을 즐기고 홈베이킹에 대한 해박한 지식을 갖고 있으며 (이하 생략)

개선 기재 사례

학년	진로희망	희망사유
1	요리분야	요리에 대한 해박한 지식을 갖고 요리하는 것을 즐기며(이하 생략)

출처 : 교육부

기존 기재 사례

학년	특기 또는 흥미
(1학기) 과학	과학기술 분야에 관심이 많으며, 과학기술의 기본이 현재 배우는 내용의 적용과 새로운 방식의 도입으로 발전한다는 것에 주목하며 과학기술자로서의 꿈을 키워감. 방과후학교 과학실험반(60시간)을 수강하는 과정에서 참여도 높고 뛰어난 발표력을 보임.

개선 기재 사례

학년	특기 또는 흥미
(1학기) 과학	빛의 세기와 파장에 따른 광합성률 변화 실험 활동에 필요한 실험기구를 능숙하게 다루고 각 실험에 맞게 실험기구 및 환경을 세팅하였으며, 실험 결과 얻어진 정보를 활용하여 그래프로 변환하는 능력과 그래프를 해석하는 능력이 돋보임. 방과후학교 과학실험반(물리 및 화학 이론을 실험을 통해 습득), 60시간 수강

출처 : 교육부

　　독서의 경우, 독서 성향 등을 포괄적으로 기재하였던 과거와는 달리, 읽은 책의 제목과 저자만 기재하도록 하였다. 결론적으로는 면접에서 독서활동에 대한 질문을 통해 진위 여부를 판가름할 수 있는 가능성이 제기된다.

　　그 외 영역에서는 큰 변화는 기재역량과 기재수준을 최소화하고자 하는 시도는 있었으나, 결국 교사의 개인의 관찰을 통해 구체적으로 기록되어야 하는 영역이다. 적게는 수십 명부터 많게는 수백 명의 생활기록

독서활동상황 기재 개선예시

	기존 기재 사례	
학년	과목 또는 영역	독서 활동 상황
1	국어	(1학기) 평소 문학 책을 좋아하여 '아홉 살 인생(위기철)', '자전거 도둑(박완서)', '불균형(우오즈미 나오코)'처럼 교과서에 실린 소설들을 찾아 읽고 청소년 소설을 쓰는 작가의 꿈을 갖게 됨.

	개선 기재 사례	
학년	과목 또는 영역	독서 활동 상황
1	국어	(1학기) '아홉 살 인생(위기철)', '자전거 도둑(박완서)', '불균형(우오즈미 나오코)', '자전거 여행(김훈)'

출처 : 교육부

행동특성 및 종합의견 기재 개선예시

	기존 기재 사례
학년	행동특성 및 종합 의견
1	(학습 준비) 학습에 필요한 준비물을 챙기는 습관이 잘 형성되었고, 주변 현상에 대해 호기심이 많음. (관계지향성) 항상 친구들과 사이좋게 지냄. 수업 시간에 다소 산만하여 집중을 하지 않는 경우가 있지만, 학급에서 정한 규칙을 잘 지키고 자신의 생활을 되돌아보며 반성하는 태도가 바람직함. (협력) 매사에 의욕이 강하며 공동의 일에 항상 적극적으로 참여함. (학업) 수학과 문제 해결력이 이수하고 셈하는 속도가 빨라 수학과 학업 성취가 우수함.

	개선 기재 사례
학년	행동특성 및 종합 의견
1	1학기 중간고사 성적표를 받고 나서 결과에 스스로 만족하지 못하여 비슷한 성적을 가진 친구와 학습 멘토-멘티를 정하여 서로 부족한 공부를 가르쳐 주는 협동 학습을 하면서 친구들을 배려하는 모습을 보임. (이하 생략)

출처 : 교육부

부 기재가 교사 개개인에게 주어진다는 점에서 그 한계가 아직은 존재한다고 할 수 있겠다.

적용 시기는 2017년부터 대부분의 영역이 전면 적용이지만, 수상경력과 진로희망사항은 2018년 기준 고3 학생들의 경우에는 적용받지 않고, 고2 이하의 학년부터 적용받는다. 그 외의 항목은 모두 일괄 적용된다.

이처럼 변경된 생활기록부 기재방식에 의하여, 가장 자유롭게 활용가

중점 개선 과제	세부 개선 과제	적용 대상	적용 시기(년도)		
			2017	2018	2019
대기업	학생부 항목별 기재방식 개선	초·중·고	시행	계속	계속
	수상경력 기재양식 변경	초·중·고	초1 중1 고1	초1,2 중1,2 고1,2	초1,2,3 중1,2,3 고1,2,3
	진로희망 사항 기재양식·기재방식 변경	초5,6·중·고	초5 중1 고1	초5,6 중1,2 고1,2	초5,6 중1,2,3 고1,2,3
	기재예시 개발 및 적용	초·중·고	시행	계속	계속

학교생활기록부 기재 개선방안
출처 : 교육부

능 한 활동은 동아리 활동이라 할 수 있을 것이다. 동아리의 개수가 딱히 제한되고 있지 않으며, 원하는 경우 자율동아리를 조직하여 활동하는 것이 가능하다. 주동아리와 자율동아리를 적절히 활용하면, 자신의 전공적합성과 관심사를 생활기록부상에 드러낼 수 있다.

대회의 참가 사실에 대해서는 철저하게 기재를 제한하고 있으나, 수상을 하지 못했다고 하여 학생의 산출물이 가치 없다고 평가할 수는 없을 것이다. 오히려 수상 여부보다 학생의 노력과 과정이 중요한 것인데, 수상을 하지 못하였다고 하여 생활기록부상에 기재하지 못하도록 하는 것이 과연 옳다고 할 수 있을까? 방법이 없는 것은 아니다. 소논문 또는 각종 보고서의 경우, 얼마든지 재생산하여 동아리 등에서 활용하는 것도 방법이 될 수 있을 것이다.

CHAPTER 6

아낌없이 채우는
자기소개서

내가 원하는 대학

'네가 원하는 대학은 어디니?'

학년을 불문하고 수험생들에게 자주 물어보는 질문이다. 보통 이러한 질문에 학생들은 자신의 성적보다 조금 높은 레벨의 대학을 지목한다. 그리고는 다소 아쉬운 표정을 짓거나 자신이 취약한 과목에 대한 이야기를 늘어놓기가 일쑤이다. 그러면 다시 또 다른 질문을 던진다.

'네가 원하는 대학은 어땠으면 좋겠니?'

이 질문을 받은 학생들은 또다시 대부분 잠시 멍해지다가 씽긋 웃곤한다. 낭만적인 대학생활의 일부를 늘어놓거나 대학 탐방 때에 보았던 대학의 정경들을 표현하기 바쁘다. 이러한 장면은 대부분의 수험생들이 학업에 임할 때 갖는 많은 오류 중의 하나이다. 수험생의 잘잘못이 아닌 대학을 바라보는 시각을 '입시'에만 포커스를 두었기 때문이다. 한국에서

'입시'라는 타이틀에 옴짝달싹하지 않을 수험생과 학부모는 거의 없다.

우리나라 수험생들은 착하게도(?) 나름 자신이 가고 싶은 대학의 서열을 정해서 그 대학만이 세상의 전부인 듯 모든 에너지를 쏟는다. 반면 자신의 인생, 꿈, 직업에 대해서는 추상적으로만 생각할 뿐 구체적인 그림을 그리지 못한다. 그러다 보니 본인들이 원하는 대학에 대해서는 진지하게 생각해본 적이 없다. 가고자 하는 대학이 어느 분야에 강점을 보이는지, 내가 심도 있게 다루고자 하는 전공이 어느 대학에서 최강의 자리인지를 고려해야 한다. 같은 전공의 교육과정을 학교마다 살펴본다든가, 교수진들의 세부전공과 논문의 주제를 고찰해보는 방법도 매우 진취적이다. 물론 수험생 혼자의 힘으로는 검증하기 어렵기 때문에 주변에 포진되어 있는 대학 정보와 서적의 도움으로 눈을 넓힐 수 있을 것이다.

대학은 선발의 주체가 되기도 하지만 거꾸로 생각하면 대학을 선택하는 주체는 수험생들이다. 대학에서 훌륭한 인재를 유치하고자 하는 만큼 수험생들도 대학의 질을 따지고 고려하여 선택해야 한다. 선택하는 수험생이 있기에 대학도 존재할 수 있기 때문이다. 다시 말하면 대학과 수험생이 서로를 선택할 수 있는 상호적인 관계를 놓치지 말아야 한다. 내가 가고 싶은 대학, 내가 다루고자 하는 전공에 대해 진지하게 생각하고 접근하려는 의지가 있다면 장차 스승이 될 교수에 대해 한번 궁금해 하는 것이 일반적이지 않은가? 단순히 점수를 대학에 끼워 맞추어 굴러가는 바퀴나 나사와 같은 존재의 대학이 아닌 진리탐구에 목적을 두고 접근하는 지성의 상아탑이 되어야 할 것이다.

대학이 원하는 신입생

우리나라 고3의 모습을 지켜보고 있노라면 인간이 느낄 수 있는 모든 감정을 가장 짧은 시간 내에 보여주고 있다는 사실에 감탄한다. 그만큼 그 여정이 굴곡지고 쉽지 않다는 점을 상징적으로 보여주고 있다. 여러 가지 입시 전형에 대비해야 하는 현실적인 어려움과 시간적 제약에 어려움을 토로하고 있는 것이다. 그만큼 대학이 원하는 능력의 조건이 다양하고 다채롭다.

그 와중에 커다란 그림으로 보자면 정시보다는 수시의 비율이 점점 높아지고 있는 추세이다. 그만큼 학생기록부의 중요도가 올라가고 있는 실정이다. 그에 따라 내신을 포함한 다양한 학교생활의 기록들을 통해 대학에서는 수험생의 자질을 확인하고 선별하고 싶은 것이다. 우리는 그 자질의 기준에 맞추기 위해 학생기록부에 모든 노력을 쏟는다 해도 과언이 아니다. 교과 내신 성적과 비교과활동 내용을 종합하여 고교 3년 동안의 역사를 들여다보고 싶은 것이 대학 측의 기본 마인드이다. 단순히 학생의 성적만으로 선발하기에는 역부족이므로 비교과영역의 활동^{독서활동, 동아리활동, 봉사활동 등}도 꼼꼼히 살펴본다.

그렇다면 진정으로 대학에서 원하는 신입생의 자질은 어떠한 것일까? 이 질문은 왜 우리가 일 년에 네 번 교과 시험을 치르고, 전국연합 모의고사를 치르고, 12년 공부의 결실일 수도 있는 수학능력시험을 치르는가에 대한 근원적인 질문이다. 다시 말하면 교과 내신 영역은 수험생의 수학능력^{修學能力}을 바탕으로 전문적인 전공 지식을 습득할 수 있는가에 대한 물음이다. 또한 비교과영역^{독서활동, 동아리활동, 봉사활동 등}은 전인적인 지성인으로서 성장이 가능한가에 대한 의문이다. 인지적, 정의적 발전 가능성을 눈여겨보는 것이 대학 입시의 포인트이다.

자기소개서는 왜 쓸까?

십여 년 전부터 대학입시에 등장한 '자기소개서'는 우리가 일반적으로 알고 있는 통과의례적인 과정 중의 하나로 여겨왔다. 일반적인 성장과정을 쓰거나 자신을 알리는 일화를 소개하고 성격의 장단점 정도를 쓰는 것이라고 넘겨버리기 일쑤였다. 그래서 대학입시에 자기소개서를 작성하는 것이 낯설면서도 자연스럽게 받아들여지기도 하였다. 그러나 해가 거듭될수록 수시 전형의 자리가 커짐에 따라 자기소개도 새롭게 재조명되었다.

'선생님, 자기소개서는 도대체 왜 써요?'

한참 자기소개서를 작성하던 한 학생이 등을 젖히며 묻는다. 학생기록부는 여기저기 널브러져 있고 노트북에 코를 박다가 한숨을 크게 내

쉬고는 이 질문을 뒤늦게 던진다. 대한교육협의회(대교협)에서 공통으로 설정한 문항들이 막막하다 못해 이것을 왜 쓰고 있는가에 대한 본질적인 물음을 던지는 것이다. 아마 이 질문을 할 정도면 답답함의 극치를 맛본 수험생일 것이다. 이에 대한 답은 명료하다.

'너를 보여주려고!'

자기소개서는 학생부종합전형에서 필수적인 서류로서 지원자를 대면하지 않고 수험생의 가치관, 특기 등을 파악할 수 있는 중요한 평가 요소이다. 그렇기 때문에 학생기록부에 기록되어 있는 교과활동 및 비교과 활동은 저절로 이뤄지는 것이 하나도 없다. 학생기록부에 적혀 있는 수많은 객관적인 활동 내용을 생생하게 펼치며 학생기록부의 행간을 보여주기 위함이다. 그 행간에 담겨 있는 활동 과정, 에피소드, 좌절, 극복과정 등을 보여줌으로써 대학 입시의 선발대에 자신을 진열하는 것이다. 아주 솔직하고 담담하게 말이다. 자신의 고등학교 생활의 '역사'를 통해 자신을 제대로 보여주는 것이다.

좋은 자기소개서란 무엇일까?

　매년 삼복더위와 함께 찾아오는 것은 대학 입시의 꽃, 자기소개서의 압박이다. 봄이 지나기가 숨차게 5월부터는 초안을 작성하고 수없이 수정하는 과정을 거쳐 8월 정도에는 완성본이 나온다. 고등학교 3학년 1학기에 학생기록부를 마감하면서 그 내용도 변화가 생기기 때문에 백일이 넘는 시간동안 공을 들인다. 9월 중순을 전후로 하여 대부분의 대학의 수시전형의 한 분야인 자기소개서를 입력하는 시기에는 노트북을 항상 지참하는 것이 필수가 될 정도이다.

　대부분의 수험생들은 중간고사가 끝나기가 무섭게 진행되는 교내대회 일정을 소화하느라 그 대회를 준비하게 된 계기 정도도 가물거린다. 기억을 더듬고 더듬어서 과거로 돌아가 그 때 내가 어떤 생각을 했는가에 대해 쓰는 경우가 매우 빈번하다. 쓰고 고치고, 쓰고 고치고를 반복하다 보면 처음에 써 내려갔던 자기소개서와는 다른 그림으로 탄생되기도 한다. 수많은 퇴고의 과정을 거친다 하더라도 흡족한 자기소개서를 내 손에 넣는다는 것이 쉽지만은 않다. 그렇다면 어떤 자기소개서가 좋은 자기소개서일까? 이 대답 또한 명료하다.

'너의 이야기를 잘 들려주는 거야!'

여기서의 포인트는 '잘'이라는 수식어이다. 말로는 쉽다고 하는 사람도 있을 것이다. 하지만 자신의 역사를 대한교육협의회(대교협) 문항에 적절한 경험을 취사선택하여 펼쳐 내려간다면 가능한 일이다. 수많은 활동 내역이 있다고 하더라도 적합한 활동을 선택하지 못하고 활동 내용을 구체화하지 못한다면 '살아 숨쉴 수 있는' 학생기록부는 생명력을 잃을 수도 있다.

자기소개서 공통문항

1번 문항

대한교육협의회(대교협)에서는 2015학년도 대학입시에서부터 학생부종합전형이라는 용어가 사용되면서 교과영역과 비교과영역을 공통문항 1번과 공통문항 2번으로 나누었다. 그중 공통문항 1번은 고등학교 생활 중에서 교과영역 활동의 성취도 파악을 목적으로 하는 문항이다. 문항의 구체적인 서술은 다음과 같다.

| 공통
문항
1 | 고등학교 재학기간 중 ①학업에 기울인 노력과 학습 경험에 대해, ②배우고 ③느낀 점을 중심으로 기술해 주시기 바랍니다. (1000자 이내) |

교과 영역을 다루는 위 문항에서 '①학업에 기울인 노력'이라는 구절은 수험생 스스로 특정 교과를 선정하여 학습 목표, 학습 내용, 학습 방

공통문항에 들어가는 필수 반영 요소

∨ 취약과목 극복과정   ∨ 수행평가 모둠활동   ∨ 교내경시대회

∨ 흥미로운 학습과정   ∨ 독서활동

법 등을 학습 계획을 세워 실천하는 자기주도적 학습 활동을 평가하기
위함이다. 여기서의 핵심은 '계획'과 '실천'이다. 즉, 자신이 어떠한 이유
로 어떠한 계획을 세우고 얼마나 구체적으로 실천했는가가 관건이다.

'②배우고'라는 구절은 학습 경험의 구체적인 내용을 묻는 것이다. 여
기서의 핵심은 학습의 과정이다. 거창한 학습의 내용과 과정이 아닌 매
일 접하는 교과에서 그 과정을 찾는다. 학습 경험을 늘어놓기보다는 노
력을 기울였던 과정에 집중한다. 또한 지원하려는 학과와의 연계성을
고려하여 그 과정을 구체적으로 서술해야 한다. 진로에 적합한 내용이
어야 한 편의 완결된 자기소개서가 완성되는데 그 첫 단추가 될 것이다.

'③느낀 점'이라는 구절은 참으로 주관적이기에 포괄적이고 추상적일
수 있다. 이 부분이 수험생들이 힘들어 하는 부분인데 자신의 느낌을 '구
체화'하는 것에 많은 어려움을 토로한다. 이는 그 '느낌'에 적합한 구체적
인 어휘의 선택이 난해하기 때문이다. 느낌에 해당하는 적절한 어휘를 선
택하는 어려움은 독서를 수반하지 않은 시간들의 잔해가 되기도 한다.

이를 해소하기 위해서는 초안 작성 후에 고치고 또 고치는 작업이 있
어야 한다. 글을 쓰고 나서 여러 번 스스로에게 질문하고 의문을 가지고

연구하는 과정만이 자신의 느낌을 구체화할 수 있는 것이다.

2번 문항

대한교육협의회(대교협)에서는 2015학년도 대학입시에서부터 학생부종합전형이라는 용어가 사용되면서 교과영역과 비교과영역을 나누었는데 그중 비교과영역을 다루는 문항이다.

공통 문항 2 고등학교 재학기간 중 ①본인이 의미를 두고 노력했던 교내활동을 ②배우고 ③느낀 점을 중심으로 3개 이내로 기술해 주시기 바랍니다. (1500자)

'①본인이 의미를 두고 노력했던 교내활동'에서는 교과영역 외의 비교과영역을 다루는데 그 내용은 학교 동아리활동, 봉사활동, 체험학습에 대한 구체적인 활동을 표현함으로써 자신의 성취도를 보여주는 것이다. 자신이 어떠한 활동을 했는지에 대한 큰 줄기 세 가지를 제시한다. 이때 전공이나 진로와 직결되는 것을 연계하여 제시하는 것이 바람직하다.

또한, 교외활동의 경우는 학교장의 허락을 받은 활동이어야 인정할 수 있기 때문에 교내활동의 영역에 한정된다. 예를 들면 공인어학성적, 수학, 과학, 외국어 교과에 대한 교외 수상실적 등은 포함할 수 없다.

'②배우고'에서는 비교과영역 활동 내용이 구체화되어야 한다. 일반적으로 동아리 활동에서는 진로와 관련 있는 자율동아리 기획, 활동, 성과 등에 대해 기술한다. 상설 동아리 활동만큼 자율동아리 활동 내용이 창의적이기 때문에 더욱 매력적으로 보일 수 있다.

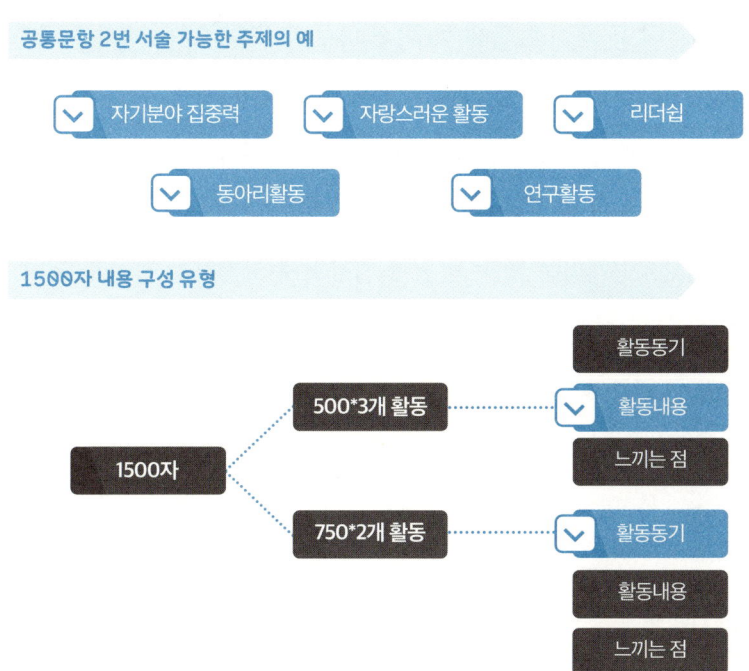

공통문항 2번 서술 가능한 주제의 예

- ∨ 자기분야 집중력
- ∨ 자랑스러운 활동
- ∨ 리더쉽
- ∨ 동아리활동
- ∨ 연구활동

1500자 내용 구성 유형

1500자
- 500*3개 활동
  - ∨ 활동동기
  - ∨ 활동내용
  - 느끼는 점
- 750*2개 활동
  - ∨ 활동동기
  - 활동내용
  - 느끼는 점

봉사활동에서는 어떤 계기로 봉사활동을 시작하였고 기억에 남는 활동 등을 자세히 서술해야 한다. 다문화가정, 독거노인, 장애인 등을 대상으로 하는 활동 등을 기본으로 전공 관련성을 모색해야 할 것이다.

'③느낀 점'에서는 공통문항 1번과 동일하게 지원하려는 학과와의 연계성을 고려하여 그 과정을 구체적으로 서술해야 할 것이다. 비교과영역인 만큼 활동 내용이 다양하기 때문에 그 과정 등을 상세히 적어, 대학교 입학 후의 발전 가능성을 알아보기 위함이다. 느낀 점을 적을 때에는 느낀 점을 따로 분리하여 서술하기보다는 과정 중에 느끼는 감정, 태도 등을 자연스럽게 녹아내리게 하는 것이 더 바람직하다.

'④3개 이내'에서는 일반적으로 수험생들은 1500자 내외라는 글자 수의 압박 때문에 세 개의 활동을 500자씩 나누어 서술하려는 계획을 세운다. 그러나 500자 안에 각 한 개의 활동에 대한 과정, 느낌, 태도 등을 녹아내리게 하는 것은 쉬운 일이 아니다. 또한 나머지 두 개의 활동과의 연계성을 고려하여 한 편의 완벽한 글을 구성하는 것 또한 만만치 않은 일이다. 그러므로 3개라는 활동 범위에 지나치게 고정하지 않아도 된다. 오히려 한 두 개의 활동을 심도 있게 구체적으로 드러내는 것이 더욱 알찬 방법일 수 있는 것이다.

3번 문항

고등학교 생활 중에서 인성 영역의 성취도에 대한 문항이다. 이 문항은 2013학년도에 처음 등장하여 지금까지 대한교육협의회(대교협)에서 출제되고 있다. 교과영역, 비교과영역과 함께 공통출제문항으로서 수험생의 인성을 파악하기 위함이 그 목적이다.

> **공통 문항 3**
>
> ①고등학교 생활 중 ②배려, 나눔, 협력, 갈등 관리, 리더십 등을 실천한 사례를 들고, 그 과정을 통해 ③배우고 느낀 점을 기술해 주시기 바랍니다. (1000자)

'①고등학교 생활 중'이라는 조건에 유의하여 작성의 기본 틀을 잡아야 한다. 학생기록부의 내용을 그대로 녹아내리게끔 해야 하기 때문에 기간을 설정한 것이다. 소재의 부족이나 반대급부로 스펙 경쟁이라는 부작용을 미리 제한하기 위해서다. 교외활동이나 초, 중학교의 이야기를 서술하는 경우가 많은데, 이 기간을 지키지 않는 것에 대한 감점은 매

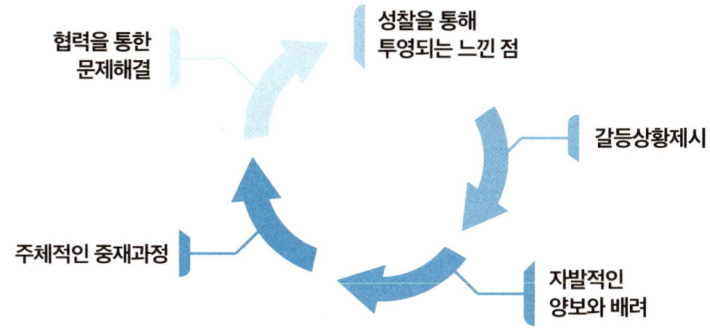

협력을 통한
문제해결

성찰을 통해
투영되는 느낀 점

갈등상황제시

주체적인 중재과정

자발적인
양보와 배려

우 크다. 그러므로 고등학교의 학생기록부를 바탕으로 하는 내용으로만 구성을 해야 한다.

'②배려, 나눔, 협력, 갈등 관리 등을 실천한 사례'라는 조건은 얼핏 보면 배려, 나눔, 협력, 갈등 관리 등을 모두 취합하여 기술해야 한다는 것으로 보인다. 이러한 세부항목에 대해 배우고 느낀 점을 모두 적는다는 것은 현실적으로 많은 어려움을 갖는다. 그래서 이러한 우를 범하지 않고 가장 자신을 크게 드러낼 수 있는 한두 가지 만으로 내용을 치밀하고 구체적으로 구성하는 것이 바람직하다. 단순히 학생기록부의 내용을 나열하는 것이 아닌 구체적인 작성이 훌륭한 자기소개서의 지름길이다.

'③배우고 느낀 점'이라는 조건은 공통문항 1번과 2번에서 동일하게 평가되는 요소이다. 학생기록부에 적힌 내용을 구체적으로 드러내는 역할을 하기 때문에 그 중요도는 무시할 수 없다. 공통문항에서 '배우고 느낀 점'을 서술할 때에는 진로 방향이나 전공과의 적합성을 고려해야 할 것이다. 이것은 공통문항에서의 반 이상을 차지하는 중요평가 항목이다.

자기소개서 자율문항

자기소개서는 총 4개의 문항으로 구성이 되는데 1번부터 3번까지의 문항은 대한교육협의회(대교협)에서 공통적으로 출제된다. 문항 4번은 대학교별로 자유롭게 출제되는 문항으로서 대표적인 5가지 문항을 소개하고자 한다.

1. 지원동기, 학업계획, 진로계획

자기소개서 4번 문항의 반 이상을 차지하는 문항으로서 수험생의 비전을 가장 많이 물어보는 평가요소이다. 해당 학교와 학과에서 입학사정관들이 유심히 보는 문항으로, 이를 작성할 때에 집중해야 할 부분이 있다.

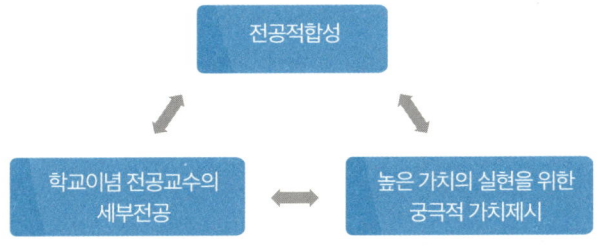

- 지원동기와 진로계획을 중심으로 서울대학교가 지원자를 선발해야 하는 이유를 기술하여 주십시오. (서울대학교)
- 지원동기와 지원한 분야를 위해 어떤 노력과 준비를 해왔는지 기술하세요. (고려대)
- 입학 후 학업계획과 향후 진로계획에 대해 기술하세요. (이화여대)

첫째, 지원동기를 서술할 때에는 해당 학교의 개교 이념에 주목해야 한다. 대부분은 사랑, 봉사, 헌신 등을 내세우고 있는데 그 이념 하나하나를 직접 언급하지 않고 구체적인 내용에 녹아내리게 하는 것이다. 이 학생이 다른 학교가 아닌 우리 학교에 입학하고자 하는 이유를 찾아내는 것이 입학사정관의 역할이기 때문이다.

둘째, 학업계획을 서술할 때에는 해당학과의 세부전공에 대한 기본 정보를 알고 있어야 한다. 추상적으로만 생각하는 전공으로 접근한다면 그 허술함은 어느 누구에게도 보여 질 것이다. 이를 미연에 방지하기 위해서는 해당 학과 홈페이지를 적극 활용한다. 학과장을 비롯한 다른 교수들의 세부전공을 파악하고 교수진들의 최근 논문제목을 탐구하여 연구하고 있는 테마들에 관심을 가지는 것이다. 또한 해당 학과의 학년별 교육과정을 전공필수 과목과 전공 선택 과목 중심으로 탐구하여 자신의 학업계획을 구체적으로 세운다. 어설프게 어학공부나 해외연수 계획 등을 계획의 일부로 내세우지 말고 학과 전공에 대한 탐구를 기반으로 하는 구체적인 학업 계획이어야 한다.

셋째, 진로계획을 서술할 때 최근의 트렌드를 읽고 접근하는 방식이 있다. 트렌드를 읽을 수 있도록 전공 관련 기사를 수집하거나 해당분야의 전문가 인터뷰 내용을 참고하는 것이 바람직하다. 멘토로서 모델링할 수 있는 전문가의 과거 행적을 살펴보는 것도 좋은 방법이다. 또한 세계적 기업이나 사회적 기업을 모범으로 하는 좋은 사례를 탐구하여 적용해보는 것도 좋다. 자신이 이 전공을 왜 선택했는가에 대한 진지한 고찰과 구체적인 학업계획이 세워진다면 그에 알맞은 맥락의 진로계획이 수립될 것이다.

2. 가정환경, 성장과정

수험생이 어떠한 환경에서 성장했는가를 묻는 문항으로, 학업계획과 진로계획을 묻는 문항 다음으로 많이 다뤄진다. 초등학교부터 자주 접하던 질문이지만 쉽게 적을 수 있는 사람은 흔치 않다. 무엇에 포커스를 두어야 하는가에 대한 핵심만 있다면 그렇게 힘든 문항은 아닐 것이다.

- 지원자의 개인적 환경(가정, 학교, 지역, 국가 등)에 대해 설명하고, 그 환경적 특성이 지원자 자신의 삶에 미친 영향을 경험적 사례를 들어 구체적으로 기술하여 주십시오.(연세대)
- 성장과정이나 가정환경이 자신의 삶에 미친 영향을 구체적으로 서술하시오.(성균관대)
- 자신의 삶에 영향을 미친 결정적인 사건이나 경험에 대해 기술하시오.(한국외대)

첫째, 가족의 이야기가 아닌 자신에 대한 이야기를 한다. 가족의 구성원임을 지나칠 수는 없는 이야기지만, 가족이 중심이 되기보다는 자신을 중심으로 써내려가야 할 것이다. 가족의 역사를 듣고자 하는 것이 아니라 수험생 자신의 역사를 듣고자 하는 것임을 명심하자.

둘째, 수많은 성장 과정을 모두 다루지 않아도 된다. 태어나서 지금까지의 과정을 모두 나열하기에는 그 내용이 다른 수험생과 비슷할 것이다. 특별하고 험난한 과정이 아닌 이상 대부분의 수험생들의 인생 곡선은 일반적으로 일치하는 점이 많다. 대신 그중에서 특별히 수험생에게 큰 영향력을 행사했던 에피소드를 중심으로 내용을 전개하는 것이 좋다. 자신이 입학사정관이라고 생각해보자. 똑같은 순서로 성장한 내용들을 읽기보다는 어느 특정 시기의 성장과정을 말해주는 것이 더 호기심이 생기지 않을까 한다.

셋째, 일반적 소재를 구체적으로 말하면 특별한 의미로 다가온다. 누구나 초, 중, 고등학교라는 교육과정 속에서 성장한다. 그 경험들은 매우 일반적이다. 이렇게 흔한 경험들을 특별하게 이야기하고 싶다면 '구체화'하는 것이 그 대안이다. 다시 말하면, 구체적인 상황에 대해 '어떠한 특별한 감정을 느껴서 자신이 성장했다'라는 쪽이 아마도 입학사정관은 더 관심을 보일 것이다.

3. 감명 깊게 읽은 책

세 번째로 거론되는 이 문항은 2017학년도 서울대학교 자기소개서에서 지속적으로 등장해왔다. 대부분은 지원동기, 진로계획, 학업계획 등을 드러내는 문항들이지만 새롭게도 자신이 읽은 책에 대한 내용을 평가하는 항목이 드러난 것이다. 서울대에서 접근하는 자기소개서 평가요소이기 때문에 다른 대학의 자기소개서에도 영향을 끼칠 것으로 보인다.

> 고등학교 재학기간 (또는 최근 3년간) 읽었던 책 중 자신에게 가장 큰
> 영향을 준 책을 3권 이내로 선정하고 그 이유를 기술하여 주십시오.

첫째, 수험생이 지원하고자 하는 전공 또는 진로에 적합한 책을 선정해야 한다. 다시 말하면 가장 흔하게 다루는 자율문항 중에서 학업계획과 진로계획을 다루는 문항을 심화시킨 것이라고도 할 수 있다. 그렇기 때문에 이를 뒷받침하는 도서 선정이 매우 중요하게 작용한다. 테마를 가볍게 다루는 소재보다는 원론적인 내용을 다루는 도서여야 그 진정성

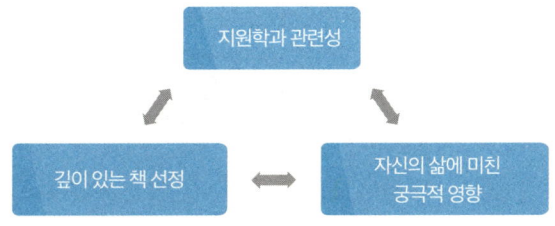

지원학과 관련성

깊이 있는 책 선정

자신의 삶에 미친
궁극적 영향

을 잘 드러낼 수 있다.

둘째, 선정한 도서는 반드시 읽어야 한다. 매우 당연시되는 이야기이지만, 인터넷 서평을 읽어서 참고한다던지 검색을 통한 내용의 짜깁기가 이뤄져서는 안 된다. 급한 마음에 혹은 합격하고 싶은 욕심 때문이라면 제일 먼저 그 마음부터 내려놓아야 한다. 책을 직접 읽은 사람과 그렇지 않은 사람의 감화 정도는 쓰는 어휘 선택부터 남다르다. 미숙하더라도 직접 읽고 해당 도서에 대한 감상을 차근차근 떠올려 작성하는 것이 바람직하다.

셋째, 평소 독서록을 작성할 때도 이것을 감안하면서 작성하는 습관을 들인다. 자잘한 습관들이 모여 운명을 바꾸듯 평소에 제출하는 독서록을 자기소개서 문항 중의 하나라고 생각하고 입체적으로 작성해보는 것이다. 독서록 작성과 자기소개서 작성을 따로 하지 않고 연계하여 내용을 심화하고 발전시키는 방법도 유익하다.

4. 자질 및 장단점

이 문항은 대학 입시 자기소개서뿐만 아니라 취업이나 대학원 진학을 위한 자기소개서에서 주로 다뤄지는 평가요소이다. 자신을 드러내는 것이 쉬운 일이 될 수 있지만 장단점을 동시에 드러낸다는 것이 난해하다. 그래서 그 장단점을 각각 잘 드러낼 수 있는 포인트를 잘 잡아야 한다.

- 지원자의 개인적 자질 중 가장 뛰어나다고 생각하는 자질(학업능력 제외)에 대해 설명하고, 고등학교 재학 중 그 자질을 계발하기 위해 노력한 경험에 대해 구체적으로 기술하여 주십시오. (연세대)
- 자신의 취약점이나 단점을 제시하고, 이를 극복하기 위해 어떠한 노력을 기울였는지 혹은 기울이고 있는지 구체적으로 서술하세요. (고려대)

첫째, 여러 개의 나열보다는 장점 하나를 구체적으로 보여줘야 한다. 가장 자신 있게 내세울 수 있는 장점 하나를 선정하여 이러한 장점을 키우게 된 과정이나 계기를 구체적으로 서술하는 것이다. 다른 사람과는 차별화될 수 있는 장점 하나를 빛낸다면 10개의 장점을 드러내는 일보다 훨씬 생산적인 일이 될 것이다.

둘째, 장단점을 동시에 언급해야 하는 문항을 접한다면 단점은 최대한 적게 드러내는 것이 유리하다. 그리고 장점과 관련성이 적은 내용을 언급해야지, 그렇지 않으면 글의 통일성을 떨어뜨리는 일이 되어버린다. 또한 단점을 다룰 때에는 그 단점을 바라보는 스스로의 객관적인 시

선이 필요하다. 자신을 제 3의 눈으로 평가한다는 것은 매우 어렵기 때문이다. 그래서 그 단점을 어떻게 고쳐보겠다는 생각이나 극복 사례를 말하는 것도 하나의 방법이 될 수 있다.

셋째, 장단점 모두 그 결과보다는 과정에 집중하여야 한다. 내가 이러한 장단점이 생기기까지 어떠한 연유가 있었는지에 대해 구체적으로 밝힐 필요가 있다. 자신의 장단점을 밝히는 일이기 때문에 그 '과정'의 힘은 더욱이 필요하다. 자칫 표현을 과하게 하거나 자신을 너무 낮추는 태도를 일관한다면 어떤 형태로든 평가절하의 대상이 될 수 있다. 그래서 적정한 관점에서 그 과정을 보여주는 것이 중요하다.

5. 역경 극복 사례

이 문항은 연세대에서 주로 출제되는 것으로, 어려움의 극복 과정에 포커스를 두고 평가하는 요소이다. 이를 접하는 수험생은 많이 고민이 될 수 있는 문항이다. 20년도 채 되지 않은 인생에서 겪은 고난과 역경이 과연 자신에게 존재하는가에 대한 의문부터 생길 것이다. 그래서 수험생들은 교과영역, 비교과영역, 인성영역을 평가하는 문항보다 더 어렵게 다가오는 경우가 많다. 이를 위해서는 서술하기 전에 경계해야 하는 몇 가지에 유의해야 한다.

- 자신이 겪었던 큰 어려움은 무엇이며 그것을 극복하는 과정을 통해 자신의 어떤 부분이 성장했었는지 기술하세요. (서울대)

- 자신의 미래 목표를 위해 노력했던 과정과 역경 극복사례, 그리고 목표를 세웠던 동기 등에 대해 서술하시오. (성균관대)
- 지금까지 살아오면서 가장 힘들었던 상황 한 가지를 설명하고 본인은 어떻게 대처했는지를 서술하시오. (한국예술종합학교)

첫째, 남에게는 흔할 수 있는 일이 자신에게 크게 다가온 에피소드에 집중해야 한다. 가세가 기울거나 부모님 중 한 분이 돌아가셨다거나 하는 등의 커다란 역경을 제외하고는 일반적으로 어려움의 내용들은 비슷하고 그 규모도 크지 않다. 그래서 그 역경의 규모를 말하는 것에 포커스를 두기보다는 그 역경의 에피소드의 핵심을 현명하게 잡는 것이다. 흔한 에피소드를 특별하게 표현하는 방법은 '구체화'이다.

둘째, 역경의 에피소드를 선정하는 것이 우선이었다면, 이제는 역경 과정을 구체화하는 것이 마무리이다. 일반적이고 통상적인 극복 과정이라 할지라도 과정에서 일깨우는 가르침이 남다르다면 그 의미는 빛나게 될 것이다. 그래서 에피소드의 구체화 다음으로 극복과정의 구체화가 중요한 것이다.

자기소개서 작성법

1. 두괄식으로 이미지메이킹 하기

    사람들은 낯선 사람을 만나면 첫인상을 중요하게 생각한다. 그 사람이 처음으로 건넨 말을 기억하기도 한다. 자기소개서도 마찬가지이다. 입학사정관에게 좋은 첫인상을 건네주려면 두괄식으로 작성이 이루어져야 한다. 다음의 합격사례를 살펴보면 그 중요성을 체감할 것이다.

[인하대 자유전공 합격사례]

4. 대학 입학 후 학업 계획과 진로 계획에 대해 기술해 주시기 바랍니다.

(1,000자 이내)

입학 후 목표는 영어영문학부에 지원할 계획입니다. 영어영문학부에서의 학업계획은 대내활동과 대외활동으로 나눠 활동할 예정입니다. 대표

적인 대내활동은 학과 내 소모임을 구성하여 영문판 성경책을 강독하고
자 합니다. 성경학교에서 '영어 성경책'을 접했던 경험이 있습니다. 예쁜
그림과 함께 비교적 짧은 영 문장들을 보면서 성경구절을 영어로 읽으니
흥미로웠습니다. 그리고 대체로 완벽한 문장으로 구성되어 독해력을 향
상시키는 데에도 많은 도움이 되었습니다. 구문해석은 물론 의미를 더 깊
이 되새기는 데에 일조를 하였습니다.

[인하대 자유전공 합격사례의 초안]
4. 대학 입학 후 학업 계획과 진로 계획에 대해 기술해 주시기 바랍니다.
(1,000자 이내)

　성경학교에서 청년부를 맡으며 '영어 성경책'을 접했던 경험이 있습니다.
예쁜 그림과 함께 비교적 짧은 영 문장들을 접했던 경험이 인상적이었습
니다. 그리고 성경구절을 영어로 읽으니 흥미로웠습니다. 또한 대체로 완
벽한 문장으로 구성되어 있는 영어성경은 독해력을 향상시키는 데에 유
익하였습니다. 구문해석은 물론 의미를 더 깊이 되새기는 데에 일조를 하
기도 하였습니다. 그래서 입학 후에는 영어영문학부에 지원할 계획입니
다. 대내적인 활동과 함께 대외적인 활동을 다양하게 펼칠 것입니다.

　위 합격사례의 초안은 말하듯 썼기 때문에 미괄식 구성으로 이루어졌
다. 그래서 그 핵심을 정확히 알아내기가 쉽지 않다. 두괄식으로 구성하
면 수험생의 생각을 정확하게 전달할 수 있기 때문에 자기소개서를 평
가받는 데에 더 유리해진다.

2. 홑문장으로 명쾌하게 말하기

다독^{多讀}과 다작^{多作}을 하지 않은 수험생이라면, 자기소개서를 작성할 때에 흔히 범하는 오류가 긴 문장으로 작성하는 것이다. 하나의 문장이라고 하기에는 두세 줄 가량의 분량이 부담스러운 경우가 많다. 자기소개서를 작성할 때에는 주어와 서술어의 관계가 한 번씩 언급되는 홑문장이 바람직하다.

[경희대 합격사례]

평소에 다양한 국가의 영화를 보기 좋아했습니다. 그중에서 영어권 영화를 많이 접했습니다. 그러다 보니 자연스레 영어와 익숙해져 고등학교 입학 당시 3월 모의고사에서 2등급을 받아 반에서 2등을 했습니다. 선생님께서는 아이들 앞에서 칭찬을 해주셨고 저는 영어실력에 자부심을 갖았습니다. 그러나 기본실력에 의지한 채 영어공부를 소홀히 했더니 성적이 떨어졌습니다. 그래서 영어 실력을 향상시키기 위해 문제점을 파악하려 했습니다. 문제를 풀어보니 영어 지문에서 해석이 되지 않는 단어가 많아 답을 유추할 수가 없었습니다. 저는 어휘력이 많이 부족하다고 판단하였습니다. 어휘력 향상을 위하여 지문을 읽고 모르는 단어로 마인드맵을 만들었습니다. 모르는 단어를 놓고 가지를 뻗어 나가며 그와 관련된 단어들을 찾다보니 다양한 단어들을 접할 수 있었습니다. 그리고 예문을 만들어 자연스럽게 단어도 암기할 수 있었고 영문장 실력도 좋아졌습니다.

[경희대 합격사례 초안]

평소에 다양한 국가의 영화를 보기 좋아했던 저는 영어권 영화를 많이 접하다 보니 자연스럽게 영어와 익숙해져 고등학교 입학 당시 3월 모의고사에서 2등급을 받아 반에서 2등을 했습니다. 선생님께서는 아이들 앞에서 칭찬을 해주셨고 저는 영어실력에 자부심을 가졌으나 기본실력에 의지한 채 영어공부를 소홀히 했더니 성적이 떨어져서 영어 실력을 향상시키기 위해 문제점을 파악하려 했습니다. 저는 어휘력이 많이 부족하다고 판단해서 어휘력 향상을 위하여 지문을 읽고 모르는 단어로 마인드맵을 만들고 모르는 단어를 놓고 가지를 뻗어 나가며 그와 관련된 단어들을 찾다보니 다양한 단어들을 접할 수 있었고 예문을 만들어 자연스럽게 단어도 암기할 수 있었고 영문장 실력도 좋아졌습니다.

주어와 서술어의 관계가 두 번 이상 언급되는 겹문장은 많은 내용을 집약적으로 보여준다는 장점이 있다. 하지만 자기소개서는 명확하게 의사를 전달하는 것을 목적으로 하기 때문에 합격사례의 내용처럼 홑문장으로 서술하는 것이 합격에 유리하다. 너무 길다 싶은 문장들이 많으면 무조건 짧게 끊어서 표현해보자. 어색한 부분은 접속어를 통해 표현함으로써 자연스러운 문장으로 만들어 보는 것이다.

3. 나열식 말고 집중적으로 파고들기

자기소개서의 4개의 문항을 작성하다 보면 내용의 '구체화'가 생각보다 싶지 않다. 그래서 수험생들은 학생기록부의 객관적인 내용을 그대로 나열하는 서술방식을 취하는 것이 대부분이다. 몇 학년 때 어떤 교과상을 탔고, 어떤 봉사활동을 했으며, '어떤 책을 읽었는데 인상 깊었다'는 형태의 식상한 나열은 자기소개서에 독이 되는 요소들이다.

[단국대 합격사례]

2학년 당시 교내에서는 도난 사건이 빈번하게 발생하였습니다. 수업시간에 교과서를 가져오지 않으면 벌을 받아야 했습니다. 그래서 아이들은 다른 아이들의 사물함을 무작위로 열어 교과서를 가져가 다시 돌려놓지 않았습니다. 저도 그 도난사건의 피해자 중 한 명이었습니다. 사물함을 제대로 잠가놓지 않은 저의 부주의도 있었지만 평소에 신뢰를 가지고 있던 동급생들에게 실망을 했습니다. 이를 해결하기 위한 방안으로 교내에서는 학교 문화 개선을 위한 논술대회를 열었습니다.

저는 논술 대회에서 저의 피해사실을 바탕으로 도난 사건을 방지하기 위한 대책을 서술하였습니다. 그 대책으로는 학급 당번은 수준별 수업이나 체육 등의 이동 학습시간이나 식사 때 교실 문단속을 확실하게 하도록 교육하기, 교실 창문과 출입문의 잠금장치를 강화하고 자주 점검하기, 범인에 대한 엄중한 징계와 함께 학생들을 대상으로 한 예방 교육하기 등의 방안을 서술하였습니다. 그 결과 동상 수상이라는 성과를 얻었습니다. 교내에서는 논술 대회에서 언급된 대책들을 학우들에게 알렸습니다. 도난 사건이 일어날 수 있는 환경조성에도 문제점이 있다는 점을 알고 대안들을 제시했습니다. 또한 교과서를 가져오지 않는 아이들에 대한 수업 제도도 바뀔 수 있었습니다. 도난을 당한 피해입장에서 논술대회에 참여했기 때문에 적극적으로 참여할 수 있었습니다. 또한 분실한 책을 되돌려 받으면서 책을 되돌려 준 학우에게는 화가 나기도 했지만 학우들의 행동변화를 보며 뿌듯함과 보람을 느꼈습니다.

[단국대 합격사례 초안]

2학년 당시 교내에서는 도난 사건이 빈번하게 발생하였습니다. 저도 그 도난사건의 피해자 중 한 명이었습니다. 사물함을 제대로 잠가놓지 않은 저의 부주의도 있었지만 평소에 신뢰를 가지고 있던 동급생들에게 실망을 했습니다. 이를 해결하기 위한 방안으로 교내에서는 학교 문화 개선을 위한 논술대회를 열었습니다.

저는 논술 대회에서 저의 피해사실을 바탕으로 도난 사건을 방지하기 위한 대책을 서술하였습니다. 그 결과 동상 수상이라는 성과를 얻었습니다. 교내에서는 논술 대회에서 언급된 대책들을 학우들에게 알렸습니다. 도난사건이 일어날 수 있는 환경조성에도 문제점이 있다는 점을 알고 대안들을 제시했습니다. 도난을 당한 피해입장에서 논술대회에 참여했기 때문에 적극적으로 참여할 수 있었습니다. 또한 분실한 책을 되돌려 받으면서 책을 되돌려 준 학우에게는 화가 나기도 했지만 학우들의 행동변화를 보며 뿌듯함과 보람을 느꼈습니다.

위의 사례를 보듯 초안은 일반적인 사실에 대한 내용을 열거하는 수준에 그친다. 하지만 합격사례를 다시 들여다보면 진행과정에서 느꼈던 감정을 세세하게 순서에 맞게 서술하는 것을 볼 수 있다. 또한 논술대회에서 자신이 써 내려갔던 내용을 자세히 언급함으로써 학생기록부에 한 줄의 수상경력으로만 남겨 있는 기록을 생생하게 표현할 수 있는 것이다.

4. 고치고 또 고치기

어젯밤에 쓴 연애편지는 다시 펼쳐 보지 말라는 말이 있다. 하지만 자기소개서는 수없이 들여다보면서 고쳐야 한다. 아침에 볼 때와 저녁에 볼 때가 상이하기 때문이다. 그만큼 공을 많이 들인다는 이야기도 될 수 있다. 초안을 퇴고할 때에는 짧은 시간 내에 자주 들여다보는 것이 작은 팁이 될 수 있다.

[한성대 합격사례]

본교의 패션 산업학과에 지원한 동기는 교내 활동을 적극적으로 하면서 점차적으로 생겼습니다. 1학년 과정에서 교내 창업 올림피아드 대회에 참가하였습니다. 이 과정에서 선글라스의 디자인부터 광고하는 과정까지 참여하며 패션MD를 꿈꾸게 되었습니다. 대부분의 패션관련과는 디자인에 중점을 두고 실기 위주의 교과 과정이 많았습니다. 그러나 인천대학교 패션산업학과에서는 글로벌 사회에 맞는 패션의 디자인을 포함하여 산업분야까지 폭 넓은 이론과 실기능력을 학습할 수 있는 강점이 있었습니다. 그래서 시작점부터 출발점까지 모두 아우르는 본교의 교육과정이 지원동기가 되었습니다.

[인천대 합격사례 초안]

패션 산업학과에 지원한 동기는 교내 활동을 적극적으로 하면서부터입니다. 고등 1학년 때 교내 창업 올림피아드 대회에 참가하면서 선글라스의 디자인부터 광고하는 과정까지 참여하며 패션MD를 희망하였습니다. 대부분의 패션관련과는 디자인에 중점을 두고 실기 위주의 교과 과정이 많았습니다. 그러나 인천대학교 패션산업학과에서는 글로벌 사회에 맞는 패션의 디자인을 포함하는 교육과정이었습니다. 그리고 산업분야까지 폭 넓은 이론과 실기능력을 학습할 수 있는 강점이 있어서 시작점부터 출발점까지 모두 아우르는 본교의 교육과정이 지원동기가 되었습니다.

앞에서 언급했듯이 지나치게 긴 문장을 간결하고 명확한 문장으로 수정하고, 투박하고 반복되는 어휘는 세련된 어휘로 교체하였다. 그래서 더욱 자신을 돋보일 수 있는 자기소개서의 면모를 갖출 수 있었다. 자주 여러 번 거칠수록 자기소개서의 퇴고는 원석을 다듬어 보석을 매만지는 일과 같은 것이다.

5. 따로 국밥 말고 한 편의 글이 되기

자기소개서 1번 문항부터 4번 문항까지 작성하면서 수험생이 쉽게 범하게 되는 오류 중의 하나는 자기소개서의 완결성이 미흡하다는 점이다. 공통문항과 자율문항을 작성하는 데에 급급하다 보면 자기소개서의 본질을 잊어버리는 경우가 종종 있다. 그러다 보면 각 문항의 글은 홀

륭하지만 한 편을 다 읽고 나면 서너 편의 글을 읽은 듯한 느낌을 주기가 일쑤이다. 눈, 코, 입 각 부분이 예쁜 미인들을 조합해보니 어색한 얼굴이 나왔다는 이야기와 견줄 수 있다.

한 편의 스토리를 가진 자기소개서가 완결되려면 집중해야 할 부분이 몇 가지가 있다.

첫째, 공통문항과 자율문항의 내용에 전공 및 진로적합성을 녹아내리게 해야 한다. 각각의 문항에서 수험생들이 쓰는 글들은 모두 평가의 요소가 된다. '왜 하필 우리 학교, 우리 학과에 적합한지'를 고교생활의 경험들을 토대로 드러내는 것이 포인트이다. 수험생이 왜 지원할 수밖에 없는 정당성을 어필하는 것이 관건이다. 수험생이 아닌 입학사정관 입장에서 비슷한 자기소개서를 읽는다고 생각해보라. 상투적인 표현들로 가득한 자기소개서보다는 전공 및 진로적합성이 곳곳에 묻어나는 자기소개서가 더 설득력이 있지 않을까?

둘째, 공통문항의 스토리들이 큰 중심이 되어야 한다. 공통문항과 함께 자율문항도 중요하지만 앞서 말했던 공통문항의 평가요소들의 중요성이 대두되고 있다. 그렇기 때문에 일관성 없는 다양한 활동을 언급하기보다는 생활기록부의 항목들에서 통일성을 관찰할 수 있도록 연관지어 활동해야 한다. 과거에는 단순히 관련 활동만 하였다면 지금은 다양한 활동들이 전공과 세부적으로 연관되어 있어야 한다. 생활기록부 전체에서도 통일성 있는 활동으로 관찰될 수 있어야 한다.

CHAPTER 7.

소논문에
이르는 길

학생기록부에 남겨질
나의 보석

　3월에 첫 학기가 시작되고 봄꽃이 질 무렵이면 중간고사가 마무리된다. 이 시기가 지나면 5월에는 외부행사도 많기 때문에 시간이 더욱 빠르게 지나가기도 한다. 그리고 학교에서는 4월부터 시작되는 교내대회가 5월에 더욱 활성화되는 시기이다. 서울의 주요 대학 수시모집 정원 중 학생부종합전형 비율이 60% 이상을 차지하고 있기 때문에 5월에는 비교과영역의 활동 내용을 채우기에 황금기이다. 즉, 시험 끝난 직후인 5월은 학습에 대한 부담이 상대적으로 적기 때문에 희망 진로에 맞추어 독서활동, 봉사활동, 동아리활동 등 비교과를 채우기에 좋은 시기이다. 그중에서 소논문을 미리 준비해 두면 투자한 시간과 노력만큼 학생기록부에 제 역할을 톡톡히 해낼 것이다.

소논문은 대학원생이나 교수들도 논문을 쓰기 시작하면 긴긴 시간을 들여 쓰기 때문에 고등학생으로서는 접근하기가 생소할 것이다. 또한, 소논문을 작성하는 시간도 많이 소요되기 때문에 쉽게 시작하기가 힘들다. 그러나 학생기록부의 여러 항목 중에서 개인 세부 특이 사항이나 과목 세부 특이 사항이 아주 중요한 평가요소로 급부상하고 있기 때문에 소논문의 중요성을 무시할 수 없다.

소논문은 자기주도 학습능력을 동반한 문제해결능력을 평가할 수 있는 좋은 요소이다. 대학교에서 신입생을 선발할 때에 눈여겨보는 부분이다.

교내에서 소논문 대회가 열리면 참가를 하고 싶지만 어려운 접근 때문에 쉽게 참가하는 학생들이 적은 편이다. 개인별, 팀별 연구가 이루어지더라도 대부분 힘든 과정을 겪는다. 어렵고 긴 여정이 되겠지만 중요한 만큼 학생기록부의 보석이 되어 줄 것이다.

소논문과 친해지기

1. 소논문의 의미

소논문이라는 용어가 처음 등장했을 때 대부분의 고등학생들은 생소함과 당혹스러움을 느낄 것이다. 교과영역과 비교과영역을 모두 챙기기에도 바쁜 학사 일정인데 왜 소논문까지 써야 하는지 의문이 들기도 할 것이다. 그래서 소논문에 대한 궁금증보다는 거부감이 크다는 것이 현실이다. 그러나 소논문에 대해 정확히 알고 접근한다면 '나도 한번 시도해볼까'하는 용기가 생길 것이다.

논문은 대학원 연구생들이 자신의 세부전공을 바탕으로 특정한 일부 주제를 가지고 탐구하고 연구하는데 과정의 체계적인 기록들이다. 그래서 연구생들은 자신의 연구 주제를 탐구하기 위해 방대한 자료를 수집,

분석한다. 스스로 설정한 가설을 검증하기 위해 다양한 연구 방법으로 접근한다. 이러한 과정의 축소판이 소논문이다.

대학원 연구생들도 학기 중에 여러 편의 소논문을 작성하기 일쑤이다. 그 분량이 적든 많든, 연구 주제를 정하고 탐구하는 과정은 어렵고 힘들다. 하지만 그 탐구과정에서 얻는 학문의 즐거움과 탐구의 성취감이 있기에 그 과정이 고되지만은 않다.

고등학생에게 소논문이란 무엇일까? 어려운 연구 주제를 어려운 방법으로 풀이하는 어려운 과정으로만 치부되는 것일까? 고등학생은 스스로 자신의 진로를 결정하고 계획하고 실천할 수 있는 인격체이기 때문에 소논문에 접근할 수 있는 가능성을 가진다. 고등학생에게 소논문은 연구 주제를 만들고 모색하는 것에서 시작한다. 이로 하여금 스스로 생각할 수 있는 힘을 기르고 문제해결능력을 향상시킬 수 있다. 이것이 고등학생에게 필요한 또 하나의 공부방법이 되고 대학교 과정을 미리 경험할 수 있는 색다른 기회가 되기도 한다.

2. 소논문이 주는 이로운 점

고등학생으로서 난해하기만 한 소논문이 과연 이로울까? 이러한 질문에 시원스럽게 대답할 수 있는 고등학생은 적다. '학생기록부에 화려한 스펙으로 남기 위해서'라는 대답이 주를 이룰 것이다. 소논문이 낯설고 어렵다고 생각하는 고등학생에게는 소논문이 주는 본질적인 즐거움을 체득해야 접근성이 용이해진다. 소논문이 주는 이점을 짚어봄으로써 그 두려움을 스스로 헤쳐 나갈 수 있을 것이다.

첫째, 자신의 진로를 탐색하고 설계하는 데 도움을 준다. 연구주제를 정할 때 자신의 진로와의 적합성을 고려하기 때문에 연구주제를 설정하기 전에 진로 탐색 과정은 필수이다. 그래서 어렴풋이 자리 잡고 있었던 진로에 대해 구체적으로 접근할 수 있는 기회가 된다. 또한, 아는 만큼 보이기 때문에 진로 탐색을 한 후에는 진로를 설계하는 과정이 이뤄진다. 이 과정에서 자신의 진로에 대해 진지하게 접근하는 좋은 기회를 마련해 준다.

둘째, 소논문 선행 연구를 확인하는 과정에서 읽기 능력이 좋아진다. 한 편의 논문을 읽고 이해하는 과정은 어려운 편이다. 전문어를 바탕으로 세부적인 연구 주제를 다루기 때문에 이해 능력이 동반되어야 한다. 처음부터 이해능력이 월등하지 못하더라도 비슷한 주제를 대상으로 하는 논문을 접하다 보면 읽기 능력과 이해 능력이 향상될 것이다.

셋째, 소논문을 작성하다 보면 글을 쓰는 능력이 좋아진다. 수많은 자료를 읽고 이해하는 능력이 좋아지는 만큼 소논문을 완성해 가는 과정에서 쓰기 능력도 함께 향상된다. 이는 자료를 그대로 옮겨 쓰는 수준이 아니라 자신만의 언어로 탐구내용을 체계적으로 표현하기 때문이다. 자신을 표현하고 알리는데 중요한 수단이 글쓰기인 만큼 소논문을 통한 글쓰기 능력의 향상은 일거양득의 결과가 될 것이다.

넷째, 소논문을 완성하고 나면 스스로의 학업 능력이 극대화될 것이다. 일반적인 학습 방법에 따라 공부를 해온 수험생과 소논문을 작성하면서 탐구능력을 향상시켜온 수험생의 학업 능력의 차이는 크다. 객관식의 문제만을 반복적으로 풀기만 하는 수험생의 사고 규모와 방향은 어쩌면 일방향적일 수 있다. 반면 스스로 연구주제를 정하고 탐구한 수험생은 그 사고 과정이나 규모가 쌍방향적이다. 교과서의 내용이 쉽게 느껴지고 수능 지문의 내용이 정확히 읽혀진다는 경험들을 많은 학생들이 우스갯소리로 이야기하곤 한다.

다섯째, 소논문을 완성하고 난 후에 '나는 할 수 있다'라는 자신감이 커진다. 대학생들이나 대학원 연구생들만의 영역이라고만 생각하던 논문 작성을 소논문의 형식으로 완성하고 나면 많은 수험생들은 그 성취감에 도취되기도 한다. 할 수 없을 것이라고만 생각하던 과제를 긴 시간동안 끙끙대면서 해결해냈다는 보람에 만족감을 크게 느낀다. 이것은 대학 입시를 준비하는 커다란 그림을 준비하는 데도 긍정적인 영향을 미칠 것이다.

소논문의 구성 요소

1. 제목

연구주제를 정확하게 알 수 있는 표현이어야 한다. 그리고 연구범위가 드러나도록 의미를 설정해야 하며 문장형으로 끝나기보다는 명사형으로 끝나는 표현이 바람직하다. 예 청소년 어휘 사용에 대한 공시적, 통시적 고찰

2. 목차

전체 내용이 한눈에 드러나도록 적어야 하며 연구의 전체적인 흐름이 나타나야 한다. 목차를 작성하는 것은 소논문의 뼈대를 잡는 것이기 때문에 주제를 정하는 것 다음으로 두 번째로 중요한 과정이다. 목차를 정해 놓으면 연구 과정과 내용을 채우는 일이 자연스럽게 후행되기 때문이다.

〈목차의 일반적인 예〉

주제 (제목)

Ⅰ.서론
1. 연구 목적(동기 및 필요성)
2. 연구 방법

Ⅱ. 이론적 배경

Ⅲ. 본론
1. 연구 가설
2. 연구 내용
3. 연구 과정

Ⅳ. 결론

【참고문헌】

3. 초록

연구의 전반적인 내용을 요약하고 정리하는 것이다. 제목, 연구 목적, 연구 동기, 연구 방법, 연구 과정, 연구 결과, 결론 등을 포함하여 500자 이내로 서술한다. 일반적으로 연구의 핵심어 2~3개를 중심으로 표현한다.

4. 본문

① 서론

연구 동기, 연구 목적 등을 제시함으로서 연구 주제를 소개하는 부분이다.

② 본론

연구 가설, 연구 방법, 자료 분석 내용, 연구 결과를 드러내는 부분이다.

③ 결론

연구 결과 분석, 결론, 연구의 한계점과 가치, 다음 연구의 발전 가능성을 드러내는 부분이다.

5. 참고문헌

단행본, 학위 논문, 학술지 논문 등을 양식에 맞게 표기한다.

6. 부록

연구 방법 중에서 도출된 설문지 내용, 증거 자료, 도구 등을 드러낸다.

소논문 작성법

1. 연구 주제

①좋아하는 교과 들여다보기

소논문 주제는 일반적으로 미리 제시해주는 경우가 많기 때문에 연구 주제를 빠르게 탐색하는 것이 바람직하다. 그러나 막상 주제를 선정하려고 하면 바다에 빠진 바늘 찾는 기분이 들 것이다. 대학원생들도 연구 주제를 찾는 데에도 생각보다 많은 시간이 걸린다. 그래서 연구 주제만 잡아도 논문의 반은 해결이 되었다고 해도 과언이 아니다.

연구주제를 찾는 것이 어려운 만큼 몇 가지 요령이 있다. 그중 고등학생으로서 접근하기 용이한 방법이 평소에 좋아하는 교과를 모색하는 것이다.

첫째, 소논문 주제를 탐색할 수 있도록 좋아하는 교과를 2~3개 선택한다. 국어, 영어, 수학 등의 주요과목과 탐구 과목도 포함하여 선택의 폭을 넓히는 것이다. 꼭 주요과목이 아니어도 탐구 과목이 주제가 다양할 수 있기 때문에 오히려 더 수월할 수 있다.

둘째, 교과 하나를 선택한 후에는 교과서의 목차 부분을 확인한다. 수험생 스스로 재미있었던 부분이나 평소 호기심이 있었던 부분을 선택하여 교과서의 내용을 확인하는 것이다. 이 때 오히려 자신이 평소에 어려워하던 부분의 내용을 선정하면 연구의 효과는 더욱 극대화될 수 있다. 이해가 되지 않고 있던 부분을 재조명하여 탐구한다는 것은 훌륭한 연구의 동기가 될 것이다.

셋째, 교과서 구석구석을 잘 살펴보아야 한다. 본문 내용을 일차적으로 살펴보는 것이 우선이지만, 교과서 구석구석에 놓여 있는 보충자료, 심화자료, 학습활동 내용들에 언급되었던 것을 확인하는 방법을 추천한다. 교과서에서 언급되었던 부분들은 친숙한 주제들이 많기 때문에 소논문에 접근할 때 많은 도움을 줄 것이다.

② 진로와 관련 있는 키워드 찾기

순수한 학문탐구와 연구를 목적으로 한다 해도 주제를 찾을 때에는 일관성이 필요하다. 자신의 연구 주제가 방대해서 집중되지 못한다면 연구의 핵심을 잃을 수 있다. 때문에 커다란 하나의 줄기를 잡아야 한다. 학생기록부에 기재될 수 있는 소논문이라면 진로적합성이 있어야 제 역할을 할 수 있다.

첫째, 자신의 전공 및 진로가 확실해야 한다. 꿈은 시시때때로 바뀔 수 있다. 하지만 대학교 진학을 앞두고 있는 고등학생이라면 하나의 카테고리에서 말할 수 있는 진로에 대한 주제어의 설정이 필요하다. 자신의 진로가 정확하면 할수록 주제를 모색하는 데 수월함은 매우 클 것이다.

둘째, 자신의 진로와 직결되는 키워드를 준비해야 한다. 추상적으로만 생각하던 진로에 대해 구체적으로 탐색하는 과정이 선행되어야 한다. 진로와의 적합성을 기준으로 한다면 자신이 미래에 할 일에 대한 중심적인 범위는 파악하고 있어야 한다. 그리고 이러한 사전 탐색 과정을 거치면서 해당 진로에 대해 현실적으로 접근할 수 있는 긍정적인 효과도 기대할 수 있다.

셋째, 지도 교사의 조언에 귀를 기울여야 한다. 아직 펼쳐지지 않은 진로의 세계에서 많은 정보를 검색해도 연구 주제로 적합한지를 스스로 판단하기에는 역부족이다. 그래서 이를 지도해 줄 수 있는 교사의 방향 제시가 필수적이다. 진로와 적합한 연구주제이더라도 해결 불가능한 주제라면 연구의 범위를 많이 벗어나는 위험에 노출될 수 있다.

③ 전인적 트렌드 읽기

연구 주제를 선정할 때 교과 내용을 참고하여 접근했다면 전체적인 흐름은 트렌드를 나타낼 수 있는 주제이어야 한다. 교과 내용을 바탕으로 상투적인 연구주제를 선정한다면 자료를 모아서 정리하는 수준에 그치는 소논문이 될 것이다. 따라서 주제에 대해 현재의 흐름을 파악하는 것이 소논문을 신선하고 참신하게 표현하는 데 기여할 수 있다. 그 트렌드를 읽는 방법에 익숙해져야 한다.

첫째, 인지적 측면에서 트렌드를 읽어야 한다. 최근에 일어나는 사회적인 현상이나 흐름을 읽고 파악하는 것이 선행과제이기도 하다. 원론적인 연구주제를 선정하기보다는 현재의 실상을 드러낼 수 있는 연구 주제를 선정해야 한다. 또한, 연구주제를 일차적으로 선정한 후에는 탐구내용이 평가하는 사람에게 메시지를 줄 수 있는가에 핵심을 두어야 한다.

둘째, 정의적 측면에서 트렌드를 읽어야 한다. 단순한 지식 전달의 연구주제가 아닌 사람의 마음을 움직일 수 있는 연구주제를 선정하는 것이다. 흔하디 흔한 교과에서 착안한 연구주제로 놀라운 발상의 전환을 유도할 수 있도록 트렌드를 읽는 것이다. 과거와 현재를 잇는 통시적 연구라던지, 같은 시대의 다른 공간을 탐구하는 공시적 연구가 되도록 하는 것이다.

셋째, 실천적 측면에서 트렌드를 읽어야 한다. 사회적으로 붐이 일어나는 현상과 이슈화될 수 있는 사건을 중심으로 트렌드를 읽는 것이다. 그래서 사람의 마음을 움직이고 행동의 변화까지 유도할 수 있어야 한다. 열 페이지 내외의 소논문이지만 고등학생으로서 어떤 메시지를 줄 수 있는 연구주제라면 실천과 동참을 유도하는 트렌드를 기반으로 할 수 있을 것이다.

2. 연구 동기

① 선행 연구 파악하기

논문을 작성할 때 유의할 점 중의 하나가 기존의 연구와 겹치지 않는 것이다. 같은 주제, 같은 소주제, 같은 관점으로 연구를 하면 선행 연구자에 대한 예의도 아닐뿐더러 스스로의 연구실적에도 부정적인 영향을 미친다. 소논문도 일반적인 논문과 같기 때문에 반드시 선행 연구에 대한 파악이 이뤄져야 한다.

첫째, 학술정보 검색 프로그램을 통해 선행 연구 논문들의 리스트를 확보해야 한다. '학술연구정보서비스(www.riss.kr)'는 일반적으로 사용되는 학술정보 사이트로서 많은 연구생들이 연구목적으로 사용하는 곳이다.

이곳에서 자신의 연구 주제어를 검색하면 아마도 많은 연구 자료들이 나올 것이다. 모든 연구 자료들을 읽고 선행 연구에 대해 알아보는 것이 정석이지만 모든 논문을 읽기에는 물리적, 시간적 어려움이 따른다. 그래서 선행 연구를 파악할 때에는 최근에 먼저 이뤄졌던 논문의 제목에 집중하여 주제어를 파악한다. 제목은 모든 연구 내용의 집약적 결정체이기 때문이다.

둘째, 수험생 자신의 연구 주제어를 검색어로 설정하여 원문정보서비스에서 검색을 한다. 자신의 연구 주제가 이미 연구되어 있을 경우는 흔하다. 그러나 어떤 점을 어떻게 접근했는가에 대한 것은 그 관점이 매우 다양하다. 그렇기 때문에 우선적으로 연구 주제어에 대한 다른 연구 논문의 자료 확보가 꼭 필요하다.

셋째, 연구 주제와 관련이 있을 것으로 예상되는 학술 논문의 초록과 목차를 검색한다. 초록과 목차는 논문의 전반적인 흐름을 보여주는 구성요소이기 때문에 많은 분량의 논문을 모두 읽고 정리하지 않아도 큰 흐름들을 통해 선행 연구의 내용을 파악할 수 있다. 선행 연구를 파악하는 방법 중 내용을 직접 확인하고 정리하는 방법 다음으로 많이 쓰이는 수단이 된다.

② 연구의 필요성 말하기

소논문의 연구 주제, 연구 동기와 함께 서론에서 밝혀야 할 것은 연구의 필요성이다. 연구의 필요성이라 함은 왜 연구 주제에 접근했는지, 탐구하고자 하는 목적은 무엇인지를 밝히는 내용이다. 대부분은 연구 동기와 비슷한 영역으로 간주되기도 하지만, 연구의 목적을 분명히 밝혀

주는 기능을 한다.

③ 연구 가설 설정하기

소논문을 시작하면서 주제를 정하고 그 절차를 거치는 과정이 매우 힘들었을 것이다. 그런데 이만큼 힘든 과정은 연구 가설을 설정하는 일이다. 수험생 스스로 만든 문제 상황을 어떻게 해결하고 증명할 것인가가 중요하다. 연구 문제에 적합한 연구 해답을 찾기 위해 연구 가설을 세우고 가설에 대한 해결 및 증명이 필수적인 과정이다. 그렇기 때문에 연구 가설을 설정한다는 것은 연구 주제에 맞게 체계적인 분석을 통해 증명되는 방향으로 이루어진다.

3. 자료 수집 및 분석

① 자료의 형태

소논문을 위한 연구에서 자료는 보석과 같은 존재이다. 구체적으로 입증할 만한 자료가 없다면 연구 주제와 연구 가설은 허황된 이야기로 끝나기가 일쑤이다. 이를 입증할 수 있는 힘을 가진 것이 자료이다. 자료의 종류와 접근하는 방법은 다양하기 때문에 자료가 부족하여 연구의 결과에 이르지 못하는 경우는 거의 없을 것이다.

첫째, 온라인 공동목록시스템을 적극적으로 활용한다. 국립중앙도서관, 국회도서관, 대학도서관 연합 등이 이에 속한다. 각각의 도서관은 소장 자료를 목록화, 전산화하여 홈페이지에서 이용할 수 있도록 서비스를 구축해 놓았다. 직접 찾아가지 않아도 도서관에 원하는 정보가 어디에 있는지에 대해 알려주는 방법이다.

둘째, 원문정보서비스를 활용한다. DBpia와 KISS는 대표적인 원문정보서비스의 예이다. 이와 같은 시스템은 온라인 공동목록시스템을 통해 오프라인을 통해 직접 찾아가는 번거로움을 극복할 수 있다. 그리고 여러 학술대회에 참여했던 학술자료를 원문으로 구축하여 연구자의 시간을 많이 절약하고 효율적으로 계획할 수 있도록 해준다.

셋째, 해당 연구의 흐름을 도와줄 수 있는 것은 단행본, 사전, 간행물도 포함된다. 단행본은 연구 주제에 대한 개론과 각론을 접할 수 있어 유용하다. 그리고 사전은 전문화되어 있는 영역별 사전을 이용하는 것이 바람직하다. 연속간행물은 최근에 연구주제가 어떻게 이뤄지는가에 대해 최신 트렌드를 드러내준다. 이처럼 다양한 자료의 접근은 연구 내용을 좀 더 알차게 만들어 줄 것이다.

② 자료 수집 방법

소논문에서 다뤄지는 연구 주제와 관련된 자료의 형태는 다양하다. 위에서 언급했듯이 자료의 형태만큼 자료를 찾는 경로도 다채롭다. 이러한 자료를 어떻게 연구 주제에 맞게 녹아내릴지는 매우 중요한 부분이다. 이로 하여금 가설을 입증할 수 있는 계기가 되기 때문이다. 다양한 자료를 수집하는 방법도 다양하다. 자료의 형태에 맞게 수집하는 방법도 적절해야 할 것이다.

첫째, 설문지법이 대표적인 방법이다. 연구 주제와 관련된 설문지를 작성하고 대상자들에게 배부하여 직접 쓰게끔 하는 방법으로 비용이 적게 들고 신속하게 자료를 얻을 수 있다. 그러나 대상자들의 답변이 정확하지 않고 설문지 작성에 성의 없이 응했다면 자료의 타당성 및 신뢰성에 대해서도 고심해야 할 것이다.

둘째, 연구자와 대상자가 직접 대면하는 면접법이 있다. 주제에 적합한 생생한 정보를 얻을 수 있는 장점이 있는 반면에 연구 주제에 알맞은 대상자를 찾기가 힘든 것이 단점이다. 개인과의 대면이기 때문에 대상자의 주관이 상당히 개입될 우려가 있다.

셋째, 기존 연구 결과를 포함한 다른 여러 자료를 수집하고 분석하는 문헌 연구법이 있다. 이것은 선행 연구에 대해 사전 파악을 하기 때문에 연구자가 정해 놓은 연구 주제에 대한 접근이 빠를 수 있다. 그러나 기존 연구의 신뢰성이 확보가 되어야 한다는 점이 있기 때문에 연구 과정에서 주의할 부분을 놓쳐서는 안 된다.

4. 연구 방법

① 양적 연구 방법

양적 연구는 추상적인 개념을 수량화할 수 있는 자료를 수집하고 분석한 후에 통계로 제시할 수 있는 방법이다. 대부분 내용들 간의 관계를 탐구하기 위해 통계치, 측정 등에 의존한다. 일반적으로 막대그래프, 원그래프 등의 통계 프로그램을 이용한다. 많은 양의 자료가 필요하기 때문에 사전에 자료 수집을 위한 계획을 세워 이행하면 연구를 진행하는 속도에 도움을 줄 수 있을 것이다. 하지만 수량화하기 힘든 영역의 주제는 다루기 어렵고 깊이 있는 접근이 난해하다. 이 방법이 적합한 영역으로는 자연과학, 언어학, 심리학 정치학, 행정학, 교육학, 지리학 등이 여기에 속한다.

2) 질적 연구 방법

질적 연구는 면접, 관찰, 대화 등을 통해 어떤 현상의 의미를 모색하고 분석하는 방식으로 진행된다. 이러한 과정에서 연구자는 자신의 주관을 자연스럽게 드러내기도 한다. 인간 행동에 대한 깊은 이해를 해야 하기 때문에 연구자의 주관이 개입될 가능성이 크다는 점이 단점이다. 그래서 일반적으로 수량화, 체계화된 연구결과를 얻기가 힘들다. 이러한 특징을 토대로 한다면 문학, 철학, 역사학 등에 적합한 연구 방법이 될 것이다.

5. 연구 과정

① 서론 작성하기

연구 주제를 정하고 목차를 작성한 후에 서론의 첫 글자를 쓸 때가 가장 떨리는 순간이라고 학생들은 말한다. 그만큼 처음에 글을 시작하는 것이 조심스럽고 난해하기 때문이다.

서론은 연구 목적, 연구 동기, 연구 방법, 연구 범위 등의 내용을 간략히 서술하는 것이다. 첫 시작이 유연해지려면 지켜야 할 사항들이 있다.

첫째, 연구의 목적은 현실적으로 실현 가능한 내용이어야 한다. 본론의 첫인상을 강렬하게 남기고자 서론에서만 잔뜩 공을 들이는 경우가 많은데 문제 해결 과정이 더디게 진행될 것이다. 제일 중요한 것은 스스로 만든 주제에 스스로 그 답을 찾아가는 탐구 과정이므로 본론의 실질적인 내용에 중점을 둔다.

둘째, 연구 방법을 소개할 때에는 독자로 하여금 생소하지 않고 이해가 빠르게 되도록 자세하게 서술해야 한다. 그래서 주제에 적합한 연구 방법을 사용하는 이유를 설명할 때에도 구체적인 언급을 해야 독자는 이해할 수 있다. 또한 연구 범위를 명확하고 구체적으로 설정함으로써 혹시난 생길 수 있는 연구의 오류를 보호할 수 있다.

셋째, 선행 연구를 언급할 때에는 핵심이 되는 연구들만 요약적으로 언급한다. 2~3개 정도의 키워드만을 가지고 알릴 수 있는 문장을 작성해야 한다. 그리고 선행 연구를 장황하게 소개하다 보면 본래 연구 주제와 멀어지는 경우가 빈번하기 때문에 유의해야 할 부분이다.

② 본론 작성하기

본론은 연구의 중심이고 연구 대상에 대한 구체적인 입증과 분석이 표면적으로 드러나는 부분이다. 그래서 충분한 자료를 바탕으로 논제를 입증하여 그 가치와 논리를 분명하게 드러내야 한다. 이를 위해서 본론을 서술할 때 유의할 점이 있다.

첫째, 연구 방법의 부분에서는 연구 주제에 적합한 연구 방법을 설정한 이유와 타당성을 제시해야 한다. 어떤 사람이라도 읽고 이해할 수 있을 정도의 구체성이 수반되어야 한다. 마치 소논문을 읽는 사람으로 하여금 연구 방법에 참여한 것처럼 말이다.

둘째, 연구 결과는 주장하는 결론을 타당하게 정당화하는 부분이다. 그래서 연구 자료를 기반으로 하는 연구 방법을 진행하여야 한다. 이 때 유의할 점은 수집한 자료들에 대한 주관적인 해석보다 그래프, 그림 등의 객관적인 근거를 제시하여 그 정당성을 입증하는 것이다. 또한, 제시된 자료들은 해석하고 의미를 찾는 과정을 거치면서 결론을 뒷받침하는 근거들이 되어야 할 것이다.

③ 결론 작성하기

결론은 본론에서 다루어졌던 연구 결과를 요약하고 정리한다. 그래서 연구 주제를 다시 한 번 강조하고 의미를 되새긴다. 연구자 자신이 탐구하였던 영역을 총괄적으로 제시함으로써 연구의 타당성을 강조한다. 또한 연구에서 미흡했던 점, 더 연구하고 싶은 부분에 대한 언급, 다음 연구에 대한 개방적 가능성 등을 함께 제시한다.

6. 참고 문헌

참고문헌은 연구의 본문의 마지막에 적고, 인용순서에 맞게 표기를 해야 한다.

첫째, 단행본은 저자명출판연도, 서명판차, 출판사명 순으로 참고 문헌을 적는다.

둘째, 학술지는 저자명발간연도, 논문명, 학술지명, 권수호수, 쪽수 순으로 참고 문헌을 적는다.

셋째, 학위 논문은 저자수여연도, 논문명, 학위명, 수여 기관명 순으로 참고 문헌을 적는다.

CHAPTER 8

학생들이
궁금해 하는
영상계열 입시 준비

영상계열의 학과에서는
무엇을 배울까?

영상은 우리의 삶 속에서 없어서는 안 될 매체로 자리잡았다. 집에서는 TV로, 밖에서는 스마트폰으로, 거리를 걷다가도 흔히 볼 수 있는 매체가 영상이다. 시대가 변하고 발전하면서 영상기술 역시 빠르게 진화하고 있다. 최초의 영상이라고 말할 수 있는 뤼미에르 형제의 〈열차의 도착(1895)〉이 만들어지고부터 불과 120년밖에 역사가 없다. 영상이 앞으로 얼마나 빠르게 변할 것인지를 생각한다면, 또 영상분야를 준비한다면, 그 시대 흐름에 맞는 트렌드를 읽어낼 수 있어야 한다.

요즘 영상분야에 관심이 있는 학생들이 굉장히 많아지고 있는 추세이다. 그러한 학생들이 곧 영상계열로 대학을 준비하는 경우가 많다. 그러나 정작 영상계열의 학과를 지망하는 학생들 중 대부분은 단순히 영상의 스포트라이트적인 부분만 보고 지원하는 경우가 많은데, 그렇게 되면 대학에 입학하고 나서 후회하거나 좌절할 수도 있다.

우리는 영상계열의 학과에 입학하기에 앞서 이 분야를 알고 지원해야 한다.

예를 들어, 대학교 영상계열의 학과들은 대부분 비슷한 학과명이 많아서 혼란이 올 수 있다. 영상학과, 방송영상학과, 미디어영상학과, 영화영상학과, 영상디자인학과, 영상콘텐츠학과 등 다양한 학과들이 존재하지만 정작 우리는 본인에게 맞는 학과를 선택하지 못한다. 본인에게 맞지 않는 학과를 선택하는 경우, 대개 학교생활에 만족하지 못하거나 학업을 중단하고 다시 입시를 준비하게 된다.

이러한 결과를 경험하지 않기 위해선 우리는 반드시 지원하고자 하는 대학교 학과의 커리큘럼을 확인해야 한다. 학교마다 혹은 학과마다 비슷한 학과명을 지니고 있어도 커리큘럼은 상이할 수 있기 때문이다. 한 두 군데 대학만 확인하는 것이 아닌 모든 학과 커리큘럼을 확인해야 한다.

다음 표에 나와 있는 학교들은 영상계열의 학과들이 존재하는 대학교 리스트이다. 영상계열과 관련된 학과들은 굉장히 많기 때문에 신문방송이나 언론, 커뮤니케이션학과들은 제외하였고, 표에 빠진 대학들도 많을 것이다.

이 리스트를 언급하는 이유는 우리가 지원해야 될 대학교 정도는 최소한 알고 있어야 하기 때문이다. 수시 혹은 입시철이 시작되고 나서야 어디 학교가 있는지, 어느 학과를 지원해야 되는지를 찾게 되면 본인에게 유리한, 알맞은 전형과 학과를 놓칠 수 있다.

중앙대학교	동국대학교	성균관대학교	한양대학교	한국예술종합학교
서울예술대학교	건국대학교	세종대학교	단국대학교	숭실대학교
명지대학교	서경대학교	상명대학교	경성대학교	경희대학교
용인대학교	경기대학교	동아방송예술대학교	한국영상대학교	청주대학교
순천향대학교	대진대학교	중부대학교	성결대학교	수원대학교
호서대학교	인덕대학교	목원대학교	백석대학교	추계예술대학교
가천대학교	인하대학교	국민대학교	서일대학교	청운대학교
극동대학교	세명대학교	전주대학교	동양대학교	세한대학교

※신문방송, 언론정보, 미디어커뮤니케이션 등의 학과 제외

또한 충분한 시간을 확보하지 못한 채 급하게 대학을 조사하여 지원하는 것은 스트레스가 상당하여 정신적으로 고될 수 있다.

효율적인 방법은 사전에 대학 리스트를 파악해 두고 사이트에 방문하여 커리큘럼과 모집요강, 전년도 입시결과 등을 확인하는 것이다. 그렇게 하면 자신이 준비해야 되는 것이 무엇인지, 부족한 점이 무엇인지를 바로 알 수 있을 것이다.

영상계열 학과의 커리큘럼을 알아가기에 앞서 우리는 간단하게 신문방송학과와 영상미디어학과의 차이점을 알아보고자 한다. 먼저 신문방송학과는 작게는 개인과 개인의 의사소통 문제부터 크게는 신문, 방송, 영화, 잡지 등의 대중매체에 이르기까지 커뮤니케이션 과정에 대한 이론과 기술을 학습한다. 언론·방송·매체 관련 분야는 신문, 출판, 잡지, 방

송, 영상매체, 광고홍보 뉴미디어 등 전반적인 커뮤니케이션의 형태와 과정을 연구하는 학과이다. 이해를 돕기 위해 추가 설명을 하자면, 신문 방송학과는 인문사회계열의 학과이다. 이 계열의 학과는 앞서 언급한 내용의 이론 위주 교육을 중심으로 커리큘럼이 짜여있다. 그렇기에 방송, 저널리즘, 커뮤니케이션 이론, 출판, 매체 등 여러 가지의 이론을 교육하는 학과라고 보면 된다.

영상미디어학과는 간단하게 설명하자면, 뉴미디어에 관한 표현·기술·환경 등을 종합적으로 이해하는 것을 물론 새로운 미디어 환경에 적합한 지식과 기술을 배우는 학과이다.

결국은 영상기술을 배우는 곳이다. 헷갈릴 수 있는 부분이 방송영상학과, 미디어학과, 영상학과 등 비슷한 학과들이 대학에 존재하고 있다. 보통은 미디어학과나 영상미디어학과는 인문사회계열이기 때문에 이론 위주의 수업이 진행될 것이다. 실습과정이 없는 것은 아니지만 예체능 계열인 방송영상학과, 영화영상학과 정도의 실습 위주는 아닐 것이다.

그렇다면 우리는 방송영상학과와 영상학과, 영화영상학과의 차이점도 확인해볼 필요가 있다.

방송영상학과와 영화영상학과의 큰 차이점은 서로 주 포커스가 다르다는 점이다.

영상이라는 키워드는 같지만, 방송영상은 말 그대로 방송이라는 매체에 포커스가 맞춰져있고, 영화영상은 영화에 맞춰져있다. 이 두 학과의 커리큘럼을 비교해보면 과목은 다르지만 교육과정은 대부분 비슷하다는 것을 알 수 있다. 중복되는 과목도 있고, 실습 또한 방송과 영화라는 매체의 차이만 있을 뿐이다. 그렇다면 영상학과는 무엇이 다를까?

성균관대학교 영상학과를 예를 들어보자. 방송이나, 영화에 국한된 것이 아닌, 전반적으로 영상에 초점이 맞춰진, 문화콘텐츠 교육과정을 보여주고 있다. 영상이론부터 영화사, 캐릭터애니메이션, 게임디자인, 광고연출, 다큐멘터리, 촬영, 음향, 편집 등 다양한 커리큘럼을 확인할 수 있다. 자신이 영화나 방송 등 특정한 분야에 확고한 것이 아니라면, 이 학교의 학과를 선택하여 영상 분야의 다양한 매체들을 공부해보는 것도 좋은 방법일 수 있다.

그러나 앞서 언급했듯 성균관대학교 영상학과가 모든 학교의 커리큘럼과 동일하다고 생각하면 오산이다. 반드시 지원하고자 하는 대학 학과 커리큘럼을 확인해보기를 다시 한 번 강조한다.

① 방송영상과 커리큘럼

영상사운드 기초

영상미디어에 있어 사운드는 필수적 요소이며, 그 중요도는 더욱 증가하고 있다. 현실적인 소리에서부터 존재하지 않는 새로운 소리까지 그 자체가 지니고 있는 특수한 예술적 특성을 통해 영상물의 분위기를 극대화시킬 수 있다. 영상사운드의 전반적인 제작과정에 대해 학습하고 기본적인 녹음실습과 간단한 예제를 통한 사운드 제작을 실습한다. 프로젝트 작업으로 창의적이고 예술적인 감각을 향상시키도록 한다.

다큐멘터리론

TV 프로그램의 많은 부분을 차지하고 있는 다큐멘터리의 역사, 사회적 기능과 역할, 분야별 다큐의 제작 방법론 등을 탐구한다.

영상 사업계획서 워크숍

영상 사업(취업/창업)이 무슨 의미를 갖는지 생각해보고, 사업을 성공으로 이끄는 요소들을 살펴보며 함께 논의한다. 특히 사업창업의 로드맵이라고 할 수 있는 사업계획서 작성을 실습해본다. 이 교과목은 영상미디어 분야 등에서의 창업뿐 아니라 일반기업에 취업하게 되면 자주 작성하는 사업제안서를 체계적으로 만드는 방법도 공부한다.

영상제작기초

영상제작과정과 환경을 이해하고 이에 관련된 기본 장비 활용법 및 영상제작 과정의 기초를 익힌다. 협업을 통한 영상제작 기초에 대한 개념 정립을 스튜디오를 중심으로 하여 실습한다.

영화학개론

영화의 다양한 측면들을 이해하기위한 과정으로, 영화의 기본 개념들과 주변상황을 익혀 영화에 대한 열린 인식과 전망을 가질 수 있도록 학습한다.

TV연출 I

TV연출가로서의 폭넓은 시각과 다양한 역량을 갖추기 위한 준비과정으로 TV프로그램의 기획, 제작 이전에 연출가가 알아야 할 저변 기초분야를 탐구한다.

촬영과 조명

창조적인 촬영 작업, 렌즈의 특성, 공간의 깊이와 구도, 카메라의 원리, 조명의 원리 등을 실습을 통해서 실제적인 촬영과 조명을 체험한다.

연출

영화연출의 역할, 영화적 표현의 기초, 배우의 연출 등을 다룬다.

편집

방송장비를 운용하며 방송프로그램 제작을 함에 있어 각 장비들의 기본적인 운용방법 및 다양해지는 편집기법에 대한 기본지식을 습득, 연마한다.

방송학개론

방송, 영상을 전공하는 학생들의 필수과목이다. 방송에 대한 기초 이해에서 시작해, 다양한 방송영상 프로그램의 이론과 실제를 깊이 있게 연구한다. 뉴스, 다큐, 연예오락물, 드라마, 라디오, 대담물 등 각종 프로그램의 특징과 제작기법에 대해 분석한다. 또한 인터넷과 모바일 등 급변하는 방송환경 속에 등장하고 있는 콘텐츠물에 대한 다양한 분석을 시도한다.

TV제작실습

작품을 제작하는 데 있어 기획의 중요성을 깨닫게 하고, 탄탄한 기획을 바탕으로 드라마, 다큐멘터리 등의 텔레비전 프로그램의 제작 능력을 향상시킨다. 현재 방송되고 있는 TV프로그램의 분석, 토론을 통해 TV프로그램에 대한 이해를 돕고 다양한 포맷의 프로그램의 기획능력을 고양시키며 기획안에 따른 구성, 제작의 체험을 쌓는 것을 그 목적으로 한다.

② 영화영상과

이야기구성

시나리오 쓰기의 전제 조건으로서의 이야기 찾기, 이야기 만들기, 이야기 생각하기의 기초를 점검하는 수업이다. 개인 과제 또는 조별 과제가 매 수업마다 주어지며, 수강 학생들은 매 수업 시간 마다 과제 진행 상황 또는 결과물을 전체 수강 학생들 앞에서 발표해야 한다. 이 과목은 수강하는 학생들에게 능동적으로 자신의 아이디어를 제시하고 최대한 자신에게 잠재한 창의력을 발휘하려는 자세를 가질 것을 요구한다.

연출

영화감독으로서 갖춰야 할 덕목과 제반 사항들을 이해한다. 특히 현장에서 스텝과 연기자들과의 원활한 의사소통을 통해 감독으로서의 비전을 제시할 수 있는지에 대한 기초를 습득한다.

촬영

영화촬영에 있어서 기초가 되는 카메라의 구조와 운용방법, 렌즈의 종류와 특성, 필름의 종류별 특성과 선택기준, 존 시스템과 노출, 필터의 종류와 효과, 영화현상, 앵글과 구도를 배운다. 기초적인 이론 수업을 마친 후에 카메라를 가지고 영화 촬영용 카메라의 구조와 사용법을 익히고 렌즈의 초점거리에 따른 효과와 기초적인 영화 촬영에 필요한 제반 기술을 익힌다. 노출과 앵글, 색온도에 따른 색감 변화를 위한 실습은 슬라이드 필름으로 촬영을 하고 결과를 분석한다.

음향

소리에 대한 기초지식을 습득하고 영화음향에 적용되는 소리의 다양한 형태에 대한 폭넓은 이해를 할 수 있도록 교육한다. 영화음향의 기술적 측면보다는 다양한 종류의 사운드 분석을 통해 영화음향의 역할과 그 중요성에 대해 인식하도록 하며, 창의적 음향설계를 위해 자유로운 상상력을 발휘할 수 있도록 훈련시킨다.

졸업작품 워크샵

졸업작품제작 워크샵으로 개인 작품을 완성하는 과정을 프리프로덕션, 프로덕션, 포스트프로덕션을 통해 훈련한다.

현장제작실습

프로덕션 경험이 없는 1, 2학년 학생들을 대상으로 3, 4학년 워크샵의 스텝으로 참여하게 하여 실제 내러티브 워크샵이 어떠한 과정을 거쳐서 진행되고 제작되는지를 직접 체험하면서 앞으로 있을 프로덕션 워크샵에 효과적으로 대처할 수 있도록 준비시킨다.

디지털시네마/색보정

디지털 시네마의 기술적 기반을 이해하고 실용적으로 구현하는 능력을 기른다. 영화촬영을 영화의 미적 가치를 다루는 관점에서 접근한다. 색보정 프로그램을 통해서 자신이 촬영한 워크샵 작품을 원하는 톤으로 만드는 방법을 학습한다.

국제영화산업의 이해

국제 영화계의 현황을 알아보고 합작 등을 통한 글로벌 필름메이킹에 대한 이해를 높인다.

연기연출

극영화에서 연기자와 등장인물 간의 관계를 이해하고 캐릭터 분석과 감독의 비전을 통해 연기자의 연기를 이끌어내는 과정을 강의와 실습을 통해 습득한다. 특히 감독과 연기자 간의 상호협력 관계에서 캐릭터 표현에 대한 갈등을 최소화하고 가장 효과적인 연기를 이끌어낼 수 있도록 훈련한다.

프로덕션디자인의 이해

영화미술은 어떠한 것이며 어떻게 발전해 왔는가, 또 앞으로의 변화 가능성은 어떠한 가 등의 주제를 토론하고 모범이 되는 작품을 분석하고 해외 미술감독의 작업과정을 살펴봄으로써 영화에서 미술과 연출의 상호작용에 관해 연구해본다. 또한 미술적 발상의 기초가 되는 색의 상징과 의미, 공간감과 디자인, 빛에 따른 재질의 변화 등을 이론적으로 정립하고 실습한다.

영화와 인문학

영화 또는 영화학을 인접 학문과 연계지어 성찰하는 것을 목표로 한다. 문학적인 감상, 분석, 해석과 동시에 영화적인 성찰이 가능한 촉발점을 탐색한다.

종합편집

다양한 매체를 이용하여 온라인상에서 재편집, 전송, 마스터링하는 수업. 상상력과 디자인을 이용해 타이틀링에서 DI^{Digital Intermediate}, 색보정, 합성 등의 기초훈련을 제공한다.

장르와 스타일 분석

영화 장르의 기원과 유래, 변형 과정을 탐구하며, 각 장르가 대중을 흡입하는 장르 고유의 특성을 연구한다. 아울러, 장르 영화 시스템 내에서, 혹은 그에 대한 대안의 영역에서 자신 고유의 색채를 감독들의 연출 스타일을 분석한다. 한편, 장르 시스템은 스타 시스템과 영화 산업과는 어떠한 유기적 관계를 형성해 오고 있는가를 고찰한다.

위 내용은 대학교들의 커리큘럼을 참고하였다. 여러분들이 지원하기 전, 혹은 입학하기 전에는 반드시 확인을 했으면 하는 바람이다.

간단하게 짚어보면 방송영상과와 영화영상과 커리큘럼의 큰 차이는 방송과 영화라는 매체의 차이라고 보면 된다. 다만 앞서 설명한 커리큘럼이 모든 학과의 커리큘럼과 동일하진 않다는 것을 기억하자. 본인에게 알맞은, 적합한 학과를 선택하여 지원하기 바란다.

영상계열의 직업(Staff)은 무엇이 있을까?

영상계열의 직업은 굉장히 다양하다. 스탭진으로는 PD부터 감독, 촬영감독, 음향감독, 조명감독, 미술감독 등 그밖에 방송계와 영화계의 종사자, 엔터테인먼트 분야까지 그 수를 헤아릴 수 없을 정도다.

요즘은 1인 방송이 새로운 영상콘텐츠 산업으로 자리를 잡고 있다. 특정한 콘텐츠를 지정해서 개인이 스마트폰이나 캠코더 등으로 촬영하여, 운영하는 방송사이트나 유튜브 등에 직접 업로드를 하는 방식이다. 대중들은 쉽게 영상을 찾아볼 수 있다.

영상은 남녀노소 빈부 격차 없이 누구나 쉽게 접근할 수 있는 대중매체이다. 좋은 콘텐츠만 있으면 그 어느 분야보다 성공할 가능성이 큰 분야이다. 1인 방송처럼 새롭게 생겨나는 영상콘텐츠 분야가 있듯이 시장은 앞으로도 빠르게 변하고 확장되어 갈 것이다. 영상콘텐츠 시장에 접근하기에 앞서 우리는 현재 영상계열에 어떠한 직업군들이 있는지를 알 필요가 있다. 막연하게 영상이 하고 싶어서, 영상을 보는 것이 즐거워서 혹은 영상을 만들고 싶어서라는 생각으로 대학입시에 발을 딛는다는 것은 무모한 결정이 될 수 있다. 대학 입시를 준비하는 시기에 우리는 명확하게 자신의 꿈이 무엇인지, 영상계열에서 어떠한 방향으로 나아갈 것인지를 깊게 생각해봐야 한다.

연출과 PD

영상계열을 지망하는 학생들에게 물으면 대부분이 감독이나 PD를 꿈꾼다. 그들은 감독과 PD의 구분, 역할이 무엇인지까지는 답하지 못한다. 간혹 감독과 PD가 같은 직업이 아니냐는 사람도 있다. 이 말은 반은 맞지만 반은 틀렸다고 볼 수 있다. 영화 제작에서의 연출과 PD는 그들의 구분과 역할이 매우 분명하다. 영화감독은 현장에서 총체적인 지휘를 담당하는 사람이다. 시나리오와, 스탭구성, 캐스팅을 결정하며, 현장에서 직접 메가폰을 잡고 촬영 진행을 이끌어가는 사람이다. 연출 쪽에서 촬영의 원활한 진행을 맡는다면 영화 PD는 영화 진행에 있어 외적인 부분을 담당한다고 보면 쉽다.

PDProducer는 제작부의 소속으로 촬영이 시작되기 전 촬영 장소 섭외Location, 예산, 스텝, 일정 관리 등 다양한 부분을 맡아 진행하게 된다. 촬영이 들어간다면 숙식부터 차량, 인원, 통제 등 현장의 어머니와 같은 역할을 맡는다. 방송에서의 PDProduct Director는 영화에서의 감독과 PD의 역할을 같이 맡아 진행한다는 뜻이다. 방송PD의 조수로는 많은 구성작가들과 AD_{assistant director}, FD_{Floor Director}들이 붙는다. 두 PD의 입봉 방법은 너무 다르다. 방송 PD는 방송국 공채 시험을 통과해야 하는 고된 경쟁이 기다리고 있고, 영화 PD는 개인역량과 시간의 싸움이다. 즉, 제작부의 막내부터 시작하여 한 단계씩 진급을 거치고 업계에서 버틴다면 PD라는 타이틀을 얻을 수 있다. 그러나 대개 중도 포기자가 많은 만큼 쉬운 길이 아니라는 점은 명심해야 한다.

영화감독이 되기 위해서는 노력과 실력, 운도 따라야겠지만 입봉은 두 가지 정도로 볼 수 있다. 첫째로 학교 또는 개인적으로 본인의 영화를 만들어서 부산국제영화제, 전주국제영화제, 부천판타스틱영화제, 미장센영화제 그밖에 해외 유명영화제에서 수상을 하여 본인의 포트폴리오를 만드는 것이다. 처음에는 단편영화부터 시작하여 독립장편영화, 우리가 극장에서 흔히 볼 수 있는 상업영화까지 나아가는 것이다. 둘째로 영화 현장에서 연출부부터 시작하여 조연출을 거쳐 현장 시스템과 영화가 만들어지는 과정을 직접 살펴보고 배워가며 내공을 쌓는 방법이다. 물론 현장 일만 한다고 해서 영화감독으로 입봉이 되는 것은 아니다. 과거에는 이러한 사례가 많았지만, 최근에는 본인의 영화도 준비하고 꾸준히 작품을 만들면서 자신을 PR할 수 있는 시나리오나 영화가 있어야 한다.

드라마작가와 구성작가

드라마 작가는 TV에서 방영되는 드라마의 대본을 작성하는 직업이다. 디지털 시대가 오면서 영화 시나리오 작가와 마찬가지로 수요가 꿩

장히 증가하였기 때문에 작가로 살아가기가 쉽지 않아졌다. 드라마 작가는 무엇보다 박학다식하고 글재주가 좋아야 한다. 인간과 사회를 이해하고 끊임없이 연구하여 그것을 드라마로 재구성해야 하기 때문이다.

드라마 작가는 현장에서 영향력이 PD만큼이나 크다. 배우의 캐스팅에 관여하기도 한다. 특히 이 직업은 여성들이 대부분인데, 드라마의 주요 시청자가 여성이고 그들의 처지와 심리를 표현하는 데 여성이 훨씬 유리하기 때문이다. 드라마 작가를 꿈꾸는 학생들은 드라마 공모전을 준비하여 꾸준히 도전해보는 것이 좋다.

간혹 예능, 교양 프로그램을 보면 PD 옆에 무수히 많은 작가들이 있는 것을 본 적이 있을 것이다. 구성 작가는 그러한 프로그램의 방송 구성안을 작성하고 대본을 쓰는 직업이다.

즉, 드라마를 제외한 교양, 예능, 보도, 라디오 등에서 프로그램 기획과 구성, 아이템 찾기, 사전 취재, 대본 작성 등의 일을 한다. 이들에게는 밤낮이 없다. 메인PD와 같이 새로운 아이템 개발과 해당 에피소드 대본 작성이 주 일과다. 즉, 해당 주의 프로그램 녹화가 끝나면 곧바로 다음 아이디어 기획에 들어가는 셈이다. 구성 작가도 막내작가부터 시작하여 메인작가까지 올라가게 되며 전문대학 또는 대학교의 문학 관련 학과를 졸업하는 것이 유리하다.

촬영감독과 조명감독

현장에서 연출의 의도에 따라 촬영과 조명을 담당하는 직업이다. 이 두 감독들은 현장에서만이 아닌, 사전 단계에서도 연출과 컨셉 회의, 스케줄조정, 장소 확인 등 다양한 역할을 진행한다. 보통은 팀 단위로 움직이며 그 팀 내에서 직급이 존재한다. 연출팀과는 달리 기술팀들은 개인의 능력과 경력으로 입봉이 가능하며 방송계열로는 젊은 나이에도 빠르게 감독으로 입봉이 가능하다. 단점으로는 기술팀들이 대부분 특정 기업이나 방송사의 소속이 아니고 외주소속으로 활동하기 때문에 감독으로서 능력과 인맥이 출중하다면 쉴 틈이 없겠지만, 한 작품이 끝난다면 다음 작품이 있을 때까지는 무기한 휴일이 될 수밖에 없다.

촬영감독이나 조명감독을 꿈꾼다면 연출 지망생과 마찬가지로 본인의 포트폴리오를 쌓으면 좋다. 보조로서의 경력도 중요하지만 본인이 직접 촬영이나 조명을 해보는 것이 도움이 된다. 보통은 대학생들이 학교 교육을 통해 실습을 진행하게 되는데, 자신이 참여한 작품이 수상을 하거나 본선진출 등을 한다면 개인의 이력에도 한 줄 추가가 되는 셈이니 다양하게 활동을 해보는 것도 좋다.

동시녹음과 사운드디자인

TV 예능을 보면 가끔 기다란 마이크가 연예인들에게 향해 있는 장면을 본 적이 있을 것이다.

마이크를 든 사람은 붐 어시스턴트라는 음향감독의 보조기사로, 붐 마이크를 담당하는 사람이다. 통상 음향팀은 현장에서 2~3명 정도로 한 팀을 이루며, 음향보조원이 붐마이크를 잡고 음향감독이 DAT 녹음을 담당한다. DAT는 사람 목구멍에 침이 넘어가는 소리까지도 잡을 수 있기 때문에 녹화중일 때는 조금의 소리도 주의해야 한다. 음향팀은 프리랜서로 현장에서만 활동하는 팀이 있는 반면, 자신의 사운드실도 운영하고 있는 팀들도 많다. 사운드실에서는 현장에서 촬영 및 녹음하여 편집한 파일을 가지고 사운드디자이너가 원하는 분위기 혹은 효과를 내는 작업, 즉 편집된 영상을 가지고 연출이 원하는 컨셉에 맞게 사운드를 예쁘게 디자인해주는 작업이라고 볼 수 있다. 보통은 현장에서 동시녹음을 하는 경우가 대부분이지만 배우나 환경에 따라서 사운드실에서 대사를 후시녹음을 하는 경우도 적지 않다. 사운드분야를 지망하는 학생들은 훗날 현장에서 동시녹음을 담당하는 길과 내부에서 음향작업을 하는 사운드디자이너라는 두 개의 갈림길을 마주하게 될 것인데, 이는 본인에게 있어서 서로의 장,단점이 있을 것이고 또한 조급하게 선택하는 것보다는 천천히 두 가지의 길을 경험해보는 것을 추천한다.

편집기사

간혹 영상인들끼리 모이면 "편집만 할 줄 안다면 굶어죽는 일은 없다"라는 말을 하곤 한다.

사실 틀린 말은 아니다. 시대가 발전하면서 영상분야 역시 범위가 다양해졌다. 불과 몇 년 전만 해도 영화나 방송, 광고 정도의 편집이 전부였으나, 최근에는 기업 홍보영상이나 바이럴영상, 개인 유튜브영상 같은 크고 작은 편집에 대한 수요가 많아지고 있다. 그에 따라 특정 회사에 소속된 것이 아닌 개인 프리랜서로 편집 활동을 하는 사람들도 많아지고 있는 추세이다.

분야마다 편집법은 조금씩 차이가 있다. 컷을 자르고 붙이는 것은 같지만 영화와 예능, 드라마, CF 등 각각의 분야마다 추구하는 느낌이 있다. 예를 들어 영화는 다른 분야와는 달리 많은 시간과 공을 들여 연출이 원하는, 시나리오 컨셉에 맞게 편집을 진행한다. 특정 컨셉이 아니라면 화려한 모션이나 이펙트가 들어가지 않고, 재미를 줄 수 있는 자막도 없다. 우리의 눈에 스쳐지나가는 장면들이 어색하지 않고, 분위기, 긴장감 등을 만들어주는 것이 영화편집이다. 사실 다른 분야의 편집들은 이펙트를 배우면 활용할 수 있지만 영화는 다르다. 영화는 예술이기 때문에 영화를 자연스럽고 의도대로 이끌어갈 수 있는 느낌과 센스가 필요하다.

드라마 같은 경우는 늘 시간에 시달리기 때문에 정교한 편집은 사실상 어렵다. 촬영 분량에 따라 지난 방송된 내용을 오늘 방송될 회에 추가하는 경우도 있고, 촉박하면 다음 회 예고편을 못 만드는 경우도 발생한다. 드라마는 디테일한 작업보다는 스토리가 우선이기 때문에 흐름이 끊기지 않는 자연스러운 편집에 목적을 둔다.

예능편집은 조금 다르다. 영화와 드라마가 스토리에 초점을 맞춘다면 예능은 재미에 초점을 둔다. 많은 분량을 녹화하지만 재미없는 부분은 과감하게 버리고, 재미있는 부분을 살린다.

예능은 녹화를 하는 카메라가 굉장히 많기 때문에 편집자들이 해당 카메라들을 일일이 확인하여 재미있는 부분을 끄집어내서 편집한다. 시청자들의 웃음을 유발하기 위해 효과음이라든지, 웃음 포인트의 자막을 자주 넣는다. 무엇보다 타 분야에 비해 이펙트들도 많이 들어가기 때문에 프로그램을 능숙하게 다룰 수 있다면 좋다. 편집은 많이 해보면 해볼수록 감각이 손에 익는다. 고등학생이라면 교내·외대회나 유튜브 업로

드용으로 무비메이커, 곰믹스, 베가스 등의 프로그램부터 천천히 편집 공부를 하는 것이 좋다. 어느 정도 익숙해졌다면 프리미어 프로, 애프터 이펙트 같은 기술 범위가 다양한 프로그램을 공부하기 바란다.

간단하게 영상 스태프 직업군에 대한 설명을 하였다. 이 책을 보게 되는 독자들은 분명 고등학생이기 때문에, 쉬운 이해를 돕기 위해 보통 책들에 나열된 딱딱한 정의를 설명하는 것보다는 개인적인 견해를 담았다. 가장 좋은 것은 이론공부만이 아닌 직접 경험해보는 것이다.

머릿속으로만 그려보고 실전을 해보지 않는다면 해결되는 것은 아무것도 없다. 사소한 것이라도 자신의 작품을 구상하고 만들어보는 습관이 있어야 미래에 큰 도움이 될 수 있다는 것을 명심하자.

한 편의 영화가 만들어지기까지의 과정은 어떻게 될까?

우리가 극장이나 TV, 온라인으로 접하는 영화는 어떻게 만들어지는 것일까? 한 번쯤은 궁금해했을 법한 질문이다. 보통 일반인들은 영화가 단순하게 배우가 연기하는 장면만 촬영하면 끝인 줄 알지만 그것은 엄청난 착각이다. 그 한 장면을 찍기 위해 오랫동안 사전에 준비를 하고, 단 1컷을 찍어도 짧게는 30분~2시간 이상 걸릴 수 있다. 우리는 영화를 보면 수많은 장면들이 눈앞을 지나가는데 그 하나의 장면을 찍기 위해 몇 십 명이 되는 스태프들이 노력하는 것이다.

Development	Pre-Production	Production	Post-Production
기획개발단계	사전준비단계	촬영단계	후반작업단계
시나리오를 기획하고 개발하는 단계	영화를 촬영하기 전 캐스팅, 예산확보, 로케이션, Staff 확보 등 준비하는 단계		촬영이 끝난 후 편집 및 사운드디자인

영화가 제작되는 과정은 크게 기획개발 단계, 사전제작 단계, 제작 단계, 후반제작 단계로 총 4단계로 볼 수 있다. 기획개발단계는 말 그대로 시나리오를 기획하고 개발하는 단계다. 이 단계는 보통 제작사에서 1~2년 정도를 잡고 작업에 들어간다. 먼저 현 한국영화시장 트렌드를 분석하여 어떠한 영화가 흥행에 성공할 것인지, 대중들이 원하는 영화가 어떤 것인지, 그래서 어떤 영화를 만들 것인지를 기획하고 그 다음으로는 PD와 작가, 감독이 투입된다. 어느 정도 시나리오가 나왔다면 시놉시스를 가지고 투자자들을 물색한다. 한 편의 영화를 찍는 비용은 영화마다 다르지만 보통은 20억~50억, 100억 이상 정도로 보면 된다. 굉장히 큰 예산이 투입되기 때문에 기업 후원이 아니라면 한두 명의 투자자가 아닌 다수의 투자자들이 존재한다. 이 투자자들 앞에서 감독과 PD는 시놉시스를 가지고 피칭Pitching을 해야 한다. 투자자들은 피칭을 듣고 영화의 흥행 가능성, 수익 등을 고려하여 투자를 할 것인지를 결정하게 된다. 이렇게 투자자들을 확보하였다면 다음은 본격적으로 시나리오 각색 작업에 들어간다. 이 과정에서 주연급 배우의 캐스팅이 있을 것이고 P&APrint

and Advertisement비용을 대략 측정할 것이다. 그 후 시나리오 최종 탈고되면 사전제작단계Pre-Production로 넘어가게 된다.

사전제작 단계는 영화촬영을 시작하기 전 캐스팅, 예산안 작성, 스케줄, 로케이션 등을 준비하는 단계이다. 이 단계가 돌입되면 PD는 제작부와 함께 영화제작에 쓰일 예산이 알뜰하게 운영될 수 있도록 예산안을 만들고, 영화 촬영에 필요한 장소섭외를 진행하게 된다. 또한 촬영팀, 조명팀, 음향팀, 미술팀, 분장팀 등 스탭진을 구성하며, 조·단역급 배우들도 오디션을 진행하며 캐스팅하게 된다. 연출팀에서는 촬영현장 대본인 콘티를 만들어야 하고, 캐스팅이 어느 정도 되었다면 리허설도 진행해야 한다. 로케이션 역시 확정이 되었다면 메인 감독들과 사전답사를 통해 촬영 장소에서 어떤 식의 촬영이 이루어지는지 협의도 끝내야 한다. 세트가 필요하다면 세트담당자와 협의 후 제작이 어느 정도 기간이 걸리는지, 스케줄에 문제가 없는지도 파악하고, 미술팀에서는 각 씬장소마다 컨셉도 파악하여 준비해야 한다. 촬영, 조명팀도 마찬가지로 장소마다 어떠한 장비들이 필요한지 감독들이 사전에 파악하고 연출감독과 상의를 해야 한다. 이렇게 각 팀들이 분주하게 움직이고 있을 때 연출감독은 모든 상황을 점검하고 총괄해야 한다. 연출감독이 모든 일들을 진행하고 있을 때 조감독이 감독의 오른팔 역할을 하며 일이 수월하게 진행될 수 있게 돕는다. 이렇게 사전에 준비가 끝난다면 스케줄 표에 잡혀 있는 일정대로 촬영에 들어가게 된다.

제작 단계는 말 그대로 촬영을 진행하는 단계다. 예산, 시나리오에 따라 촬영기간은 상이하지만 보통 짧게는 2개월~6개월, 길면 1년이 넘어가는 영화도 있다. 촬영 기간 동안 모든 팀들은 같이 동고동락하며 촬영일을 하게 된다. 앞서 언급했듯 한 장면을 찍기 위해 배우의 분장과 헤어, 복장을 점검해야 하고, 촬영팀은 장면에 맞는 샷을 준비하고, 조명팀도 장비를 세팅한다. 모든 팀의 준비가 완료되면 조감독이 큐 사인을 주고, 감독이 'OK'를 할 때까지 그 장면만을 촬영하게 된다. 간혹 촬영 도중에 크고 작은 수많은 변수들이 발생하는데, 예를 들어 촬영 도중 옆집에 강아지가 촬영에 방해가 될 만큼 시끄럽게 할 수도 있고, 부상자가 나올 수 있고, 아니면 배우의 스케줄이 꼬일 수도 있다. 이런 상황이 발생하면 제작부는 신속하고 확실하게 상황을 처리해야 한다. 촬영이 마무리 되면 후반제작 단계로 넘어간다.

후반제작단계에서는 다른 팀은 끝났지만 연출과 편집, PD는 새로운 시작을 하게 된다. 제작단계에서 촬영한 소스를 가지고 본격적으로 편집에 들어간다. 편집하는 과정에서 소스가 부족하거나 연출이 원하는 장면이 아닐 경우, 혹은 배우의 문제 등 이러한 상황이 발생한다면 다시 추가 촬영에 들어갈 수 있다. 편집이 끝난다면 감독의 의도, 특정한 씬, 촬영 소스들의 색 차이 등의 이유로 색보정 작업에 들어간다. 영화의 경우 거의 모든 장면을 색보정하는 경우도 많기 때문에 시간이 굉장히 오래 걸릴 수 있다. 그 다음은 사운드 디자인과 영화 음악 작업에 들어간다. 사운드 디자인은 필요한 구간에 효과음, 소리가 튀는 구간 조절 등

감독의 특정한 요구에 맞는 작업을 진행한다. 영화에 나오는 음악BGM들은 영화가 편집되는 시기에 보통 만들어진다. 기존의 음악을 쓰는 것은 저작권의 문제로 쓸 수 없기 때문에 모든 영화에 나오는 음악들은 감독의 의도에 제작된 음악들이라고 볼 수 있다. 이렇게 모든 편집이 마무리 되면 P&A 단계로 넘어가게 된다.

P&A 단계는 앞서 설명했듯이 배급Print과 홍보Advertisement다. 간단하게 설명하자면 영화를 개봉하기에 앞서 당연히 홍보를 해야 하는 것이고, 극장으로 배급을 하는 과정이 있을 것이다. Advertisement에 대한 설명을 먼저 하자면, 홍보와 마케팅 즉 광고이다. 광고는 보통 온라인광고, 오프라인광고, 이벤트, 행사광고 정도로 분류되고, 온라인의 경우 웹사이트, 시사회초대, 온라인기사 등 다양한 방법으로 영화를 홍보한다. 오프라인의 경우는 우리가 흔히 보는 버스나 택시, 지하철 광고, 지면광고가 있다. 이벤트, 행사는 이슈가 되는 특정한 모임에 배우들이 참석하여 영화를 홍보하는 것이다. 이 외에 여러 방법으로 마케팅을 집행하게

되는데, 그 과정에서 Print배급도 같이 진행을 한다.

영화의 예산을 50억 정도로 잡으면 그 비용에 30% 정도는 P&A비용에 집행을 하게 된다. 약 15억 정도를 배급과 마케팅에 투자를 하는 셈인데, 그만큼 비용이 많이 발생할 수밖에 없는 구조다. 영화는 극장에 상영을 하기 때문에 사전에 스크린 수를 정하게 되는데, 우리나라 전체 스크린 수는 약 2700개에 달한다. 보통의 영화가 개봉 시 약 500개 정도의 스크린을 확보하지만, 이슈가 낮은 영화들은 100개 이하의 스크린도 못 잡고 가는 경우도 허다하다. 감독은 이러한 모든 정황들을 극복해야 하고 개봉 시기까지 고려하여 대중들 앞에 무사히 영화가 상영 될 수 있도록 마무리를 지어야 한다. 이렇게 P&A가 진행되면서 극장에 개봉이 되면 우리는 극장에서 표를 구매하여 그 영화를 보게 되는 것이다.

영상분야의 제작과정 중에 가장 디테일한 작업이 영화이다. 그 과정은 타 분야와 크게 벗어나지 않기 때문에 영화의 제작과정을 알고 있다면 그 외의 방송, CF, 홍보영상 제작과정에 대한 이해도 쉽다.

학생부종합전형과 실기전형, 어떻게 준비해야 될까?

　영상입시에 대해서는 대표적으로 두 가지 전형이 존재한다. 학생부종합전형과 실기전형이다. 우리는 입시를 준비하기에 앞서 자신에게 알맞은 전형을 선택하고 준비할 수 있어야 한다. 자신에게 맞는 전형을 확인할 수 있는 방법이 무엇일까? 아래의 그림을 참고해보자.

　다음 그림은 수도권 기준의 영상학과, 영화과 평균 내신 등급이다. 내신으로만 따져봤을 때, 영상계열을 지망하는 학생들 중에서 학생부종합전형으로 지원하는 평균 내신은 1등급에서 3등급 사이 정도가 된다. 물론 학교나 학과마다 오차범위는 존재하지만, 상위권의 학교일수록 내신은 당연히 높을수록 좋다. 또한 학생부종합전형으로 지원하고자 한다면 내신만으로는 합격이 매우 어렵다. 전공적합성을 중요시 여기는 학생부종합전형 특성상 학교생활기록부 즉, 비교과활동 역시도 내신 못지않게

학생부종합전형으로써의 내신   실기전형으로써의 내신

중요하다. 생활기록부가 자신의 전공에 맞지 않는 상태라면 학생부종합 전형보다는 교과전형이나 실기전형 중에서도 내신 비중이 높은 학교를 선택해야 한다. 실기전형 역시도 학교마다 모집요건이 상이하지만 보통 실기전형을 준비하는 학생들의 내신은 평균 3등급 ~ 6등급 정도로 볼 수 있다. 단, 실기전형은 기본적으로 실기의 비중이 높지만 대학교마다 내신반영 비중도 확인하여야 한다. 중앙대학교 수시 실기전형 같은 경우, 1차에서 100% 내신 성적만으로 선발하기도 한다.

중앙대학교를 지원하고자 하는 학생은 내신이 높을수록 유리하다. 내신이 부족하여 1차에서 떨어지면 실기를 보지도 못하고 떨어지면 굉장히 아쉬울 것이다. 반면 단국대학교나 세종대학교, 서울예술대학교의 경우는 내신의 비중이 타 학교에 비해 상대적으로 낮다. 내신 비중이 낮으니 자연스럽게 경쟁률이 높다는 단점이 있지만, 실기만 제대로 준비한다면 6~7등급 학생들도 합격이 가능하다는 말이 된다.

실기 준비는 시험 전까지 어떻게 해서든 노력을 할 수 있지만, 내신은 이미 생활기록부에 기재가 되어있는 상태이기 때문에 성적 결과를 바꿀

수는 없다. 따라서 본인의 내신이 어느 정도인지를 파악하고 전형을 선택하면 좋다.

먼저 학생부종합전형 준비에 대해서 설명하자면, 준비를 해야 되는 것은 생활기록부와 자기소개서 그리고 면접이다. 자기소개서나 면접을 준비하기 위해서는 생활기록부 내의 활동들이 소스가 되어야 한다. 생활기록부에 비교과활동 내역이 없다면 자기소개서에 넣을 수 있는 영양분이 적을 수밖에 없다. 자기소개서는 한국예술종합학교 같은 특정한 몇 개의 대학 외에는 교외에 대한 활동을 넣는 것이 제한될 수 있다. 또한 자기소개서를 작성할 때는 가급적 생활기록부를 토대로 작성하는 것이 좋은데, 생활기록부가 탄탄하지 않다면 서류점수의 비중이 큰 학생부종합전형에서는 불리할 수 있다. 그만큼 생활기록부는 중요하다.

그렇다면 생활기록부에서 비교과항목들을 어떻게 채우면 좋을까?

수상경력부터 보면, 우리는 영상계열의 학과를 희망한다. 그렇다면 준비를 해야 하는 것은 당연히 영상에 관련된 교내대회나 공모전일 것이다. 많은 학생들이 자신의 생활기록부를 채우기 위해 전공과 관련이 적은 대회를 준비하고 또는 수상을 하여 많은 실적을 생활기록부에 추가하지만, 그 방법은 좋지 않다. 전공과 관련이 없는 실적이 많아봤자 대학에서 큰 점수를 얻기는 어렵다는 뜻이다. 반드시 자신의 진로에 유사한 대회나 공모전을 준비해서 하나라도 수상을 하는 것이 좋다. 만약 교내대회를 준비했는데, 수상을 하지 못했다고 해도 크게 좌절할 필요는 없다. 대회를 준비하는 과정과 부족했던 점, 보완해야 할 점, 느낀 점 등을 자기소개서에 추가할 수 있기 때문이다. 이러한 점들을 자기소개서에 녹여낸다면 면접에서도 질문이 들어왔을 때 자기소개서에 있는 그대로를 말하면 된다. 추가적으로 영상계열을 준비하는 학생들은 교내대회에만 집중하는 것이 아니라 교외대회에도 관심을 가져야 한다. 한국예술종합학교 자기소개서나 성균관대학교 영상학과 특기자전형에서는 교외대회 수상경력이나 참가이력이 있으면 좋기 때문이다. 특히 성균관대학교 영상학과 특기자전형은 지원 자격이 국내 영화제나 공모전, 기타 작품경험이 있는 학생만 지원이 가능하다. 본인이 정말 영상계열의 학과를 희망한다면 교내든 교외든 참여해서 직접 작품을 만들어보는 과정이 중요하다. 단 교외대회는 생활기록부에 기재되지 않는다.

다음은 진로희망사항이다. 사진의 예시를 보면 1학년 때 영상인, 2학년 때 영상편집자, 3학년 때 CG영상 디자이너라고 표시되어 있다. 이 예시가 뜻하는 것이 무엇일까? 결론은 학년이 올라갈수록 진로가 점점 구체적이고 뚜렷해지는 것이다. 생활기록부를 보면 진로희망에 학생의 진로와 학부모의 희망 진로를 넣을 수 있다. 그런데 학생과 학부모의 진로가 서로 완전히 다를 수 있다. 이럴 땐 옆에 희망사유에 기재를 하는 것이 좋다. 예를 들어, 학생의 꿈은 영상인이고 부모님은 공무원을 희망하

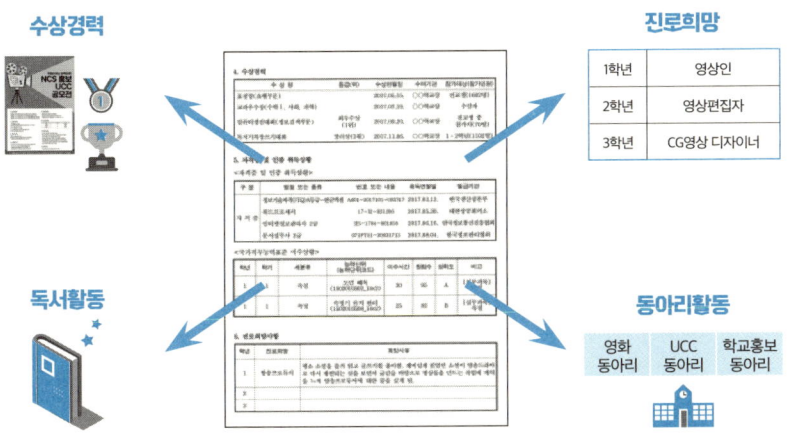

수상경력

진로희망

1학년	영상인
2학년	영상편집자
3학년	CG영상 디자이너

독서활동

동아리활동

영화 동아리	UCC 동아리	학교홍보 동아리

지만 영상을 위해 노력하는 학생의 모습을 보여준다든지, 영상에 대한 발전가능성 등 학부모를 설득하여 학생의 진로가 뚜렷하다는 점을 기재하는 것이 좋다. 만약 학생의 1학년 때 진로가 영상계열과 관계가 없는 진로이고, 2학년 때부터 영상계열의 진로로 되어있다면, 학교마다 조금씩 다르겠지만 이 부분은 좋은 점수를 받지 못할 수도 있다. 그러나 이러한 점에 대한 명확한 이유를 자기소개서나 면접에서 보여준다면 만회할 기회를 얻을 수도 있다.

다음은 동아리활동이다. 신문동아리, 시사토론동아리, 과목별동아리 등 교내에 동아리는 무수히 많을 것이다. 우리가 선택을 해야 하는 것은 지원하고자 하는, 전공과 연관된 동아리 활동을 하는 것이 좋다. 영상계열이라면 방송동아리, UCC제작동아리, 학교홍보동아리, 영화동아리 등이 있다. 그러나 반드시 진로에 꼭 대응하지 않더라도 비슷한 계열 내에서 전공 역량을 키울 수 있는 동아리여도 좋다. 단순히 전공과 부합하는 동아리활동의 명칭보다 전공분야 학습과 연구에 필요한 기본 역량을 개발시킨 경험이 중요하다고 판단하는 몇몇 대학도 존재하기 때문이다. 또한 동아리 내에서 어떠한 역할 혹은 활동을 했는지에 대해서도 명확하다면 자기소개서에 추가를 할 수 있겠다.

독서활동 같은 경우 저자명과 도서명밖에 기입이 되지 않는다. 마찬가지로 본인의 진로에 적합한 책을 선정하여 읽고 생활기록부에 기재를 하는 것이 좋다. 영상계열이라면 PD에 대한 책, 영화관련 책, UCC관련 책, 그 외에 희곡도 좋다. 도서에 대한 부분은 특히 면접에서 질문이 들어올 가능성도 있기 때문에 반드시 책을 읽고 생활기록부에 추가하는 것이 좋다. 본인이 생활기록부에 PD관련 책을 추가하였는데, 면접 때 그 책에 대한 질문을 받았을 때, 대답을 제대로 하지 못한다면, 감점요인이 될 수 있기 때문이다.

일단 학생부종합전형으로 지원할 때 내신 성적이 조금 낮더라도 생활기록부가 탄탄하다면 낮은 내신을 극복하고 자신의 성적기준보다 상위 대학에 진학하는 사례도 적지 않다.

다음은 실기전형이다. 실기전형을 준비하는 학생들은 대부분 목표 대학이 비슷하다. 한국예술종합학교, 중앙대학교, 동국대학교, 서울예술대학정도일 것이다. 예술영상계의 탑이라고 할 수 있는 이 네 개의 대학은 어떻게 준비를 해야 할까?

질문에 답을 하기에 앞서 우리는 간단히 몇몇 대학의 경쟁률을 살펴보도록 하겠다.

먼저 한국예술종합학교의 경쟁률은 공개된 2017학년도 기준 영화과가 22:1정도, 방송영상과가 10:1정도로 확인이 된다. 실기전형을 준비하는 학생들 기준으로는 이 경쟁률은 결코 높은 경쟁률이 아니라는 것을 알 수 있을 것이다. 즉 서울대라고 경쟁률이 가장 높은 것이 아닌 것처럼 타 학교들에 비해 월등하게 경쟁률이 높은 학교가 아니란 소리다. 한국예술종합학교가 상대적으로 경쟁률이 높지 않은 이유는 기출 난이도가 높은 이유도 있겠지만 1차 시험에서의 영어능력평가와 언어능력평가 때문이 아닐까 싶다. 2013년 이후부터 출제되는 문제들은 난이도가 점점 낮아지는 추세를 보이고 있으나, 그래도 실기를 지망하는 학생들에겐 버거울 수 있다. 특히 어학 특기자전형이나 내신 성적 특별전형의 경우는 5~10:1 수준의 경쟁률로, 세종대나, 단국대, 서경대의 50~70:1 수준에 한참 못 미치는 경쟁률을 보여준다. 또 다른 이유를 설명하자면 타 학교의 실기난이도보다 높은 수준의 문제가 출제된다. 보통은 이야기 구성 즉, 제시된 상황이나 조건에 맞는 시놉시스를 작성하는 것이 실기문제인데, 한국예술종합학교의 경우 주어진 조건들이 많을 때도 있고, 예상치 못한 문제가 출제되는 경우도 있다. 한국예술종합학교를 준비하고자 한다면 1차 언어능력평가와 영어능력평가, 그리고 실기 준비에 전념해야 할 것이다.

한국예술종합학교 영상원 1차 언어능력평가와 영어능력평가에 대한 팁을 주자면, 언어능력평가는 한국예술종합학교만의 독특한 사고를 바탕으로 풀어내는 시각자료 즉, 사진, 도표, 그림을 활용한 문제가 많이 출제된다. 또한 현대시, 현대소설, 현대희곡은 반드시 출제되고, 비문학 독해 지문은 예술관련 지문이 대부분이기 때문에 사전에 미리 공부를 해두면 좋다. 수능 언어평가와 구별되는 큰 특징은 소설이나 희곡이, 다양한 외국작품이 출제가 된다는 점이다. 수능의 현대문학만으로는 절대 한국예술종합학교의 언어문제를 준비할 수 없다.

영어능력평가의 경우 예전까지는 난이도가 높았으나 최근에는 난이도가 기존에 비해 낮아졌다. 기본적으로 영어실력이 출중하다면 큰 무리는 없다. 언어능력평가처럼 영어도 예술 지문과 단어들이 주로 나오기 때문에 단어는 필수적으로 공부해야 한다. 또한 문제에서 서양의 시인, 예술가에 대한 부분들이 출제되는데, 답을 찾아보면 그들에 대한 명언이 답인 경우가 많으므로, 외국 예술가들의 명언집을 읽어보는 것도 좋은 방법이다.

다음은 중앙대학교를 살펴보자. 중앙대 같은 경우는 잠깐 언급을 하였지만 1차에서 학생부교과 100%로 선발하기 때문에 내신이 굉장히 중요하다. 현재 중앙대학교에서 공개된 합격자 평균내신을 살펴보면 영화과 기준으로 2.55등급이 나온다. 약 2등급~3등급 사이는 되어야 내신 성적으로 합격권에 들어갈 수 있다는 소리다. 경쟁률을 보면 한국예술종합학교와 마찬가지로 19~20:1정도로 비슷한 수준이다. 내신 반영이 높기 때문에 낮은 성적인 학생들, 실기에만 몰두하는 학생들은 이 학교에 지원하기가 어려울 것이다. 과거에는 내신 성적보다는 실기의 비중이 높았으나 요즘은 실기전형도 내신 비중이 높아지고 있는 추세이기 때문에 어느 정도의 내신도 준비를 해놓는 것을 권장한다.

내신 성적 비중이 높은 대학들이 있다면 낮은 대학들도 존재한다. 대표적으로 서울예술대학, 단국대학교, 세종대학교, 서경대학교 등이 있다. 이 학교들은 평균내신등급이 상대적으로 낮은 편에 속한다. 그렇기 때문에 성적으로 불리한 학생들이 실기에 전념하여 전략적으로 지원하게 되어 경쟁률이 높을 수밖에 없는 것이다. 내신이 높다면 앞서 언급한 학교를 지원하였을 때 내신반영 성적으로 높은 점수를 얻을 수 있다는 장점이 있다. 단, 경쟁률이 높은 만큼 실기에 신경을 많이 써야 할 것이다.

학생들이 자기소개서나 실기 준비를 철저하게 하는 반면, 면접은 소홀히 준비하는 경우가 많다. 면접의 중요도는 학교, 학과, 전형마다 조금씩 다르지만 대입에선 의미 없는 면접은 없기 때문에 자기소개서나 실기만큼 중요하다고 볼 수 있다. 다음 그림은 학생부종합전형에서의 예상 면접 질문과 실기전형의 예상 면접 질문을 간단하게 추려보았다. 예상 질문들을 보면 학생부종합전형과 실기전형에서 묻는 질문들이 조금은 다르다는 것을 볼 수 있다.

학생부종합전형에서 면접 기준은 생활기록부 혹은 자기소개서를 바탕으로 학생의 개인적인 질문들이 많이 들어올 수 있다. 또한 학생의 활동내역 사실 여부를 확인 차 질문하는 경우도 있다. 면접 준비를 할 때는 생활기록부와 자기소개서 내용을 참고하여 사실적으로, 진솔한 예상 답변을 작성하는 것이 좋다. 실기전형의 예상 질문은 예측하지 못한 질문들을 받을 수 있기 때문에 각별히 신경 써야 한다. 학생부종합전형처럼 개별적인 질문들이 들어올 수 있고 답변하기 어려운 난해한 질문이 들어올 수 있다. 실기전형의 질문들을 살펴보면 영화나 영상에 관련되거나 연출의 재능을 확인할 수 있는 간단한 테스트적인 내용이 대부분이다. 답변은 최대한 진솔하게, 본인이 영화나 영상에 대해 깊이 있는 생각을 하고 있고, 이 분야가 명확한 진로라는 것을 직간접적으로 어필하는 것이 좋다.

면접은 말을 잘하고 못하고의 문제는 아니다. 분명 내성적인 성격 탓에 답변을 제대로 못하는 학생들도 있을 것이다. 면접관의 질문에 대한 자신의 생각을 최대한 솔직하고 본인의 역량을 전달할 수 있는 것이 중요하다.

두 전형들의 면접을 준비하려면 어떠한 질문을 받을지는 예상할 수 없기 때문에 예상 문항을 최대한 많이 뽑아 보는 것이 좋다.

학생부종합전형

1	실제 영상촬영 경험은 있나요?
2	학생의 가치관은?
3	인생에서 가장 힘든 점을 말해보세요
4	수시로 어디 학교 지원하였나요?
5	자기소개 30초 / 1분 /2분 해보세요
6	자신의 진로에 대한 본인의 강점은 무엇인가요?
7	마지막으로 할 말을 해주세요. 자기 PR도 좋아요
8	요즘 사회가 여러 가지 문제로 혼란스러운데 어떻게 해결해야 한다고 생각하나요?
9	진로희망이 학년마다 조금씩 변했는데 본인과 부모님의 생각은?
10	○○동아리에서 자신의 역할에 대해 말해보세요

실기전형

1	모두가 행복하려면 어떻게 해야 할까?
2	누군가가 돈을 주고 영화를 하지 말라고 하면 어떻게 할 것인가?
3	자신이 창의력이 많다고 생각하는가?
4	왜 학과에 지원했나요?
5	좋아하는 국내 영화 3가지
6	왜 영화가 하고 싶은지
7	영화과에 오면 무슨 영화를 찍고 싶은지
8	감독에게 가장 필요한 자질이 무엇이라고 생각하나요?
9	좋아하는 국내 감독 3명과 이유
10	행복의 기준이 뭘까요?

CHAPTER 9

소프트웨어
특기자전형
소개

엄마, 아빠에겐 국·영·수보다
어려운 소프트웨어 세계

현대 사회는 우리가 생각하던 일들이 실제로 눈앞에서 벌어지고 있는 최첨단 디지털 시대다.

어제까지 수많은 사람들에게 사랑받던 서비스가 당장 내일 새로운 서비스에 밀려 고객을 잃을 수도 있고, 전통적으로 사랑받던 직업들이 새로운 디지털 환경에 적응하지 못하고 역사의 한 페이지로 사라질 수도 있다. 이렇듯 하루가 멀다하고 생기고 사라지는 디지털 전쟁 속에서 살아가고 있다는 자각이 첫 번째로 필요하다.

몇 년 전, 카카오톡이 한국 메신저 시장을 선점하고 1위로 우뚝 선 것도 모자라 2014년 10월에 '다음'이라는 거대 포털^{구 한메일}과 합병을 하며 단숨에 코스닥 시장에서 시가총액 10위 안으로 진입한 사건이 있었다.

합병 후 1년 후인 2015년 10월에 회사 이름을 〈다음카카오〉에서 〈카카오〉로 바꾸게 된다. 이 이야기가 왜 중요하냐면, 한메일을 운영하는 다음이라는 대기업을 카카오라는 신흥 IT기업이 먹어버린 대표적인 사례이기 때문이다. 아무리 대단한 기업이라도 이 세계에서 새로운 도전과 변화에 소극적으로 대처해서는 살아남기 어렵다. 그렇게 승승장구하던 카카오가 여러 사업 확장을 통해 변화를 모색하고 있다. 또 어떤 서비스와 기업이 우리의 마음을 사로잡아 하루아침에 성장할지 아무도 모르는 일이다. 이 점이 이 산업의 가장 큰 매력이 아닐까싶다.

아직도 우리 아이들을 남들과 똑같은 국어, 영어, 수학 중심으로 가르치며 안정적이라는 공무원 시험을 준비시키는 학부모가 되려고 하는가? 실제로 한국경제연구원에서 성인 2,000명을 대상으로 직업선호도에 대한 국민설문을 진행한 결과 직업선호도 순위 1위가 공무원이었다. 이 순위는 결국 학부모들의 인식이 아직도 안정감을 추구하는 쪽인 것으로 이해할 수 있다. 학부모들은 국어, 영어, 수학 같은 과목은 본인들이 가능한 범위 내에서 학습지도 및 체크가 가능하지만, 코딩이나 소프트웨어 교육은 학부모들이 전혀 모르는 세계라서 아이들을 지도하는 게 불가능하거나, 어려움을 겪기 때문이라고 이야기한다.

우리 아이들이 자라서 활동할 시기가 되면 4차 산업혁명이 실생활에 밀접하게 적용된 세상이 될 것이다. 어쩌면 우리가 지금 매일 만나고 이야기하던 직업군들은 사라지고 새로운 직업들이 사회를 움직이고, 구성하게 될지도 모르는 일이다.

실제로 지난 2016년 다보스 세계경제포럼에서 다보스 세계경제포럼의 창립자인 클라우스 슈밥 회장은 앞으로 4차 산업혁명을 통해 2020년까지 선진국에서 710만 개의 일자리가 사라질 것이라는 예측을 내놓았다. 4차 산업혁명 시대가 현실화되면, 제조/물류기반의 산업은 회사에서 개발하는 제품과 고객의 상황에 따라 AI와 빅데이터를 기반으로 한 능동적인 작업방식을 스스로 결정하게 될 것이다. 이것은 디지털혁명이라고 불리었던 3차 산업혁명 과정의 기반 위에서 4차 산업혁명이 창조될 수 있다는 이야기이기도 하다.

지금 이야기하는 4차 산업혁명이란 인공지능, 로봇기술, 생명과학이 중심이 되어 미래 산업군을 움직이는 차세대 산업혁명을 의미한다. 1784년 증기기관과 기계화로 영국에서 처음 시작된 1차 산업혁명 이후, 1870년 전기를 이용한 대량생산이 본격화된 2차 산업혁명, 1969년 인터넷의 탄생과 컴퓨터 정보화 및 자동화 생산시스템이 산업을 움직이는 것을 우리는 3차 산업혁명이라고 불렀다. 앞선 3차 산업혁명까지의 공장, 생산라인의 자동화는 미리 설계된 프로그램에 따라 시설들이 수동적으로 움직였다면, 4차 산업혁명 시대에서는 디지털, 바이오, IoT 같은 개별 기술들이 서로 각자의 장점을 융합하여, 3D 프린터, AI, 무인 자동차, 빅데이터 분석을 통한 타겟 마케팅 등 다양한 기술들이 모두 연결되며 보다 지능적이고 편리한 사회가 될 것이다.

이미 선진국들 사이에서는 이런 현상을 대비하여 국가적인 차원에서 프로젝트를 진행하고 있다. 독일의 인더스트리 4.0, 미국의 산업 인터넷, 일본의 로봇 신전략, 중국의 제조 2025 같은 프로젝트들을 대표적인

4차 산업혁명 프로젝트라고 이야기할 수 있다.

특히 4차 산업혁명의 선두 국가인 독일의 경우 인더스트리 4.0 프로젝트를 통해 1,500만개 가량의 제조업을 디지털 산업으로 바꾸는 준비와 함께 1억 유로를 연구비로 투자해 제조업만이 아닌 모든 산업에 적용할 수 있는 디지털 플랫폼 국가로서의 첫 걸음을 내딛으려 하고 있다. 우리나라도 국가적인 차원에서 ICT 융합 기술에 대한 관심과 함께 4차 산업혁명의 사회적 준비를 늦게나마 시작했는데, 그 대표적인 사례가 바로 초등학교와 중학교에서 기존 '정보' 교과목을 소프트웨어 교육으로 개편한 것이다. 연간 34시간 이상의 코딩 관련 교육을 운영할 수 있도록 했으며, '소프트웨어 교육 연구 선도학교'를 전국 1200개 학교로 확대하고, 교육을 원활하게 운영할 수 있도록 운영비를 지급하고 있다.

또한 국가 경쟁력 확보를 위해, 정부에서 대학을 지원하여 소프트웨어 특기자전형을 신설하였으며, 신설 첫 해인 15년도에는 8개 대학에서 40여명을 모집했지만 3년 만에 20개 대학으로 확대 되어 600여명 가까운 학생을 뽑는 폭발적인 성장력을 보여주고 있다. 본격적으로 소프트웨어 특기자전형의 설명에 앞서 왜 요즘 코딩이 학부모들 사이에서 열풍인지, 4차 산업혁명이란 무엇인지 간단한 설명과 함께 이해를 도왔다. 이제 본격적으로 대입 전형 분석을 시작해볼까 한다.

소프트웨어 특기자전형 소개

　우리 아이들이 들어가게 될 대학에는 소프트웨어 특기자전형이라는 것이 있을까? 우리 아이는 학생부종합전형으로 대학에 가야 할까? 이런 질문들에 대답하기 전에 먼저 '소프트웨어 특기자전형'이라는 것에 대해 살펴볼 필요가 있다. 아무리 맞춤형 전형이 있다고 한들, 해당 전형에 대한 정보가 전혀 없다면 우리 아이에게 필요한 전형인지 아닌지 판단하기 어려울 것이기 때문이다.

　미래창조과학부와 교육부에서는 2015년부터 정부 지원 사업으로 〈소프트웨어 중심대학〉을 선정하고, 선정된 대학에 대하여 〈소프트웨어 중심사회를 위한 인재양성 추진계획〉을 발표하면서 선정된 대학교에 소프트웨어 특기자전형을 신설하여 미래 국가 산업을 이끌어나갈 전문 인력을 양성하는데 지원을 아끼지 않고 있다.

2015년 SW중심대학	2016년 SW중심대학	2017년 SW중심대학
40여 명 선발	400여 명 선발	572명 선발
1. 고려대학교	1. 고려대학교	1. 고려대학교
2. 서강대학교	2. 서강대학교	2. 서강대학교
3. 성균관대학교	3. 성균관대학교	3. 성균관대학교
4. 아주대학교	4. 아주대학교	4. 아주대학교
5. 경북대학교	5. 경북대학교	5. 경북대학교
6. 세종대학교	6. 세종대학교	6. 세종대학교
7. 충남대학교	7. 충남대학교	7. 충남대학교
8. 가천대학교	8. 가천대학교	8. 가천대학교
	9. 카이스트(KAIST)	9. 카이스트(KAIST)
	10. 한양대학교	10. 한양대학교
	11. 서울여자대학교	11. 서울여자대학교
	12. 부산대학교	12. 부산대학교
	13. 동국대학교	13. 동국대학교
	14. 국민대학교	14. 국민대학교
		15. 중앙대학교
		16. 경희대학교
		17. 광운대학교
		18. 단국대학교
		19. 조선대학교
		20. 한동대학교

2015년에는 고려대학교, 서강대학교, 성균관대학교, 세종대학교, 가천대학교, 경북대학교, 아주대학교, 충남대학교 총 8개 대학교가 소프트웨어 중심대학으로 선정되어 총 모집인원 40여 명을 선발한 것으로 시작해 2016년 3월 말에는 KAIST, 국민대학교, 동국대학교, 부산대학교, 서울여자대학교, 한양대학교 6개 대학교가 추가로 선정되어 2018학년 전형계획을 발표했다. 기존 8개 대학교의 선발 인원이 40여 명에서 400

여 명으로 증가되는 등 폭발적인 성장이 시작되었다.

2018년에 와서는 중앙대학교, 단국대학교, 경희대학교, 조선대학교, 광운대학교, 한동대학교가 추가로 소프트웨어 중심대학으로 선정되어 2019학년에는 총 20개의 학교가 소프트웨어 특기자전형을 운영하게 되었다. 이렇듯 국가적인 차원에서 전문 인력을 양성하기 위해 대학에 지원을 아끼지 않고 있다. 이는 결국 미래 국가 경쟁력이 인공지능을 중심으로 한 소프트웨어 산업에서 결정되기 때문이며, 해당 분야의 전문 인력을 양성하는 것이 그만큼 중요해졌기 때문이다.

이를 위해 대학에 투자하는 비용도 만만치 않다. 소프트웨어 중심대학으로 선정된 대학교에는 기본 4년부터 최장 6년간 연 평균 20억 원의 지원금이 투자된다. 기본 평가 년인 4년이 지난 후에는, 우수대학교에 대하여 예산범위 내에서 2년을 추가로 지원하기도 한다. 미래창조과학부 장관의 말에 따르면 "매년 소프트웨어 중심대학을 5개씩 추가 선정해 2019년까지 30개로 확대 하겠다"라고 밝힐 정도로 해당 분야를 준비하는 학생이라면 이제 학생부종합전형뿐만 아니라 소프트웨어 특기자전형도 선택이 아닌 필수 전형이 된 셈이다.

여기서 하나 더 주목해야 하는 부분은 소프트웨어 중심대학으로 선정된 학교들이 대부분 이름만 들어도 알만한 KAIST, 고려대학교, 서강대학교, 중앙대학교 등의 명문대라는 점에 있다. 대학교뿐만 아니라 소프트웨어 교육 연구 선도학교로 선정된 초, 중, 고등학교 역시도 명문학교들이 대거 선발되었다. 서울권만 가볍게 살펴보아도 초등학교부터 도곡초등학교, 이화여자대학교부속초등학교, 서래초등학교, 방학초등학교 등의 55개 학교가 선발되었으며, 중학교는 건국대사범대학교 부속중학교, 마포중학교, 경희여자중학교, 서울대학교사범부설중학교, 영훈국제중학교 등의 37개 학교가 선정되었다. 또한 고등학교로는 한성과학고등학교, 세종과학고등학교, 대진여자고등학교, 잠실고등학교 등 21개 학교가 선정되었는데 이런 명문학교 선정 이유는 정부의 사업 수행 실적과도 관계가 크다. 사업 초기 단계에서 선정되는 학교들은 시범학교의 개념과 함께 사업이 장기적인 지속성을 가지기 위해 초기 실적들이 뛰어나야 한다. 우리가 알고 있는 학교들에서 우수한 초기 사업성과를 거두게 되면 후발 주자들이 참여하는데 진입 장벽이 낮아짐과 동시에 초반에 사람들의 관심을 크게 끌 수 있기 때문이다.

실제로 학교에서 운영하고 있는 교육의 내용도 다양하다. 개념의 이해를 돕기 위한 축제 체험 형태의 활동부터 실제 알고리즘을 짜는데 도움을 줄 수 있는 스크래치 프로그래밍 교육을 하기도 하고, 소프트웨어와 하드웨어의 융합적 활동인 아두이노 로봇제어도 학교에서 실제로 학생들이 참여하여 교육을 받기도 한다.

소프트웨어 중심대학별로 학생을 뽑는 유형이 다양한데, 소프트웨어 특기자전형은 정확히 말하자면 '이름'만 특기자전형일 뿐이다. 소프트웨어 특기자전형으로 학생을 뽑기도 하고, 기존의 학생부종합전형에서 모집인원을 만들거나 늘려 학생을 뽑기도 한다. 재미있는 점은 사회적 현상을 반영한 듯, 아주대학교와 부산대학교의 경우 소프트웨어 특기자 TO를 수시가 아닌 정시로 편성하여 정시로 특기자를 선발하기도 한다.

서울시 소프트웨어 선도학교 리스트

구분		초등학교(55개)		중학교(37개)		고등학교(21개)
연구학교		진관초등학교		양진중학교	증계중학교	개포고등학교
선도학교	계속지정	고산초	신상도초	건대부중	창북중	대광고
		누원초	염리초	광신중	청원중	대진여고
		당중초	염창초	길음중	충암중	둔촌고
		대방초	우이초	대경중	풍성중	마포고
		도곡초	이태원초	동덕여중	한울중	미림여자정보고
		둔촌초	이대부속초	동신중	혜원여중	서울디지텍고
		면중초	잠신초	마포중	홍은중	선린인터넷고
		목운초	잠실초	무학중		성동고
		무학초	장충초	미성중		세명컴퓨터고
		묵현초	정덕초	상원중		세종과학고
		문백초	청계초	대성중		잠실고
		방산초	청량초	서울대부중		장충고
		서래초	탑동초	숭문중		청원고
		서일초	한산초	영란여중		
		송중초	홍은초	영훈국제중		
		수명초	유석초	용산중		
		수암초	충암초	장충중		
		신봉초	화랑초	중동중		
	신규선정	강월초	신명초	경희여중		덕수고
		고일초	신양초	고대부중		면목고
		금천초	양화초	구룡중		신림고
		금화초	영도초	덕수중		오류고
		길음초	영서초	동양중		오산고
		동북초	옥정초	삼선중		청원여고
		방학초	은진초	서울대부여중		한성과학고
		서강초	잠동초	서일중		
		신남성초		홍대부중		
		은석초		휘경여중		

동일한 정부지원사업을 받는 소프트웨어 중심대학의 특기자전형 모집 요강에 특기자와 학종이 섞이게 된 이유는 짚고 넘어가지 않을 수 없는다. 앞서 밝힌 것처럼 소프트웨어 중심대학 선정 사업은 2015년에 교육부와 미래창조과학부가 '소프트웨어 중심사회를 위한 인재양성 추진 계획'을 발표하면서 시작되었다.

이때 미래창조과학부의 소프트웨어 특기자 사업을 바라보는 견해와 교육부가 바라보는 이해가 달랐다. 미래창조과학부는 소프트웨어 중심대학 사업 공모 당시에 관련 인재를 선발할 수 있는 전형으로 특기자전형을 예시로 들었고, 교육부에서는 고등학교 교육 정상화 지원 사업 등을 이유로 특기자전형의 축소를 예로 들었기 때문이다. 특기자전형의 확대와 축소가 한눈에 봐도 서로 상반되는 내용임을 알 수 있겠다. 좀 더 이해하기 쉽도록 설명하자면, 미래창조과학부가 내세우는 특기자전형의 확대는 말 그대로 학교 교육에서 인정하지 않는 외부 수상실적의 적용을 의미한다. 반대로 교육부에서 이야기하는 특기자전형의 축소는 외부 활동을 기록하지 않는 교내 생활기록부 내용의 충실도를 기반으로 고등학교 교육 내에서의 인재 선발을 기본 골자로 하고 있다.

만약, 소프트웨어 관련된 학과를 가고 싶은 고등학교 3학년 친구가 두 명 있다고 가정해보자. A학생은 학교생활에 충실하면서 정보올림피아드 대회나, 각종 소프트웨어 경진대회에 나가 여러 번 수상한 기록을 가지고 있고, B학생은 교내 대회에서 입상한 기록은 있지만 정보올림피아드 대회 또는 외부 대회의 참가 기록은 가지고 있지 않다. 이 두 학생이 원하는 대학교에 가기 위해서 수시를 준비한다고 할 때, 과연 각자 어떤 전형으로 입학 원서를 넣는 것이 유리할지 생각해보면 쉽게 답을 찾을 수 있다. 외부 수상기록을 가지고 있는 A학생은 본인의 수상기록을 포트폴리오로 제출할 수 있는 소프트웨어 특기자전형을 도전하는 것이 적절하다. 만약 A학생이 학생부종합전형으로 컴퓨터 관련된 과를 지원한다면 고등학교를 다니며 나갔던 각종 대회 수상 기록을 아무것도 쓸 수 없게 되기 때문이다. 그렇다면 반대로 B학생은 어떤 전형으로 학교에 입학 지원을 해야 할까? 바로 학생부종합전형을 통한 소프트웨어 학과 입학을 노리는 것이 바람직하다. 만약, B학생이 소프트웨어 특기자전형에 입학원서를 넣게 되면, A학생처럼 외부 활동이 많은 친구들과 경쟁을 해야 하기 때문에 상대적으로 활동이 적어져 보일 수밖에 없기 때문이다.

이처럼, 미래창조과학부와 교육부에서 바라보는 소프트웨어 인재에 대한 견해가 완전히 달랐다. 미래창조과학부가 바라보는 소프트웨어 특기자전형은 '소프트웨어 분야에 뛰어난 역량을 가진 인재'를 뽑는 전형이었기 때문에 그 분야에서 뛰어난 성취를 이룬 학생들을 필요로 했다. 교육부에서 기존에 규정하고 있던 형식적인 특기자전형이 아니었던 것이다.

이런 양 부처 간의 갈등 속에서 미래창조과학부는 소프트웨어관련 인재를 꼭 특기자전형으로만 선발해야 한다는 입장은 아니라고 밝혔다. 교육부에서도 기존 학생부종합전형을 계속 활용하거나 소프트웨어 특기자전형의 인재선발규모가 큰 폭이 아니면(2015년 당시 40여 명 선발) 고등학교 교육정상화 사업에 영향을 미치지 않을 수 있다고 입장을 정리하였다. 소프트웨어 특기자 사업은 미래창조과학부가 주도적으로 추진할 수 있게 되었지만, 이런 과정은 결국 모집 요강의 통일성이 사라지고 학생부종합전형 선발과 특기자전형이 섞이는 다양함을 가져오게 되었다.

소프트웨어 특기자전형은 만들어진 지 몇 년 안된 신규 전형이라는 점과 소프트웨어의 기본 지식과 실기 능력까지 갖추려면 최소 2~3년은 준비할 수 있는 시간이 필요한 분야라는 점 때문에 올해까지는 소프트웨어 특기자전형의 지원자 레벨이 생각보다 높지만은 않을 것으로 된다. 올해는 실기고사를 실시하는 학교가 많지 않다는 점 또한 짧은 기간이 만들어낸 메리트라고 판단된다. 앞으로 해가 넘어갈수록 실기고사를 실시하여 학생의 실무 역량을 판단하는 대학들이 늘어날 것으로 생각되는데, 그 이유 중 하나가 바로 현장 중심의 실무 인재 육성이라는 교육 철학 때문이다.

그렇다면 이런 실무 중심의 인재를 선호하는 특기자전형을 준비하기 위해서는 어떤 전략을 써야 할까? 이해를 돕기 이해 실제 지도했던 학생들의 사례를 중심으로 한번 이야기를 펼쳐볼까 한다.

작년에 포항공과대학교에 합격한 친구가 있었다. 이 친구의 경우 고등학교 1학년 때 극장에서 4D영화를 체험하면서부터 VR Virtual Reality이라는 가상현실 시스템에 관심을 가지게 되었다. 처음에는 가상현실의 매력에 빠져 관련 영화와 정보를 찾아보는 것부터 시작했다. 그러다 보니 호기심이 점점 늘어나 결국 그해 겨울에는 개발자 버전의 VR기기를 직접 사서 집에서 관련 컨텐츠를 언제든 체험하기 시작했다. 이런 가상현실과 함께 로봇에 관심이 많아 학교에서는 로봇과 소프트웨어 동아리 활동을 하고 있었는데, 본인의 개발자 VR장비를 동아리에 기부하며 동아리원들이 함께 가상현실 시스템을 분석하고 공부할 수 있는 협력의 장을 마련하기도 하였다. 그러던 중 학교 동아리발표 때 VR기기의 체험 부스와 함께 앱인벤터Appinventor로 구현한 로봇제어 시연까지 성공적으로 진행하여 이런 활동들이 모두 생활기록부에 고스란히 반영될 수 있었다. 평소에 수학을 좋아하다 보니 수학과 관련된 대회에 나가 입상한 기록을 더하여 6개 대학을 선정하여 입학원서를 넣을 때 학생부종합전형과 특기자전형의 밸런스를 적절히 맞출 수 있었다.

위에서 보듯이 기본적으로 이쪽 분야를 전공하고자 하는 학생들은 정말로 소프트웨어를 좋아해야 흥미를 발전시켜 나아갈 수 있고, 결국에는 대학 졸업 후 자신의 진로에 맞는 직업을 찾을 수 있는 것이다. 여기 자신의 진로를 가지고 실제로 사업까지 확장시킨 또 하나의 사례가 있다.

2009년 아이폰이 시장을 선도할 당시에 한 고등학생이 개발해 서비스했던 어플리케이션이 화제가 된 적이 있었다. 아마 대부분 한 번쯤은 써봤고, 지금도 쓰고 있을 이름만 대면 다 알만한 〈서울 버스〉어플리케이션, 이 서울버스 앱은 그 당시 고등학생이었던 유주완 학생이 직접 개발한 서울, 인천, 경기도의 실시간 버스 배차 현황과 노선을 확인할 수 있는 아이폰용 앱 서비스였다. 12월 앱스토어에 등록되자마자 무료 애플리케이션 인기 1위에 올라섰으며, 현재까지 약 25만명의 사용자가 내려 받아 사용하고 있다. 그 당시 앱스토어에 등록되자마자 무료 어플리케이션 인기 1위로 등극되며, 서비스를 시작 한지 1개 월 만

에 약 25만 명의 사용자가 내려 받아 사용 했을 만큼 선풍적인 인기를 끌었다.

서울버스의 개발 동기는 매우 단순했다. "학원을 다닐 때 막차 시간을 몰라 걸어서 집까지 가고 있었는데 그 때 마침 막차 버스가 내 옆을 지나가더라. 그래서 버스 실시간 배차 현황을 확인할 수 있는 서울 버스를 만들 생각을 하게 됐다"라고 밝혔다. 초등학교 4학년 때부터 html로 홈페이지를 만드는 등 프로그래밍에 관심이 많았고 다양한 프로그래밍 언어들을 경험한 것이 아이폰 개발 언어인 오브젝트-C를 다루는데 도움이 되었다고 이야기했다.

서울버스 앱 개발 이후 이 경험을 살려 연세대학교 글로벌융합공학부에 당당히 합격했으며, 이에 그치지 않고 서울버스 모바일 앱의 서비스 강화를 위해 직접 회사를 차려 당당히 한 회사의 대표로서 사회적 책임과 활동을 병행하기까지 했다.

그렇다면 개발 8년이 지난 2018년 지금은 어떤 모습일까? 하루에도

버스를 탈 때도, 내릴 때도
놓치지 않게 챙겨드려요

수백 개가 넘는 앱이 나오고 사라지는 모바일 시장에서 서울버스는 어떤 위치에 있을까? 2014년 다음과 카카오가 합병하기 얼마 전, 다음 측에서 서울버스 회사를 인수하며 현재는 〈카카오버스〉라는 서비스명으로 1000만 명의 사용자에게 지속적으로 사랑받고 있다.

이처럼 한 학생의 순수한 아이디어가 직접 개발로 이어질 수 있었던 것은 본인 스스로가 개발자로서의 역량을 갖추고 있었기에 가능했던 일이었다. 만약 본인 스스로 개발 할 수 없었다면 그 당시의 서울버스와 지금의 카카오버스가 존재할 수 있었을까? 필자의 생각으로는 직접 개발을 할 수 없기에 외주 개발을 의뢰하거나, 초기 개발비 확보를 위해 투자를 받아야 하는 상황을 맞이했을 것이며, 아무리 좋은 아이디어를 가지고 있다고 하더라도 고등학생 상태에서 투자를 유치하기는 불가능했을 것이다. 투자가 이뤄지지 않은 상태에서 외주 개발을 이용할 수도 없으므로 개발 자체가 가능하지 못했을 것이다.

또 하나의 의미 있는 내용은, 개발자가 직접 밝혔듯이 초등학생 때부터 다양한 개발 언어C언어, html 등에 관심을 가지고 경험했던 것이 고등학생이 되어서 직접 개발을 하는데 많은 도움이 되었다는 점이다. 소프트웨어 교육이 정규 교과 과목으로 편성되면서 많은 학생들이 코딩에 대해 직접적인 교육을 받게 된다. 하지만 단순히 암기하듯 코딩을 경험한다거나 정해진 수업을 숙제하듯 진행하는 교육 방식으로는 창의적인 활동과 제작해야 하는 개발의 세계에서 어린 학생들에게 코딩 교육이 오히려 부정적인 문제를 낳을 수도 있다.

서울버스를 개발한 유주완 대표는 이런 문제에 대해 한 언론사와의 인터뷰에서 "소프트웨어 교육이 화두가 되는 것은 바람직하지만 하고 싶은 학생을 대상으로 교육해야 한다. 주먹구구식으로 관심도 없는 학생에게 가르치면 공부를 강요하는 것과 다를 바가 없다"라고 말하기도 하였다. 이어서 "소프트웨어에 관심이 없는 학생을 대상으로 교육하면 효율이 떨어질 수밖에 없다"고 우려하기도 하였다.

지금까지 소프트웨어의 세계와 대표적 사례들을 살펴보았다. 그렇다면 앞으로 우리 아이가 선택해야 하는 특기자전형은 어떤 것들이 있는지 요목조목 이야기해보도록 하자.

고려대학교
소프트웨어 특기자 분석

고려대학교의 경우 실기위주 특기자전형으로 소프트웨어 인재를 선발한다. 학과명은 컴퓨터학과로, 모집 인원은 18명을 선발한다.

특기자전형답게 수능최저학력기준이 없으며, 국내외 고교졸업(예정)자라면 누구나 지원을 할 수 있도록 되어 있다. 특히 검정고시 출신자도 지원 할 수 있으므로 상대적으로 기회가 적은 검정고시를 치룬 학생들에게도 좋은 기회가 될 수 있을 것으로 보인다.

고려대학교에서 중요하게 생각하는 포인트는 바로 수학과 과학물리, 화학, 생명과학, 지구과학 등 성적이다. 만약 학생이 소프트웨어 프로그래밍에 대한 수학적이고 과학적인 접근 사례나 보고서를 작성한 경험이 있다면 고려대학교에 지원할 때 어필 포인트로 작용할 수 있을 것이다. 그 외에도 온라인 정보보호와 관련된 활동, 봉사활동을 통한 도덕적 실천사례가 생활기록부에 반영되어 있다면 가점을 노려볼 수 있다.

고려대학교 소프트웨어 특기자전형 선발 방식은 총 2단계로 진행된다. 1단계에서는 서류 100%로 모집 인원의 5배수인 90명을 선발한 뒤 2단계 면접을 진행한다. 이 때 1단계 평가 서류 목록에는 고등학교 생활기록부, 자기소개서, 추천서, 활동증빙서류 목록표와 활동증빙서류 등의 자료를 제출해야 하는데, 활동증빙서류란 고교 재학 중 취득한 각종 대회 실적들로, 특히 수학과 과학에 관련된 활동을 증빙할 수 있는 서류라면 많은 도움이 될 수 있다.

소프트웨어 특기자전형의 컴퓨터학과는 자연계열로 분류되어 별도의 수학과 과학 관련된 실기고사 없이 면접만으로 평가받게 되는데 외부 수상 실적이 중요한 특기자전형인 만큼 소프트웨어와 관련된 외부(올림피아드 대회, 정보보안 대회, 코딩 대회 등)활동들을 자기소개서에 얼마나 잘 나타내느냐가 1단계 서류의 핵심이라고 볼 수 있다. 자기소개서를 작성할 때는 단순히 활동의 나열을 적기보다는 수학이나 과학적 역량을 소프트웨어와 융합하기 위해서 스스로 어떤 노력을 했는지 구체적인 사례를 들어 서술해야 한다.

2단계 면접이 50%의 높은 비중을 차지하는 만큼, 면접에서는 생활기록부와 자기소개서를 바탕으로 좀 더 핵심적인 경험을 이야기한다. 특히 기억에 남는 소프트웨어 경험, 문제점, 해결책 등을 학생의 시각과 논리에 맞도록 설명하는 것이 중요하다.

대학교 소프트웨어 특기자 분석

		1단계	2단계	
일반전형	1,207	서류 100	1단계 성적 70	면접 30
학교추천 I	400	학생부(교과) 100	면접 100	
학교추천 II	1,100	서류 100	1단계 성적 50	면접 50
사회공헌자 I	25			
사회공헌자 II	25			
농·어촌학생	(116)			
사회배려자	(67)	서류 100	1단계 성적 50	면접 50
특수교육대상자	(37)			
특성화고교졸업자	(25)			
특성화고 등을 졸업한 재직자	(10)			
특기자전형		서류 100	1단계 성적 50	면접 50

학생부위주 (일반전형 ~ 특성화고 등을 졸업한 재직자)
실기위주 (특기자전형)

[사이버국방학과] 1단계: 서류100 / 2단계: 1단계 성적60+면접20+기타20(군 면접, 체력검정 등)
[체육교육과] 1단계: 서류100 / 2단계: 1단계성적70+면접30

가. 모집인원

457명

※ 사이버국방학과(18명) 육군과의 협약에 의해
여학생은 모집인원 10% 이내에서 선발함

나. 모집인원

국내·외 고등학교 졸업(예정)자 또는 관계
법령에 의하여 이와 동등 이상의 학력이 있
다고 인정된 자

자연계 모집단위

수학 및 과학(물리, 화학, 생명과학, 지구과학 등) 분야에서 학업성적이 우수하
거나 모집단위 관련 분야에 재능과 열정을 보인 자
컴퓨터학과: 상기 지원 자격 및 소프트웨어 분야에 재능이 있는 자
사이버국방학과: 상기 지원 자격 또는 정보, 정보보안 분야에 재능이 있는 자로서 군 인사법 제10조(장교 임
용 결격사유)에 저촉되지 않으며 만 16세 이상 23세 이하인 자(1995. 7. 2~2003. 7. 1 출생자)

인문계 모집단위
자연계 모집단위
(사이버국방학과 제외)

1단계	2단계	
서류 100	1단계 성적 50	면접 50
모집단위별 모집인원의 5배수 내외 선발		

실기위주	특기자전형	442 (18)	・ 1단계: 서류100 ・ 2단계: 1단계 성적50+면접50 ※ 사이버국방학과 ・ 1단계: 서류100 ・ 2단계: 1단계 성적60 + 면접20 + 기타20(군 면접, 체력검정 등) ※ 체육교육과 ・ 1단계: 서류100 ・ 2단계: 1단계 성적70+면접30

구분		학생부 위주											실기위주
		일반전형	고교추천 I	고교추천 II	기회균등특별전형								특별전형
					사회공헌자 I	사회공헌자 II	농어촌학생	사회배려자	특수교육대상자	특성화고교졸업자	특성화고 등을 졸업한 재직자		특기자전형
복수지원		상기 전형 중 1개 전형만 지원 가능			상기 전형 중 1개 전형만 지원 가능								가능
지원자격	일반고	○	○ 2019년 졸업예정자	○ 2019년 졸업예정자	○ 2018년 이후 졸업(예정)자	○ 2018년 이후 졸업(예정)자	○ 2018년 이후 졸업(예정)자	○ 2018년 이후 졸업(예정)자	○	-	-		○
	특목고	○	○ 2019년 졸업예정자	○ 2019년 졸업예정자	○ 2018년 이후 졸업(예정)자	○ 2018년 이후 졸업(예정)자	-	○ 재수생까지	○	-	-		○
	특성화고	○	-	-	○ 2018년 이후 졸업(예정)자	○ 2018년 이후 졸업(예정)자	○ 2018년 이후 졸업(예정)자	○ 2018년 이후 졸업(예정)자	○	○ 2018년 이후 졸업(예정)자	○ 산업체근무 3년 이상		○
	외국고	○	-	-	-	-	-	-	-	-	-		○
	검정고시	○	-	-	○ 2018년 이후 합격자	○ 2018년 이후 합격자		○ 2018년 이후 졸업예정자	○	-	-		○
수능최저학력기준		○	○	○	○	○	○	○	-	○	-		-
전형방법	전형요소	서류, 면접	교과, 면접	서류, 면접	서류, 면접	서류, 면접	서류, 면접	서류, 면접	서류, 면접	서류, 면접	서류, 면접		서류, 면접
	선발방식	단계별	단계별	단계별	단계별	단계별	단계별	단계별	단계별	단계별	단계별		단계별

구분		일시	
1단계 합격자 발표	인문계 모집단위, 자연계 모집단위	10.19(금) 17:00	
	체육교육과	10.26(금) 17:00	
면접고사	인문계 모집단위	10.27(토)	오전 08:20까지 입실완료 오후 13:30까지 입실완료
	자연계 모집단위	10.28(일)	오전 08:20까지 입실완료 오후 13:30까지 입실완료
	체육교육과	11. 6(화)	오전 08:20까지 입실완료 오후 13:30까지 입실완료
인성검사, 신체검사, 체력검정, 군 면접평가	사이버국방학과	10.25(목)-10.27(토) (2박 3일)	
최종합격자 발표	인문계 모집단위, 자연계 모집단위	11. 9(금) 17:00	
	체육교육과	11.16(금) 17:00	
	사이버국방학과	12.14(금) 17:00	

서강대학교
소프트웨어 특기자 분석

　서강대학교의 경우 2017학년도까지 운영됐던 외국어특기자전형과 수학과학특기자전형을 모두 폐지하면서 공식적으로 특기자전형 항목이 사라진 상태다. 특이한 부분은 소프트웨어 중심대학이기 때문에 알바트로스 창의전형을 통해 지원 사업을 수행 중이며 여기에 포함되는 전공과 모집 인원은 컴퓨터공학전공 11명 선발, 커뮤니케이션학부 5명 선발, 아트&테크놀로지전공 18명이다.

　특기자전형답게 수능최저학력기준은 적용받지 않으며, 국내외 고교 졸업(예정)자 중 소프트웨어와 관련된 분야에 역량을 보유한 인재라면 누구나 지원이 가능하다.

서강대학교 알바트로스 창의전형은 2단계 평가로 이뤄진다.

1단계 서류평가에서는 전공별 모집인원의 2~5배수를 선발한다. 1단계 평가서류는 생활기록부, 자기소개서, 추천서, 선택적으로 학교생활 보충자료를 제출하도록 되어 있다. 학교생활보충자료의 경우 자유롭게 주제를 선택하여 A4용지 3페이지 내에서 최대 3가지 내용을 작성한 뒤 PDF로 만들어 서강대학교 원서접수 양식에 맞게 온라인으로 업로드하도록 되어있다.

면접은 20%가 반영되는데, 제출서류인 생활기록부와 자기소개서 등을 바탕으로 진로에 맞는 학업능력, 창의적 문제해결 능력 등을 종합적으로 평가한다.

수시모집 모집인원

계열	모집단위	모집전공	입학 정원	정원 내						정원 외	정원 내 합계
				학생부종합				논술 위주	실기 위주	학생부 종합	
				자기 주도형	일반형	고른 기회	사회 통합	논술	알바트로스 창의	특성화고교 졸업자	
인문 사회	커뮤니케이션학부	커뮤니케이션학	78	20	16	3	2	15	5		61
인문 자연	아트&테크놀로지 전공	아트&테크놀로지	30	6	6	–	–	–	18	–	30
자연	컴퓨터공학전공	컴퓨터공학	101	22	15	2	2	29	11		81

알바트로스 창의	국내·외 정규 고등학교 졸업(예정)자 또는 관련 법령에 의하여 이와 동등 이상의 학력이 있다고 인정된 자 중 모집단위별 조건에 해당하는 자 ※ 2019년 2월 2학년 수료예정자 중 상급학교 조기이학 자격 부여자(상급학교 진학대상자)지원 가능 **[커뮤니케이션학부, 컴퓨터공학전공] :** 소프트웨어 관련 분야에 뛰어난 역량을 갖춘 인재 **[아트&테크놀로지전공] :** 융합적 사고력을 갖춘 창의적 인재 또는 소프트웨어 관련분야 에 역량을 갖춘 인재

전형방법

1) 각 단계 모집단위(전공)별 총점 성적순에 따라 선발함
2) 선발모형 : 다단계전형(1단계에서 모집단위(전공)별 모집인원의 2~5배수를 2단계 대상자로 선발

선발단계	서류	면접	평가서류	비고
1단계	100% (800점)	–	[필수] · 학교생활기록부 · 자기소개서 · 추천서 [선택] · 학교생활보충자료	· 서류평가는 학교생활기록부, 자기소개서, 추천서, 학교생활보충자 료(선택)를 종합적으로 정성평가함 · 학교생활보충자료는 최대 3가지 내용까지 작성 가능하며, A4 크기 3페이지 이내로 제출할 수 없음 · 자기소개서와 추천서는 한국대학교육협의회의 공통양식을 사용함 ※ 제출서류에 대한 확인이 필요한 경우, 본교 추천인 면담제에 의하 여 지원자 본인 또는 해당 기관(학교나 관련 기관) 등에 전화 또는 방 문할 수 있음
2단계	1단계 성적 80% (800점)	20% (200점)		· 면접시험 대상자에 한하여 실시함 · 서류평가 점수와 면접시험 점수의 합산 총점 순으로 최종합격자를 선발함 · 면접평가 안내 - 일반면접 : 제출서류를 바탕으로 장의성, 문제해결능력, 다면적 사고력, 학업능력, 의사소통능력 등을 종합평가

수시모집 대학수학능력시험 최저학력기준

학생부종합(자기주도형)	전 계열	
학생부종합(고른기회)	전 계열	적용하지 않음
알바트로스 창의	전 계열	

성균관대학교
소프트웨어 특기자 분석

성균관대학교는 자연계열의 소프트웨어 과학인재전형을 통해 소프트웨어학 60명을 선발한다. 성균관대학교가 미래창조과학부로부터 소프트웨어 중심대학으로 선정됨에 따라 소프트웨어 과학인재전형을 신설하여 60명을 선발하게 되었다. 학생부종합전형에 속한 소프트웨어학의 선발은 글로벌인재전형과 고른기회전형인데 이 중 고른기회전형은 국가보호 대상자와 만학도, 서해5도 출신자를 대상으로 선발하기 때문에 모집 인원의 규모가 적은 것이 특징이다.

지원 자격으로는 졸업년도의 제한 없이 국내외 고교졸업(예정)자 중 소프트웨어와 과학에 관심이 있는 학생이면 누구나 지원 가능하다.

글로벌인재와 고른기회전형은 학생부위주의 평가가 목적이기 때문에 외부 수상실적이나 활동을 제출할 수 없다. 특히 고른기회전형의 경우 수능최저학력기준이 적용되므로 특별한 주의가 필요하다. 소프트웨어 과학인재전형의 경우 특기자전형이므로 수능최저학력기준이 적용되지 않고, 외부 수상실적 및 활동을 제출할 수 있도록 되어있다. 이 때 자기소개서나 추천서는 온라인으로 제출이 가능하지만, 활동증빙자료의 경우 꼭 오프라인으로만 제출하도록 되어 있으니 이 부분도 주의를 기울일 필요가 있다.

또 한 가지 특이한 점은 서류 평가 100%로 선발하기 때문에 면접이 없다는 부분이다. 그만큼 소프트웨어 역량을 드러낼 수 있는 자기소개서가 준비되어야 한다. 활동증빙자료 또한 타 학교에 비해 많은 준비를 요하는 만큼 서류나 포트폴리오를 잘 준비해야만 좋은 결과를 기대할 수 있다.

수시	• **학생부종합전형 : 모집인원의 50.4% 선발(총 1,789명)** 　- 성균인재전형 : 계열 및 광역 모집단위 선발(850명), 서류 100% 　- 글로벌인재전형 : 학과 모집단위 선발(706명), 서류 100% 　　　　　　※ 일부 모집단위(의예, 사범대학, 영상학, 스포츠과학) 면접 실시 　- 고른기회전형(정원내) : 40명 선발, 서류 100% 　- **정원외 특별전형 : 194명 선발, 서류 100%** • **논술우수전형 : 895명 선발** 　- 논술 60% + 학생부 40%, 수능 최저학력기준 적용 • **소프트웨어과학인재전형 : 60명 선발, 서류 100%** • **예체능특기/실기우수자전형 : 103명 선발**

모집단위 및 모집인원

계열	전형 모집단위	학생부위주			논술위주	실기/특기위주		소계	학생부위주-특별전형(정원 외)			
		성균 인재	글로벌 인재	고른 기회	논술우수	소프트웨어 과학인재	예체능 특기자		농어촌	특성화 고	이웃 사랑	장애인 등
	소프트웨어학	40	5	25		60		130				

서류평가 반영요소

구분	서류평가 반영요소
성균인재, 글로벌인재	학생부, 자기소개서, 추천서
소프트웨어과학인재	학생부, 자기소개서, 추천서, 활동증빙자료

제출서류

구분	자기소개서	추천서	활동 증빙자료	지원자격 관련 서류
	온라인	온라인	오프라인	오프라인
소프트웨어과학인재	○	○(선택)	○(선택)	

소프트웨어과학인재전형(60명)

지원자격	고등학교 졸업(예정)자 또는 관계 법령에 의하여 고등학교 졸업자와 동등 이상의 학력이 있다고 인정된 자로서 소프트웨어과학에 관심 있는 자

전형요소 및 반영비율

구분	서류
반영비율	100

※ 서류 : 학생부, 자기소개서, 추천서, 활동 증빙자료

선발방법	서류평가 취득 총점 순으로 최종 합격자를 선발함

수능최저학력기준 및 필수응시영역	없음

아주대학교
소프트웨어 특기자 분석

아주대학교는 소프트웨어 특기자전형으로 소프트웨어학과에서 10명을 선발한다.

특이한 점은 소프트웨어 특기자의 선발 유형이 수시가 아닌 정시라는 점이다. 정시 실기 SW특기자로 선발하는데 선발 방식은 수시와 크게 다르지 않다.

아주대학교의 경우 지원 자격에 'SW 분야에 특기가 있는 자'가 추가되며 더 많은 인재가 지원할 수 있도록 하고 있다. 소프트웨어학과의 경우 정보올림피아드 국내외 수상실적이 있어야 하며, 전국 단위 규모의 소프트웨어 경진대회 수상실적 및 특기를 요구하고 있다.

면접 비중이 30%로 높은 편은 아니지만 1차에서 실기 위주의 경력을

정시 (13.3%)	수능 국방 특기자	① 의학과 정시 가군 선발 : (일괄합산) 수능 80 + 인성면접 20 ② 수학능력시험 과목별 반영비율 조정 : 계열별 국어, 수학, 과학의 반영비율 확대 ③ 영어과목 자체 변환점수 활용 유지 : 기준점수 120점(등급별 감점), 4등급 이후 감점 폭 확대 ④ 한국사 수능총점 감점방식 적용 : 1~4등급 : ⑤ SW특기자 정시 다군 선발(소프트웨어학과 10명): 수시 ⇨ 정시로 이동

실기	SW특기자	10	1단계	-	-	100%	-	-	1단계 3배수
			2단계	-	-	70%	30%	-	

SW특기자	국내·외 정규 고등학교 졸업(예정)자[조기졸업자 포함] 또는 관련 법령에 의하여 고등학교 졸업자와 동등 이상의 학력을 갖추고 아래의 기준 중 하나를 만족하는 자 가. 정보올림피아드(국제대회IOI) 및 한국대회 (KOI) 수상실적자 나. 전국 규모의 SW관련 경진대회 수상실적자 다. SW 분야의 특기가 있는 자

구분		실기 SW 특기자
모집인원(명)		10
학교생활기록부*		○
자기소개서**		○
추천서		-
지원자격별제출서류		○
국외고	성적증명서	○
	졸업증명서	○
검정고시 (해당자)	합격증명서	○
	성적증명서	○

요구하는 만큼, 2차 면접 때 실기에 관한 질문들이 나올 확률이 높으므로 본인이 준비한 활동들을 다시 한 번 정리해서 면접을 대비하지 않으면 큰 낭패를 볼 수 있다.

구분	학생부종합 정원외 — 기초생활수급자 및 차상위계층	특수교육대상자	특성화고 등을 졸업한 재직자	국방IT우수인재1	논술 — 논술우수자	실기 — 체육우수자(축구)	수능 — 일반전형1,2	국방IT우수인재2(정원외)	실기 — SW특기자
모집인원(명)	20	10	105**	20	221	12	259	10	10
고등학교 졸업(예정)자 — 정보통신대학 — 학교유형 — 국내고 — 일반고	O	O	-***	O	O	O	O	O	O
자율고	O	O	-	O	O	O	O	O	O
특목고 — 과학고	O	O	-	O	O	O	O	O	O
외고				O				O	
국제고				O				O	
영재고				O				O	
예술고									
체육고									
마이스터고	-	O	O	-			-		
특성화고	O	O	-	O	O	O	O		O
인가대안학교	O	O	-		O	O	O		O
국외고	O	O	-	-	O	-	O	-	
졸업연도 — 2019.2	O	O	-	나이제한*	O	O	O	나이제한*	O
2017. 2 ~ 2018. 2	O	O	-	나이제한*	O	O	O	나이제한*	O
이전	O	O	O	나이제한*	O	O	O	나이제한*	O
검정고시	O	O		O	O	O (16. 1 이후)	O		O

구분	논술 — 논술우수자	실기 — 체육우수자(축구)	수능 — 일반전형 1 (의학과)	일반전형 2	국방IT우수인재2 (정원외)	실기 — SW특기자
모집인원(명)	221	12	10	249	10	10
학교생활기록부 — 정성평가	-	-	-	-	-	O
정량평가	O	O	-	-	-	-
논술고사	O	-	-	-	-	-
면접평가 — 서류확인·인성면접	-	O	O(인성면접)	-	O	O
신체검사	-	-	-	-	O	-
실기고사	-	O	-	-	-	-
실적평가	-	O	-	-	-	-
수능최저학력기준	-	-	-	-	한국사 3등급	-

경북대학교
소프트웨어 특기자 분석

경북대학교는 소프트웨어 학생부종합전형으로 컴퓨터학부 6명을 선발한다. 1단계에서 서류평가 성적순으로 5배수인 30명을 선발한 뒤, 2단계 평가를 통해 서류점수 50%+면접점수 50%를 합하여 최종 인원 6명을 선발한다. 특기자전형에서 학생부종합전형으로 바뀌며 평가 기준이 실기에서 서류와 심층으로 많이 완화된 모습이다.

1단계 평가 서류를 살펴보면 생활기록부와 자기소개서를 요구하고 있다. 특히 자기소개서에 소프트웨어 개발 및 프로그래밍 관련 활동을 포함시킬 수 있도록 되어있는데, 무조건 해당 활동을 기록하여 본인의 느낀점과 부족했던 부분, 그리고 '경북대학교에 입학하여 그런 부족했던 부분을 채울 수 있다'는 것을 어필하도록 한다. 특기자전형에서 학생부종합전형으로 변경된 만큼, 기존에 요구하던 특기입증자료는 첨부할 수 없다. 2단

모집시기	전형명		2019학년도 모집인원	전형요소 및 평가방법	수능최저기준
	학생부 교과전형	일반학생	1,119	- 학생부 교과 90%, 비교과 10%	O
		지역인재	15		O
	학생부 종합전형	일반학생	166	- 1단계(3배수 선발) : 서류평가 100% ※ 의·치의예과는 5배수 선발 - 2단계 : 1단계 성적 70%, 면접 30%	× (의치의예과 O)
		지역인재	45		O
		국가보훈대상자	34		×
		사회배려자	23		
		고졸재직자	5		
		영농창업인재	20		
		SW특별전형	6	- 1단계(5배수) : 서류100 - 2단계 : 1단계 서류40+실기60	×

대학 (계열)	모집단위	학생부교과		학생부종합						
		일반학생	지역인재	일반학생	지역인재	국가보훈대상자	사회배려자	고졸재직자	영농창업인재	SW특별전형
IT대학 (자연)	전자공학부	65		60		2	3			
	컴퓨터학부	21		19		1	1			6
	컴퓨터학부 (글로벌소프트웨어융합전공)	20		14		1	1			
	전기공학과	10		12		1				
	전자공학부 모바일공학전공									

대학 (계열)	모집단위	논술	실기전형	특기자전형	학생부종합					
					농어촌학생	특성화고졸업자	기초생활수급자등대상자	장애인 등 대상자	특성화고졸재직자	모바일과학인재
IT대학 (자연)	전자공학부	90			16	1	3			
	컴퓨터학부	24			4	1				
	컴퓨터학부 (글로벌소프트웨어융합전공)	15			3		1	2		
	전기공학과	18			3		1			
	전자공학부 모바일공학전공	15								5

계 면접 평가는 60분간 구술문제, 15분간 질의응답 형태로 진행된다. 기존까지 걸려있던 수능최저학력기준이 사라진 점이 특징이다.

세종대학교
소프트웨어 특기자 분석

세종대학교는 소프트웨어 중심대학 사업과 관련하여 소프트웨어융합 단과대학을 신설하여 다양한 학과를 운영한다. 학생부종합(창의인재) 전형을 통해 다양한 방법으로 소프트웨어 인재를 선발하고 있다.

모집 방식은 학생부종합으로는 수능최저 없이 212명으로 많은 인원을 선발하지만 2017년 2월 이후 국내 정규 고등학교 졸업(예정)자 (단, 3학년 1학기까지 2개 학기 이상의 학교생활기록부 성적이 있는 자)까지만 지원 가능하다.

학생부종합을 좀 더 살펴보면 1단계 서류 평가 100%로 선발 인원의 3배수를 뽑은 뒤, 2단계 면접에서 서류 70%+면접30% 비율로 최종합격자를 선발한다.

모집전형	모집단위	사정방법	전형요소	기타
창의인재	해당 모집단위	1단계	서류평가 100% [3배수]	수능최저학력기준 없음
고른기회 서해5도학생 사회기여 및 배려자 특성화고교졸 재직자		2단계	1단계 성적 70% + 면접 30%	

전형요소	비고
서류평가	학교생활기록부(교과+비교과), 자기소개서 등 제출서류에 기반한 정성평가
면접고사	전공적합성, 발전가능성, 인성 의사소통능력 등 평가

전형 및 모집단위			전형방법	모집인원	수능최저
		창의인재		475	
수시	학생부종합	고른기회	1단계 : 서류평가 100% [3배수] 2단계 : 1단계 성적 70% + 면접 30%	47	X
		사회기여 및 배려자		20	
		서해5도 학생		3	
		특성화고교졸 재직자(정원 내외)		66	
	논술	논술우수자	논술 60% + 학생부(교과) 40%	392	O

계열	단과대학	모집단위	입학정원 (정원내)	학생부위주(교과)				창의인재	학생부위주(종합)				논술우수자	실기우수자	예체능특기자	재외국인과 외국인 (정원외)
				학생부우수자	농어촌학생 (정원외)	국방시스템공학 (정원외)	항공시스템공학 (정원외)		고른기회	서해5도학생	사회기여및배려자	특성화고교졸재직자 (정원내외)				
자연	소프트웨어융합	컴퓨터공학과	130	12	7			39	3	1	2		29			14
		정보보호학과	30	3	1			10	3				6			
		소프트웨어학과	60	7	3			18	3				14			
		데이터사이언스학과	40	7				12	3				10			
		지능기전공학부	142	13				43	3	1			34			
		창의소프트학부														
		디자인이노베이션전공	50					45								
		만화애니메이션텍전공	50					45								

창의인재 선발 212명으로, 18학년도 183명보다 증가

창의인재	2017년 2월 이후 국내 정규고등학교 졸업(예정)자 (단, 3학년 1학기까지 2개 학기 이상의 학교생활기록부 성적이 있어야 함)

세종대학교의 경우 소프트웨어 중심대학으로 선정되며 단과대학을 설립하고 모집 인원을 대폭 확대할 정도로 적극적인 모습을 보이고 있다. 지상 12층 지하 5층 규모의 소프트웨어 융합대학 건물 신축하며, 기존 130학점_{전공 72점, 교양 58점}이던 졸업학점을 140학점_{전공 85점, 교양 55점}으로 상향하는 등 전문 인력의 양성에 총력을 기울이고 있다. 또한 미래 사회의 소프트웨어 기술 동향을 분석하여 대학 내 10개 세부 전공트랙을 운영하고, 소속 학생들의 경우 학과와 관계없이 사물인터넷, 인공지능, 가상현실, 멀티미디어, 응용SW 등의 트랙을 이수할 수 있도록 하고 있다.

충남대학교
소프트웨어 특기자 분석

충남대학교는 소프트웨어 중심대학 선정을 통해 최장 6년간 110억 원의 사업비를 지원 받게 되었다. 이를 통해 국제적 수준의 소프트웨어 전문가를 양성을 목표로 하고 있다.

충남대학교는 글로벌 수준의 소프트웨어 전공 교육환경 구축을 위해 미국 퍼듀대학교와 글로벌 인재 양성 협약을 체결하고, 교육 연수와 해외 기업에서의 인턴쉽 프로그램을 운영하고 있다.

학생부종합전형을 통해 컴퓨터공학과 3명을 선발하는데, 1차 지원 자격에서 눈여겨봐야 할 부분은 바로 '출신 고등학교장의 추천을 받은 자' 항목이다. 출신 학교장의 추천이 필수 지원 자격 중 하나로 포함되어 있으므로 충남대학교 재능우수자전형(소프트웨어)을 준비하는 학생이라면 학교장 추천서를 받을 수 있도록 미리 준비해야 한다.

1단계를 통과 후 2단계 면접에서는 전공적합성을 중심으로 심층면접을 진행하고, 1단계의 서류60%+면접40%로 최종합격자 3명을 선발한다.

수능최저학력기준은 없으며, 학교장의 추천을 받아야 하므로 재수생은 응시가 불가능하다.

충남대학교 소프트웨어 특기자 분석

소프트웨어인재 모집인원 : 3명

2018학년도 대비 주요변경 사항

구분		2018학년도	2019학년도
수시	전형명칭 통일	- PRISM인재전형 - 지역인재전형 - 사회적배려대상자전형 - 고른기회대상자전형 - 재능우수자전형(소프트웨어) - 농어촌학생전형 - 저소득층학생전형 - 특성화고출신자전형 - 특수교육대상자전형 - 특성화고졸재직자전형	**- 학생부종합전형 I** (PRISM인재, 소프트웨어인재, 영농창업인재) **- 학생부종합전형 II** : 고른기회종합전형 (농어촌학생, 저소득층학생, 특성화고출신자, 특수교육대상자, 특성화고졸재직자)
	전형유형 변경	- 학생부교과 농어촌학생전형, 저소득층학생전형 -학생부종합 고른기회대상자 내 : 농어촌학생, 저소득층학생 지원자격 - 학생부종합 지역인재전형	**- 학생부종합전형 II** :농어촌학생, 저소득층학생전형 **- 학생부교과 지역인재전형**

지원자격

공통사항	• 국내 정규 고등학교 학교생활기록부가 있는 자 • 소프트웨어 분야의 재능이 있거나 잠재력이 있는 자로 출신 고등학교장의 추천을 받은 자

전형요소 및 반영점수(비율)

전형	사정유형	선발비율(%)	서류평가	면접평가	수능최저학력	전형총점
학생부종합전형 I	1단계	200~300	100점 (100%)	-	**미적용** ※ 의대, 수의대, 간호대, 사범대는 적용	100점 (100%)
	2단계	100	150점 (60%)	100점 (40%)		250점 (100%)

연번	제출서류	제출방법	해당전형
1	지원서	온라인 입력	공통
2	자기소개서		공통
3	학교생활기록부	온라인 제공동의	공통
4	지원자격 증명서(학교장추천서)	우편/방문 제출	소프트웨어인재/영농창업인재

소프트웨어
인재

소프트웨어 분야의 재능이 있거나 잠재력이 있어 출신 고등학교장의 추천을 받은 자

계열	단과대학	모집단위	수시모집													소계
			정원내							정원외						
			교과				종합			교과	종합II					
			일반전형	지역인재	국가보훈	기회균형	PRISM	소프트웨어	영농	계약학과(해양안보학)	농어촌학생	특성화고출신자	저소득층학생	특수교육대상자	특성화고졸재직자	
자연계	컴퓨터공학과*		49	9		1	15	3			1	2	1	1		82

계열	단과대학	모집단위	정시모집					소계	수시·정시합계
			정원내				정원외		
			수능			실기	수능		
			'가'군일반	'나'군지역	'나'군일반	'가'군일반	'가'군계약학과(해양안보학)		
자연계	컴퓨터공학과*		44					44	126

가천대학교
소프트웨어 특기자 분석

가천대학교는 소프트웨어 중심대학 선발 사업 첫 해인 2015년에 11대 1의 경쟁률을 뚫고 미래창조과학부 소프트웨어 중심대학으로 선정됐다. 가천대학교는 2002년부터 국내 대학으로는 처음으로 IT대학을 설립, 운영해 왔으며 2014년부터 컴퓨터공학과와 소프트웨어학과를 중심으로 소프트웨어 분야의 인재를 양성하고 있다.

가천대학교는 '가천 소프트웨어 기초교육센터'를 설립해 각 계열의 특성을 고려한 실기교육 과정을 만들고, 전공지식과 소프트웨어 소양을 겸비한 융합인재를 양성하기 위해 2016년부터 재학생 소프트웨어 교육을 의무화하고 있다.

가천대학교는 학생부종합전형인 가천프런티어로 소프트웨어 인재를

가천SW 전형 – 학생부 종합

모집단위	모집인원	전형방법		수능최저학력
소프트웨어학과	25명	1단계	서류100% [4배수]	없음
		2단계	1단계 성적 50% + 면접 50%	

지원자격	• 국내 고등학교 졸업(예정)자

선발한다. 1단계에서 서류 100%로 4배수의 학생을 선발 후 2단계 면접에서 서류 50%+면접50% 비율로 최종합격자를 선발하며 수능최저는 적용되지 않는다. 2단계 면접 비율이 절반이나 되는 만큼 면접 준비를 철저히 해야 하며, 소프트웨어와 하드웨어앱인벤터, 아두이노 로봇 코딩 등에 관련된 경험들을 면접에서 충분히 융합하여 소신 있게 이야기할 수 있어야 한다.

그 외에도 학생부교과인 학생부우수자, 적성고사를 치르는 적성우수자 등의 전형을 통해서도 소프트웨어학과 지원이 가능하다.

KAIST
소프트웨어 특기자 분석

    카이스트는 2017학년도부터 특기자전형을 신설하고, 특정분야의 우수성을 드러내는 영재에 대한 지원 및 교육을 강화하고 있다. 특히 외국인 학생의 선발인원을 카이스트 정원의 10%까지 확대하면서 각 구성원들의 질적인 향상과 더불어 글로벌 시대에 맞는 인재를 양성할 계획이다.

    카이스트 특기자전형을 살펴보면 총 모집인원은 20명 내외로 '무학과 입학 제도'에 의해 학과 구분 없이 입학 후 1학년 말에 학과를 자유롭게 선택 가능한 것이 특징이다.

    또한 특기자전형답게 수능최저학력기준이 적용되지 않으며, 각종 외부 수상 실적정보올림피아드 국내외 대회 및 각종 보안, 코딩 경진대회, 소프트웨어 개발 산출물, 발명, 특허, 벤처 창업 등을 정해진 양식에 포함하여 제출 가능하도록 되어있다. 이에 따라 관련 분야에서 많은 활동을 한 학생이 유리한 측면이 강하며, 학교에서도 그런 학생들을 선발하기 위해 '특정 분야에 영재성을 띤 활동'을 한 학생을 특기자전형으로 모집한다고 밝히기도 하였다.

1단계 평가인 서류 100%로 2배수를 선발 후 2단계 구술면접에서 서류 60%+면접40% 비율로 최종합격자를 선발한다. 1단계 서류 중 특기입증자료의 경우 2018학년부터 최대 5개만 넣을 수 있도록 변경됨에 따라 학생의 장점과 창의성을 나타낼 수 있는 자료를 선정하는 것이 더욱 중요해졌다.

카이스트의 경우 특별법인 '한국과학기술원법'에 의해 설립된 대학교로 수시 지원 6회 제한에 해당되지 않으므로, 소프트웨어에 역량을 가진 학생이라면 충분히 도전해볼 가치가 있다.

KAIST의 학생선발 인재상	• 과학기술 분야에 전문성을 갖추고, 지식탐구가 즐거운 학생 • 새로운 분야를 개척하려는 열정과 도전의지를 가진 학생 • 높은 주인의식과 협력정신으로 국가와 사회에 이바지하려는 학생 • 윤리의식을 지니고 인류를 위해 환경을 깊이 생각하는 학생

대학(계열)	모집단위	전형명	모집인원	지원자격 주요내용	전형방법
수시	학생부 위주 (학생부 종합)	일반 전형	550명 내외	다음 중 하나에 해당하는 자 • 2019년 2월 기준 고등학교 졸업(예정)자 또는 국내 법령에 의한 동등 학력자 • 「조기진급 등에 관한 규정(대통령령 제27751호)」 제4조에 따라 상급학교 조기입학 자격을 갖춘 자 • 국내 고등학교 2학년 수료예정자로서 「과학영재선발위원회규칙(미래창조과학부령 제1호)」에 따라 지원 자격을 인정받은 자	1단계: 서류평가 2단계: 면접평가 ※ 수시 모든 전형에서 수능최저학력 기준을 적용하지 않음
		학교장 추천 전형	80명 내외	2019년 2월 졸업예정인 국내 일반고, 특성화고, 자율고 3학년 재학생으로 학교장이 추천한 자(고교별 2명까지 추천 가능)	
		고른 기회 전형	40명 내외	다음 하나에 해당하는 자 중 농·어촌, 기초생활수급, 차상위계층, 국가보훈대상, 새터민의 자격요건을 갖춘 자 • 2019년 2월 기준 국내 고등학교 졸업(예정)자 또는 국내 법령에 의한 동등 학력자 • 「조기진급 등에 관한 규정(대통령령 제27751호)」 제4조에 따라 상급학교 조기입학 자격을 갖춘 자 • 국내 고등학교 2학년 수료예정자로서 「과학영재선발위원회규칙(미래창조과학부령 제1호)」에 따라 지원 자격을 인정받은 자	
	실기 위주	특기자 전형	20명 내외	다음 중 하나에 해당하는 자 중 특정 분야에 영재성을 가진 자 • 2019년 2월 기준 국내 고등학교 졸업(예정)자 또는 국내 법령에 의한 동등 학력자 • 「조기진급 등에 관한 규정(대통령령 제27751호)」 제4조에 따라 상급학교 조기입학 자격을 갖춘 자 • 국내 고등학교 2학년 수료예정자로서 「과학영재선발위원회규칙(미래창조과학부령 제1호)」에 따라 지원 자격을 인정받은 자 **※ 특기자전형을 수시 타 전형과 중복지원 가능**	

특기자전형(수시)

모집인원	20명 내외 ※ 학과 구분 없이 모집하며, 학생들은 입학 후 1학년 말에 학과를 자유롭게 선택함
입학시기	2019년 3월
지원자격	다음 사항 중 하나를 만족하는 자 중 특정 분야에 영재성을 가진 자 • 2019년 2월 기준 고등학교 졸업(예정)자 또는 국내 법령에 의한 동등 학력자 • 「조기진급 등에 관한 규정(대통령령 제27751호)」 제4조에 따라 상급학교 조기입학 자격을 갖춘 자 • 국내 고등학교 2학년 수료예정자로서 「과학영재선발위원회규칙(미래창조과학부령 제1호)」에 따라 지원 자격을 인정받은 자

- 특정 분야 영재성 예시

활동: 소프트웨어 개발, 발명 또는 특허, 벤처(창업) 등 특정 분야에서 우수한 성취를 거두었거나 우수한 결과물을 산출한 자
연구: 국내 또는 국외 학술지에 논문을 게재한 경우나 그에 준하는 우수한 연구를 수행한 자
교과: 특정 교과에 매우 탁월한 역량과 성과를 나타낸 자
기타: 특수한 교육환경이나 특이한 이력을 소유한 자로 잠재능력이 우수한 자

※ 특기자 전형 지원자의 경우 수시 타 전형 중복 지원할 수 있음

전형방법	- 1단계(서류평가) • 평가방법 : 지원자가 제출한 모든 서류를 바탕으로 특기의 우수성, 학업성취도, 학교생활충실도와 인성, 창의와 도전, 발전가능성 등을 고려하여 종합평가함 • 1단계 합격자 결정: 서류평가 결과에 따라 모집인원의 2배수 내외로 면접대상자를 결정함 - 2단계(면접) • 평가방법 : 면접을 통해 특기역량과 사회적역량을 종합평가함

구분	면접 내용 및 방법	비고
특기역량	특기 관련 우수성과 잠재력을 확인하는 개인별 구술면접	제출서류 기재 내용을 확인할 수 있음
사회적역량	사회적역량에 관한 질문을 활용한 개인별 구술면접	제출서류 기재 내용을 확인할 수 있음

최종합격자 결정	- 서류평가와 면접 결과를 6 : 4로 반영하여 최종 합격자를 결정함 ※ 특기자전형 지원자가 타 전형에 중복합격한 경우, 특기자전형 합격자로 처리함 ※ 수능최저학력기준 없음

※ '전형방법'은 본교의 입학정책에 따라 변동될 수 있음

한양대학교
소프트웨어 특기자 분석

한양대학교는 미래창조과학부가 주관하는 SW중심대학에 선정되면서 4년 동안 매년 20억 원씩 최대 80억 원의 재정을 지원받는다. 이에 따라 소프트웨어학부가 '다이아몬드7'에 선정되며 합격자는 1, 2학년 학생의 경우 3.5점 학점 이상 취득할 경우 전액장학금을 지원한다. 3, 4학년 학생에게도 산학장학제도에 선발되면 취업 연계 장학금을 지원한다.

한양대학교는 소프트웨어 대학을 새로 만들고 기존의 컴퓨터, 소프트웨어 관련 학과를 통합한 '컴퓨터 소프트웨어학부'를 신설했다. 이 외에도 자율주행 자동차, 바이오 산업, 벤처 창업, 비즈니스 등의 학문과 연계해 IT 비즈니스 융합 프로그램을 개설하고 다전공제도도 운영하고 있으며, 전임 교원 수도 25명에서 43명으로 늘릴 계획이다.

이처럼 소프트웨어 대학의 규모가 커지고 있는 만큼 다양한 교육 서비스가 신규로 등장하고 있는데 그중 하나가 2017년에 선보인 국내 첫 대학부설 소프트웨어 영재교육원인 '한양SW영재교육원'의 탄생이다. 국내에서도 기존 영재교육원이 없었던 것은 아니지만 대부분이 수학, 과학 중심으로 운영되고 있기에 소프트웨어에 특화된 영재교육원이라는 부분에서는 국내 최초라고 할 수 있다. 필자와 함께하는 초, 중고등학생 학생들도 올해 한양대 SW영재교육원에 입학하기 위해 지금 한창 2차 면접 준비를 진행 중인데 첫 해 경쟁률이 생각보다 쎄서 다들 긴장하며 열심히 준비하고 있다.

다시 특기자전형 이야기로 넘어가보자. 컴퓨터소프트웨어학부에서 13명을 선발하는데, 1단계 평가인 서류 100%로 5배수 내외를 선발 후 2단계 면접에서 면접60%+학생부40% 비율로 최종합격자 13명을 선발 한다. 면접의 비율이 100%에서 60%로 낮아지긴 했지만 그 어떤 학교보다도 면접을 철저히 준비해야 한다. 1차 서류로 제출한 소프트웨어 관련 활동 소개서의 내용을 물어 볼 수 있으니 그 동안의 활동을 '동기→소프트웨어 활동→문제 해결→느낀 점→입학 후 포부'의 순서로 정리하도록 한다.

소프트웨어인재(소프트웨어특기자)

- 컴퓨터소프트웨어학부 선발
  - 1단계:실적평가 100   2단계: 면접 60% + 학생부 40%
- 수능 면제

모집단위 및 모집인원	컴퓨터소프트웨어학부 13명

지원자격

2017년 2월 이후(2017년 2월 졸업자 포함) 국내 정규고교 졸업(예정)자 중 고교 재학기간 동안 SW관련 활동 우수자

※ 검정고시 출신자, 국외고교 졸업자 등 학교생활확기록부가 없는 자는 지원할 수 없음.

전형방법

전형단계	전형방법	선발
1단계	실적평가 100%	5배수 내외
2단계	면접 60% + 학생부 40%	최종선발

※ 실적평가 관련 방법은 추후 모집요강에 공지 예정

서울여자대학교
소프트웨어 특기자 분석

서울여자대학교는 2016년에 소프트웨어 중심대학으로 선정되며, 학사개편을 통해 기존 멀티미디어학과를 '소프트웨어융합학과'로 변경 운영 중이다. 이에 따라 지, 덕, 술이라는 교육목표를 바탕으로 IT산업의 여성전문인력 양성을 위해 힘쓰고 있다.

지: 소프트웨어가 사용되는 다양한 분야의 필요한 이론과 기술을 습득

덕: 창의적 사고와 선지자적인 사명감으로 인류에 기여할 창의기술을

　　개발하고 나눔

술: 급속히 변화하는 소프트웨어 중심 사회의 다양한 첨단기술들을 활

　　용하여 창의적으로 개발할 수 있는 여성 전문인을 양성

서울여자대학교의 경우 2017년에 한국오라클과 첨단 디지털 캠퍼스 구축 및 소프트웨어 인재 양성을 위한 MOU양해각서를 체결하고 서울여자대학교의 교수진과 학생들에게 오라클 아카데미 프로그램을 이용해 IT와 SW교육 정보를 무상으로 제공하고, IT 및 SW전공자와 비전공자의 소프트웨어 인재 양성을 위한 교육을 실시하고 있다.

미래산업융합대학의 학생부종합 선발 인원과 형태를 살펴보면, 바름인재, 플러스인재, 융합인재 등으로 구분할 수 있으며 이 외에도 논술과 정시 등을 통해 인재를 선발한다.

SW특기자로 분류되는 융합인재전형에서는 디지털미디어학과 4명, 정보보호학과 5명, 소프트웨어융합학과 4명 등으로 IT관련 인재를 선발하고 있다. 1차, 2차 선발 방식은 1차 서류 100%, 2차 서류 60%+면접 40%으로 앞에 설명한 전형들과 동일하다.

융합인재전형의 서류평가 방법은 소프트웨어 관련 활동을 다른 학문과 융합했던 역량을 높게 평가하고 있으며, 이런 융합적 경험을 중요한 평가 기준으로 삼고있다.

예를 들어 소프트웨어 개발을 통한 봉사, 경영 활용 등과 같이 문과와 이과의 융합적인 인재를 선발하는 전형이다. 2차 면접에서는 1차 서류를 바탕으로한 전공적합성과 융합적 사고력 등을 묻는 심층면접이 진행된다.

학생부종합전형(융합인재)

모집단위	경제학과, 문헌정보학과, 체육학과, 화학·생명환경과학부, 식품응용시스템학부, 경영학과, 디지털미디어학과, 정보보호학과, 소프트웨어융합학과
모집인원	29명
지원자격	국내 고등학교 졸업(예정)자 중 국내 고등학교에서 3학기 이상 교육과정을 이수한 자 ※ 마이스터고등학교, 방송통신고등학교, 「평생교육법」 제31조에 따른 학교형태의 평생교육시설, 비인가대안학교 졸업(예정)자 지원 불가
전형방법	1단계 : 각 모집단위별 모집인원 5배수의 면접대상자를 총점 순으로 선발 2단계: 1단계 통과자를 대상으로 면접 실시 후 총점 순으로 선발

전형요소	구분	전형요소별 반영비율					
		서류평가		면접평가		총 비율	
	1단계	100%		–		100%	
		최저 0점	최대 100점			최저 0점	최대 100점
	2단계	60%		40%		100%	
		최저 0점	최대 60점	최저 0점	최대 40점	최저 0점	최대 100점

제출서류	학교생활기록부, 자기소개서(대교협 공통양식)

면접(○), 수능최저학력기준(X)

수능최저학력기준은 적용받지 않으며, 마이스터고등학교, 방송통신고등학교, 「평생교육법」 제31조에 따른 학교형태의 평생교육시설, 비인가대안학교 졸업(예정)자 지원이 불가능하다.

부산대학교
소프트웨어 특기자 분석

부산대학교의 경우 아주대학교와 마찬가지로, 정시로 소프트웨어 특기자를 선발한다.

부산대학교는 2016년부터 소프트웨어 중심대학 선정에 따른 99억 원, 국비지원 70억 원, 소프트웨어 인재사관학교 20억 원 등 총 119억 원의 사업운영비를 지원받는다. 이에 따라 부산대학교는 소프트웨어 산업을 이끌어나갈 수 있는 대학교육체계와 교수진을 구축, 문제 해결 실습 프로젝트, 기존 교과과정 개편 운영 등을 통해 소프트웨어 인재를 양성하고 있다.

전형을 살펴보면 고등학교 (조기)졸업(예정)자 또는 법령에 의하여 이와 동등 이상의 학력이 있다고 있정된 자 중, 소프트웨어 분야의 재능

부산대학교 SW 특기자

모집시기		모집인원	전형요소별 반영비율	수능최저학력기준
정시	수능전형	1,320	수능 100% • 사범대학(체육교육과 제외) 수능 90% + 면접 10% • 체육교육과 (1단계) 수능 100% [5배수] (2단계) 1단계 36%, 면접 10%, 실기 54% • 스포츠과학부 : 수능 80% + 실기 20%	미적용
	실기전형	120	수능 40% + 실기 60%	미적용
	SW 특기자전형	15	1단계: 서류평가 100% [2배수] 2단계: 1단계 40% + 면접 60%	미적용

지원자격	고등학교 (조기)졸업(예정)자 또는 이와 동등 이상의 학력이 있다고 인정된 자 중 소프트웨어 분야의 재능이 있거나 잠재력이 있는 자 ※ 단, 2019학년도 수시모집에 합격한 자는 지원할 수 없음

전형방법	구분		선발방법	전형요소별 반영비율		계
				서류평가	면접	
	자연계열	전기컴퓨터공학부	1단계(2배수)	100%	–	100%
			2단계	40%	60%	100%

이 있거나 잠재력이 있는 학생을 선발하고 있다. 다만, 정시로 모집하는 만큼, 해당 년도의 수시모집에 합격한 학생은 지원할 수 없으니 주의해야 한다.

다시 말하지만, 아주대학교도 그렇고 정시로 뽑는다 해도 선발 방식은 수시특기자전형와 같다는 것을 절대 잊어서는 안된다.

1차 서류평가로 2배수를 선발한 뒤, 2차 구술면접을 통해 최종합격자를 가린다.

동국대학교
소프트웨어 특기자 분석

동국대학교는 소프트웨어 특기자전형을 통해 컴퓨터공학전공 10명, 멀티미디어공학 4명 총 14명을 선발한다.

동국대학교의 입시특징은 실기고사를 실시한다는 부분이다. 실제로 실기점수의 반영 비율이 60%로 압도적으로 높게 측정되어 있다. 이에 따라 동국대학교 소프트웨어 특기자전형에 지원하기 위해서는 2차 실기 고사를 치를 수 있을 정도의 알고리즘 설계 능력을 기본적으로 갖춰야 한다. 실기는 120분동안 진행되며, 컴퓨터공학의 경우 소프트웨어를 설계할 수 있는 코딩 능력을 갖춰야 한다. 멀티미디어공학의 경우 통계나 미디어, 그래픽스 등을 제작할 수 있는 알고리즘 설계 방식의 실기 고사를 실시하며, 사회적으로 이슈가 되고 있는 VR, AR 등의 기술 이론 지식을 갖추면 많은 도움이 된다.

모집시기	모집인원	전형명		모집인원	비율
		SW		14	0.5

전형유형	전형명	구분	전형요소별 반영비율(%)							
			1단계 성적	학생부			서류 종합평가	면접 평가	기타	수능최저학력 기준
				교과	출결	봉사				
정시	문학 / SW	일괄	-	20	10	10	-	-	실기 60	미적용

모집단위 및 모집인원	컴퓨터소프트웨어학부 13명

지원자격	2017년 2월 이후(2017년 2월 졸업자 포함) 국내·외 정규고교 졸업(예정)자 또는 2017년 2월 이후 법령에 의하여 이와 동등 이상의 학력인증을 취득한 자 ※ 외국 검정고시합격자 제외

전형방법	모집단위	종목	내용
	컴퓨터공학 전공	SW설계 (120분)	· 과제는 고사 당일 제시 · 수학을 비롯한 계산 사고력, 프로그래밍 능력 등 SW설계를 위한 기초 능력을 종합적으로 평가
	멀티미디어 공학과	프로그래밍 (120분)	· 과제는 고사 당일 제시(문제유형: 분석문제, 작성문제) · 멀티미디어공학 분야에서 활용 가능한 알고리즘 개발 능력을 평가할 수 있는 문제

두 학과 모두 실기를 대비하여 컴퓨터 구조론, 운영체제 개론, 네트워크 지식, 코딩 능력 등을 갖춰야 한다. 평소 꾸준한 관심과 활동이 없다면 실기를 성공적으로 치르기 어려울 것으로 판단되므로, 실기에 강한 학생들이 지원할 것을 추천한다. 다만 앞으로는 실기고사를 치르는 학교들이 늘어날 것으로 생각된다. 소프트웨어 특기자전형을 준비하는 학생이라면 지금부터라도 꾸준히 관련 정보를 수집하고 본인의 활동 영역을 넓혀나갈 필요가 있다.

국민대학교
소프트웨어 특기자 분석

국민대학교는 소프트웨어 특기자전형으로 선발하는 인원이 15명으로 작년에 비해 5명 증가했다. 학생부교과나 종합에 비해 많은 숫자는 아니며, 지원 자격 또한 까다롭게 구성되어 있다. 이런 모집 인원과 전형을 통해 파악할 수 있는 것은 국민대학교의 인재 모집 기준이다. 정말로 소프트웨어에 뜻이 있으며, 관련 활동 내용이 풍부한 인재를 선발하겠다는 의지를 곳곳에서 확인할 수 있다. 임성수 국민대학교 소프트웨어융합대학장은 언론 인터뷰를 통해 "국민대학교 소프트웨어융합대학은 국내 소프트웨어 분야 저변 확대와 산업 발전을 위해 창의적인 소프트웨어 개발역량을 보유한 인재를 양성하는 것을 목표로 한다"라고 밝히기도 했다. 소프트웨어융합대학 교육의 철학은 '최고를 넘어서는 창의적 소프트웨어 인재 양성'을 목표로 창의역량, 전문역량, 소통·글로벌역량 강화를 위한 교육과정의 운영이다.

국민대학교 특기자전형의 선발 방식은 1단계에서 실기 입상성적 순으로 3배수를 선발 후 2단계 면접성적 50%+1단계 입상성적 20%+교과성적 30%를 합하여 최종합격자를 선발한다.

1단계 실기 평가 기준은 다음과 같은데, 국내 고등학교 졸업(예정)자 중 2015년 10월 이후 국내외 올림피아드, 소프트웨어중심대학사업협의회 추최 프로그래밍 경진대회, 2017년도 국민대학교알고리즘 대회 등의 입상 실적이 필요하다. 또한 3학년 1학기까지 3개 학기 이상 국민대학교 반영교과영역의 지정교과목 석차성적을 필요로 한다.

2차 면접에서는 전공지식을 평가받을 수 있는 포트폴리오에 대한 질의응답을 준비해야 하며, 본인이 지참한 포트폴리오를 면접관들에게 논리적으로 설명하도록 한다.

이렇게 까다로운 입학 기준에 걸맞게 국민대학교 소프트웨어융합대학에 입학하는 신입생에게는 전원 50% 장학금과 노트북이 지급되는데, 특히 소프트웨어 특기자전형으로 합격하는 학생은 4년간 전액 장학금을 받으며 학교 생활을 할 수 있다.

소프트웨어 특기자

모집인원	소프트웨어학부 15명

지원자격
(다음 사항 모두 해당자)

1. 2017년 2월 이후 국내 고등학교 졸업(예정)자
   ※ 학력인정 평생교육시설, 각종학교, 방송통신고등학교, 고등기술학교 등 관계 법령에 의한 학력인정 학교 또는 유사한 교육기관 등의 졸업(예정)자는 지원할 수 없음
2. 최근 3년 이내(개최일 기준 2015년 10월 이후)에 국내 정규 4년제 대학 주최 전국규모 컴퓨터 프로그래밍 실기대회, 국제정보올림피아드(IOI), 한국정보올림피아드(KOI), 소프트웨어중심대학사업협의회 주최 컴퓨터 프로그래밍 경진대회 및 2017년 1월 이후 본교가 주최하는 국민대학교알고리즘대회에 출전하여 개인전 상위 입상한 자
3. 3학년 1학기까지 3개 학기 이상의 본교 반영교과영역의 지정교과목 석차(과목, 학기 또는 학년(계열)별) 성적이 있는 자

전형방법

전형형태	1단계 선발인원	지원자격							
		구분	1단계		2단계				
			특기 (입상성적)	계	면접	학생부 교과	1단계 성적	계	
단계별 전형	300%	전형요소별 **명목** 반영비율	100%	100%	50%	30%	20%	100%	
		전형요소별 **실질** 반영비율	100%	100%	61.27%	36.77%	1.96%	100%	
		전형요소별 반영점수	최고점	1,000점	1,000점	500점	300점	200점	1,000점
			최저점	920점	920점	0점	0점	184점	184점

면접고사 내용

구분	출제내용	평가내용	면접방법
기본소양	일반적인 사회 현상이나 이슈화되는 내용에 대한 의견을 묻는 문제	수험생의 기본 자질 및 품성 등 평가	출제된 문제 열람 후 질의응답 형식의 개별 구술 면접
전공지식	별도의 문제출제없이 수험생이 지참한 포트폴리오를 통해 평가 ※ 포트폴리오에 대한 별도 규격 제한 없음	소프트웨어 개발 능력 및 열정	수험생의 포트폴리오를 통한 개별 구술 면접

수능 최저학력기준	없음

중앙대학교
소프트웨어 특기자 분석

중앙대학교는 기존 소프트웨어 지원사업 수행대학 중에서 2017년도에 소프트웨어 중심대학으로 확대 전환되었다. 이에 따라 2019학년도에 학생부종합SW인재 전형으로 70명을 선발한다.

특별한 지원 자격은 없으며, 고등학교 졸업(예정)자라면 지원이 가능하다. 1단계에서 서류 3배수를 선발하고, 2단계 면접을 통해 서류70%+면접30%의 비율로 최종합격자를 선발한다

1단계 서류평가에서는 지원자의 소프트웨어관련 전공적합성, 탐구역량, 학업역량 등을 종합적으로 평가하는데, 이 때 교사추천서가 중요한 역할을 한다. 동아리활동을 통한 소프트웨어 관련 탐구 내용에서 학생의 열정과 도전정신을 드러내는 것도 좋다.

학생부종합(SW인재)

- 고교 교육과정을 바탕으로 SW분야의 역량과 자질 및 성장잠재력을 갖춘 학생
- 학교생활기록부, 자기소개서, 고교교사추천서 외 SW역량 입증서류 제출

| 지원자격 | 고등학교 졸업(예정)자, 2학년 수료예정자 중 상급학교 진학대상자 또는 관계 법령에 의하여 고등학교 졸업자와 동등 이상의 학력이 있다고 인정된 자 |

| 수능 최저학력기준 | 없음 |

소프트웨어인재 모집인원 : 3명

선발단계	서류(%)	면접(%)	비고
1단계	100	-	3배수 내외 선발
2단계	70	30	

서류평가
학생부, 자기소개서, 교사추천서 등 제출서류를 근거로 지원자의 SW전공적합성, 탐구역량, 학업 역량 등을 종합적으로 평가

면접평가
학업준비도를 중심으로 인성 및 의사소통능력, 서류의 신뢰도 등을 종합적으로 평가하는 개인별 심층면접으로 제출서류에 대한 논리력 및 응용력에 대한 질의응답, 문제해결능력 등을 평가

전형방법

2단계 심층면접에서는 1차 서류를 바탕으로 질문이 진행되며, 논리적인 대답과 문제해결능력등을 드러내야 한다.

학생부종합전형이지만 SW역량을 입증할 수 있는 서류를 제출할 수 있도록 되어있으며, 수능최저학력기준은 없다.

경희대학교
소프트웨어 특기자 분석

경희대학교는 K-SW인재전형을 신설하여 소프트웨어 특기자전형 인재를 선발한다.

컴퓨터공학 6명, 소프트웨어융합 4명 총 10명을 선발하며, 특별한 지원 자격이 있는 것은 아니지만 상급학교 조기입학 자격부여자는 지원 불가하다는 특징을 가지고 있다. (일반적인 소프트웨어 특기자에서는 상급학교 조기입학 자격부여자를 동등한 졸업 예정자로 판단하여 지원이 가능하도록 되어 있다.)

특기자전형답게 수능최저학력기준은 존재하지 않으며, 개인 활동 자료 및 실적물을 추가로 제출할 수 있도록 되어 있으므로 포트폴리오를 최소 3개 이상 마련하는 것이 좋다.

실기우수자전형(K-SW인재)

구분	계열	대학	모집단위/분야	모집인원
모집단위 및 모집인원	자연	전자정보대학	컴퓨터공학과	6
			소프트웨어공학과	4
	합계			10

지원자격

국내·외 정규고교 졸업(예정)자 또는 고등학교 졸업학력 검정고시 합격자로서 소프트웨어 분야에 재능이 있는 자여야 합니다.

※ 상급학교 조기입학 자격부여자는 졸업예정자로 인정하지 않습니다(지원 불가)

수능 최저학력기준

없음

전형요소 및 반영비율

- 1단계는 서류평가 성적으로 모집인원의 3배수 내외를 선발하며, 2단계는 1단계 성적과 특기재평가(면접) 성적을 합산하여 총점 순으로 선발합니다.
- 공통 서류를 기한 내에 미제출·미입력하거나 특기재평가에 불참한 경우, 입학전형 대상에서 제외합니다.

제출서류

- 자기소개서(공통), 학교생활기록부(공통), 개인 활동 자료 및 실적물(공통)
  ※ 개인활동 자료 및 실적물은 A4용지 규격(단면), 최대 20매까지 제출 가능합니다
  ※ 단, TOEIC, TOFLE, TEPS 등 공인외국어성적은 평가에 반영하지 않으며, 제출할 수 없습니다.

기타

실기우주자전형(K-SW인재) 합격자는 K-SW인재장학금을 지급합니다.

K-SW인재전형 선발 방식으로는 1단계 서류평가를 통해 선발 후 1단계 성적 70%+특기재평가면접 30%를 합산해 선발하며, 소프트웨어 중심 대학답게 전액 장학금을 지원한다.

광운대학교
소프트웨어 특기자 분석

광운대학교는 컴퓨터정보공학부 10명, 소프트웨어학부 10명, 정보융합학부 10명 총 30명을 소프트웨어 특기자로 선발한다.

광운대학교는 공공기숙사인 행복기숙사 건립을 통해 경쟁력을 확보했다. 광운스퀘어 및 80주년 기념관 건립과 최첨단 ICT 시설을 갖춘 '중앙도서관'을 신축하며 소프트웨어융합대학을 통해 소프트웨어 분야의 핵심인재를 지원할 수 있는 기반을 갖추었다. 전공에 상관없이 모든 신입생이 소프트웨어 소양교육을 받도록 하는 등 다방면으로 인재를 키워내고 있다.

학생부종합전형(소프트웨어우수인재)

국내 고등학교 졸업(예정)자로서, 소프트웨어분야에 대한 재능과 열정을 가진 자

※ 3학기 이상(3학년 1학기까지)의 교육과정을 이수한 자)
※ 검정고시 출신자 및 외국고교 졸업(예정)자 지원 불가

계열	모집단위	수시모집									정시모집					합계
		학생부위주(종합)					학생부(교과)	논술	실기	계	수능				계	
		광운참빛인재	소프트웨어우수인재	고른기회	사회배려대상자	특성화고 등을 졸업한 재직자	창의인재	고른기회	서해5도학생			일반전형					
												가군	나군	다군		
컴퓨터정보공학부		23	10	4	1		7	9		54		33			33	87
소프트웨어학부		23	10	4	1		6	9		53		32			32	85
정보융합학부		24	10	4	2		7	9		56				34	34	90

모집시기	전형유형	전형명	모집인원(명)		전형요소 및 반영비율	수능최저
			정원내	정원외		
수시	학생부(종합)	학생부종합전형(광운참빛인재)	523		1단계 : [3배수] 서류종합평가 100% 2단계 : 1단계 70% + 면접평가 30%	없음
		학생부종합전형(소프트웨어우수인재)	30			
		고른기회	30			
		사회배려대상자	33			
		농어촌학생		67		
		특성화고 졸업자		25		
		서해5도		16	서류종합평가 100%	
		특성화고 등을 졸업한 재직자	2	92		

단국대학교
소프트웨어 특기자 분석

단국대학교는 학생부종합 중 SW인재전형으로 학생을 선발한다.

단국대학교의 SW융합대학 구성과 SW인재전형 선발인원은 모바일시스템공학과 6명, 소프트웨어학과 18명, 응용컴퓨터공학과 10명으로 총 34명을 뽑는다.

1단계 서류평가에서 100%로 3배수 가량 선발 후 2단계 면접을 통해 1단계 70%+면접 30%로 최종합격자를 선발하게 된다. 면접의 경우 다대일 심층면접이 진행됨에 따라 학교 활동 중 SW와 관련된 활동을 경험과 성장 위주로 준비하는 것이 바람직하다.

단국대 SW융합대학은 죽전캠퍼스에 위치하고 있다.

단국대학교 소프트웨어 특기자 분석

┌─ SW인재

2017년 2월 이후 국내 고등학교 졸업(예정)자로서 3개 학기 이상 성적을 취득하고,
소프트웨어 및 정보보안 분야에 관심과 활동이 있는 자

※ 학생부 반영교과가 없거나, 국내 고등학교 성적체계와 다른 경우 지원 불가

SW인재	1단계 [3배수]	100
	2단계	1단계 성적 70 + 면접 30

전형명	모집단위	면접고사	면접방법	면접시간
SW인재	모바일시스템공학과 소프트웨어학과 응용컴퓨터공학과	학교생활기록부와 자기소개서를 기반으로 한 질의 응답을 통하여 서류 진위여부, 인성, 전공적합성, SW인재로서의 발전가능성 등을 평가	다대일 평가	7분 이내

죽전캠퍼스(정원내)

계열	단과대학	모집단위	모집인원	수시모집									
				논술위주	학생부교과	학생부 종합						실기위주	
				논술우수자	학생부교과우수자	DKU인재	SW인재	창업인재	고른기회학생	사회적배려대상자	취업자	실기우수자	예능특기자
자연계	SW융합	모바일시스템공학과	30	7			6						
		소프트웨어학과	87	20	25		18						
		응용컴퓨터공학과	50	11	15		10						

계열	단과대학	모집단위	수시모집				
			수능위주			실기위주	
			일반학생			일반학생	
			가군	나군	다군	가군	나군	다군
자연계	SW융합	모바일시스템공학과			17			
		소프트웨어학과			24			
		응용컴퓨터공학과			14			

SW융합대학 중심으로 교육혁신 체계 마련
- SW융합대학 신설 ('18.3)
- 전임교원 54명 확충 : 19인 신임 채용
- SW특기자 33명 선발 ('19)
- 6개 맞춤형 장학금 제도를 통한 우수인재 유치

창의적 실무역량을 갖춘 SW전문 인재 교육 프로그램
- ADD Thinking, POSE, SOLID
- Cloud edu Platform 기반 혁신적 SW교육프로그램
- 산학프로젝트 1인 1프로젝트
- 의무화 오픈소스SW교육 실무교육 전환 실전영어 강화

SW기초교양 6학점 전교생 의무화 확대
- 창의적 사고와 코딩 교육 ('17~) :
- 2학점 대학기초 SW입문 ('18~'19) : 2
- 학점 추가
- 전공별 SW활용 ('20) : 6학점 확대 SW융합전공 5개 신설 ('18~)

SW교육센터 설립을 통한 청소년 및 일반인 SW교육
- SW교육센터 설립을 통한
- 청소년/일반인 SW교육 봉사 용인시 공동사업 추진 (현금매칭 7억원)
- 경기도 "꿈의 대학" 고교생 SW 교육 실시 고교-대학 연계 심화과정(UP) 운영

조선대학교
소프트웨어 특기자 분석

조선대학교는 소프트웨어 중심대학 선정에 힘입어 소프트웨어 교육을 전교생 단위로 의무화하였다. 소프트웨어 융합인재 육성과 발전을 위해 광주시의 전략사업, 나주혁신도시 공공기관의 산업, 광주·전남의 지역적 상황에 필요한 전략산업을 중심으로 소프트웨어 융합전공을 개설한다.

2018학년도부터 컴퓨터공학과 정원 120명과 함께 전자공학과에 신설되는 지능형IoT 전공 60명과 정보통신공학과에 신설되는 정보보호 전공 30명을 포함하여 연간 210명의 SW인재를 배출하는 것을 목표로 분주하게 움직이고 있다.

호남권에서는 유일하게 소프트웨어 중심대학에 선정된 학교인만큼

학생부종합 일반전형

지원자격	학교 교육과정을 충실히 이수한 국내 고등학교 졸업(예정)자

※ 학교생활기록부에 의하여 국내 고등학교 석차등급, 출결성적(출결상황) 등의 산출이
불가능한 자(검정고시 출신자 또는 외국의 고등학교 전과정 이수자 등)는 지원할 수 없음

구분	평가방법
1단계 (서류평가)	학생부를 바탕으로 교과활동, 비교과활동을 포괄적으로 종합평가
2단계 (면접평가)	1단계 합격자를 대상으로 입학사정관이 인적성면접을 통하여 인성 및 가치관, 전공 및 적성 영역에 대한 학업열의 등을 포괄적으로 종합평가

대학	계열	모집단위	입학정원	모집인원	수능최저기준
전자정보공과대학	자연	전자공학과	144	10	없음
		컴퓨터공학과	120	10	
		정보통신공학과	76	5	

철저한 준비를 바탕으로 확실한 교육을 하겠다는 입장이다.

또한 소프트웨어 특기자 신입생들에게는 장학금을 4년간 100% 지원하며, 컴퓨터공학과, 전자공학부, 정보통신공학부 등 SW전공 신입생 전원에게도 성적에 따른 차등 장학금을 100% 지원한다. 상위 25%의 SW전공 재학생들에게도 학기당 200만원 안팎의 장학금이 지급하는 등 학생들이 안정적인 공부환경을 가질 수 있도록 학교 측에서 많은 노력을 기울이고 있다.

한동대학교
소프트웨어 특기자 분석

한동대학교는 1995년 개교 후 국내 최초로 전교생의 SW교육을 의무화하였다. ICT융합대학을 운영하는 등 국내 소프트웨어 분야의 인재양성과 지역 인프라 구축에 중요한 역할을 해왔다.

이런 활동에 힘입어 소프트웨어 중심대학에 선정되며, 각종 IT교육에 힘을 실을 수 있게 되었다.

한동대학교는 19학년부터 100% 수시로 학생을 선발한다는 계획하에 소프트웨어 인재전형도 별도의 특기자전형이 아닌 학생부종합전형으로 5명 선발한다.

한동대학교 소프트웨어 특기자 분석

전형명	전형별 지원자격 주요사항	졸업년도 (검정고시 합격년도)	검정 고시	일반고/ 자율고	특목고	특성화고	외국고	수능 최저 학력
소프트웨어인재 (소프트웨어특기)	국내 정규 고등학교 졸업(예정)자로서 소프트웨어 분야에 역량이 우수한 인재	2016. 2 이후	X	O	O	O	X	X

고교 유형 칼럼은 일반고/자율고, 특목고, 특성화고, 외국고를 포함합니다.

소프트웨어인재(소프트웨어특기) - 학생부 종합전형

모집단위 및 모집인원

모집단위	전 학부 (자율전공)
선발인원	5명

지원자격

2016년 2월 이후 국내 정규 고등학교 졸업(예정)자로서 소프트웨어 분야에 역량이 우수한 인재

※ 고교 재학기간 동안 동아리 활동 등 소프트웨어 관련 활동 우수자이면 지원이 가능함

수능 최저학력기준

없음

전형방법

사정단계	선발비율 (%)	서류심사(최저점~최고점)	면접고사(최저점~최고점)	총점
1단계	300%	100%(280~700점)		700점 (100%)
2단계	100%	70%(280~700점)	30%(120~300점)	1,000점 (100%)

서류심사와 면접고사는 전형요소별 성적 반영비율(%) 항목입니다.

※ 2단계에는 서류심사를 별도로 실시하지 않고 1단계 서류심사 점수를 반영합니다.

전형별 선발인원 변경

모집 시기	전형명	2018학년도	2019학년도	증감
수시	학생부종합	250	270	+20
	일반학생	108	158	+50
	대안학교	45	70	+25
	농어촌학생(정원외)	20	15	-5
	기회균형선발(정원외)	20	25	+5
	소프트웨어인재 (소프트웨어특기)	-	5	+5
	해외학생	70	90	+20
정시	일반학생(인문계열)	60	0	-60
	일반학생(자연계열)	60	0	-60

338

지금까지 살펴본 학교들이 현재까지 소프트웨어 특기자전형 및 학생부종합전형 등으로 지원할 수 있는 소프트웨어 중심대학들과 관련 학과들이다. 자신의 활동과 포트폴리오를 잘 정리한 뒤 어떤 학교에 입학 원서를 넣을지 신중에 신중을 기하길 바란다.

SW 및 IT에 관련하여 개인적으로 궁금한 내용은 개인 메일 또는 멘토로 활동하고 있는 네이버 카페『학생부종합전형 이야기』를 통해 질문하면 답변해줄 수 있다.

- 멘토로 활동 중인 네이버 카페

    개인 메일: ppys84@naver.com

    카페명:『학생부종합전형 이야기』

    카페 주소: http://cafe.naver.com/studentstory7

학생부종합전형
나도 준비할 수 있다!

초판 1쇄 발행 2018년 06월 25일

글쓴이　　　박영국 외

펴낸이　　　김왕기
주　간　　　맹한승
편집부　　　원선화, 김한솔, 조민수
디자인　　　이민형

펴낸곳　　　**(주)푸른영토**
　　　주소　　경기도 고양시 일산동구 장항동 865 코오롱레이크폴리스1차 A동 908호
　　　전화　　(대표)031-925-2327, 070-7477-0386~9 팩스 | 031-925-2328
　　　등록번호　제2005-24호(2005년 4월 15일)
　　　홈페이지　www.blueterritory.com
　　　전자우편　blueterritorybook@gmail.com

ISBN 979-11-88292-58-5　　13370